导游词编撰与讲解实务

主　编　王绪真　马丽华　厉　娜

副主编　秦　丽　李浩宇　汤　丽
　　　　宁　双　邹宗秀

参　编　张　倩　张　鹏　李　敏
　　　　苑忠国　李淑花　孟　瑶
　　　　王　燕

北京理工大学出版社
BEIJING INSTITUTE OF TECHNOLOGY PRESS

图书在版编目（CIP）数据

导游词编撰与讲解实务 / 王绪真, 马丽华, 厉娜主编. -- 北京 ： 北京理工大学出版社, 2024.4
ISBN 978-7-5763-3918-5

Ⅰ. ①导… Ⅱ. ①王… ②马… ③厉… Ⅲ. ①导游—解说词—中国—高等职业教育—教材 Ⅳ. ①K928.9

中国国家版本馆CIP数据核字（2024）第090291号

责任编辑： 李慧智　　　　**文案编辑：** 李慧智
责任校对： 王雅静　　　　**责任印制：** 施胜娟

出版发行 / 北京理工大学出版社有限责任公司
社　　址 / 北京市丰台区四合庄路6号
邮　　编 / 100070
电　　话 / （010）68914026（教材售后服务热线）
　　　　　　（010）63726648（课件资源服务热线）
网　　址 / http：//www.bitpress.com.cn

版 印 次 / 2024 年 4 月第 1 版第 1 次印刷
印　　刷 / 定州市新华印刷有限公司
开　　本 / 889 mm × 1194 mm　1/16
印　　张 / 13
字　　数 / 266 千字
定　　价 / 89.00 元

前　言

党的二十大报告指出："中国式现代化是物质文明和精神文明相协调的现代化。物质富足、精神富有是社会主义现代化的根本要求。"今天，旅游已成为中国人美好生活和精神文化需求的重要组成部分，增强人民获得感、幸福感的作用越发凸显，被列为幸福产业之首。

为贯彻落实《中华人民共和国国民经济和社会发展第十四个五年规划和 2035 年远景目标纲要》，根据《中华人民共和国旅游法》，制定了《"十四五"旅游业发展规划》（以下简称《规划》），《规划》明确"以文塑旅、以旅彰文，系统观念、筑牢防线，旅游为民、旅游带动，创新驱动、优质发展，生态优先、科学利用"的原则。因此，导游词的编撰与讲解实务，不仅是旅游行业的一项重要工作，更是推动旅游业高质量发展的关键环节。不断提高导游队伍的整体素质和服务水平，可为游客提供更加优质、个性化的旅游服务，推动旅游业高质量发展，为人民群众的美好生活贡献更多力量。

导游词编撰与讲解需适应旅游业的新发展，包括新业态、新技术、新工艺、新标准以及数字化转型和绿色化改造等。编写团队在编撰过程中，遵循以下思路进行更新和改革：首先，阐述导游词编撰与讲解的基本概念，帮助读者建立正确的认知框架；其次，通过案例介绍导游词的编撰技巧和方法，包括数字化手段收集资料、构思结构、运用语言等；接着，结合不同类型的景点，介绍具体的讲解方法和策略；最后，通过案例分析和实践练习，帮助读者巩固知识，提高实际操作能力。

在内容上，本书共分 7 大模块、21 个专题，涵盖了导游词编撰与讲解的各个方面。其中第一模块主要介绍导游词编撰的基本知识和技巧，包括导游词的概念、特点、作用以及编撰原则和方法等内容；第二模块至第四模块针对不同类型的旅游景点，介绍具体的讲解方法和策略，如自然景观、历史文化遗址、民俗风情、研学旅游、乡村旅游以及沉浸式旅游等，体现新业态和新旅游商业模式；第五模块至第七模块深入探讨了导游词的文化内涵、历史背景和导游的素质能力要求。每一个专题都通过案例分析和实践练习，帮助导游人员巩固所学知识，提高实际操作能力。

在编写特色上，本书可分以下几点：

1. 坚持"以文塑旅、以旅彰文"的理念

本书坚持"以文塑旅、以旅彰文"的理念，推动文旅融合，让导游与人文结合，与科技融合，与时代融合，与匠心融合，帮助导游人员掌握导游词的编撰技巧，挖掘传统文化，提高讲解水平，为游客提供更加优质、专业的服务。

2. 强化项目导向与实用导向

本书深入融合岗位标准、导游资格证考试以及导游技能大赛对导游员讲解能力、知识与技能的全面要求，确保与行业需求紧密相连。全书精心组织内容，各专题结合案例分析与实践训练，旨在帮助导游人员夯实理论基础，提升实际操作水平，实现知识与技能的完美结合。

3. 突出新业态和新旅游商业模式

随着旅游业的不断发展，新业态和新旅游商业模式层出不穷。本书紧跟时代步伐，针对不同类型的旅游景点，详细介绍了研学旅游、乡村旅游、沉浸式旅游等新型旅游模式的讲解方法和策略，帮助导游人员适应市场需求，提升服务品质。

4. 注重文化内涵和历史背景

本书不仅关注导游词的编撰技巧和讲解方法，更重视文化内涵和历史背景的挖掘和传承，通过深入剖析各个景点的历史背景和文化内涵，帮助导游人员更好地理解景点，提升讲解的深度和广度，让游客更好地感受到中华文化的博大精深。

5. 关注导游素质能力提升

编者认为，导游不仅是旅游服务的提供者，更是文化传播的使者。因此，本书在介绍导游词编撰与讲解的同时，也注重导游素质能力的提升，包括语言表达、沟通能力、心理素质、礼仪礼节等方面，帮助导游人员全面提升自己的专业素养和服务水平。

6. 体现数字化转型与绿色化改造

本书紧密结合当前旅游业的发展趋势，强调数字化转型和绿色化改造在导游词编撰与讲解中的重要性，通过引入现代科技手段，如虚拟现实、人工智能等，创新导游词的呈现方式，提升游客的体验感。同时，注重环保理念，倡导绿色旅游，为可持续发展贡献力量。

本书适合导游人员以及旅游爱好者使用。在使用过程中，建议读者按照章节顺序逐步学习，并结合实际案例进行练习。同时，读者也可以根据自己的需求和兴趣，选择性地深入学习相关章节。

在本书的编写过程中，参考了旅游行业、企业相关专家的指导意见，从宏观角度为教材的编写提供了有力指导，同时借鉴了国内外业界同人的研究成果和相关著作，使用了摄影爱

好者提供的插图，在此一并表示感谢。由于水平有限，书中不免存在疏漏之处，恳请专家、读者不吝赐教，以便进一步改进。最后希望本书能够成为导游人员提升专业素养的得力助手，为旅游业的发展贡献一份力量。

撰写要求与讲解要求评分表使用说明

一、撰写要求与讲解要求评分表

评价指标	评价要素	得分
撰写要求（50分）	①导游语言准确，以客观事实为依据，在遣词造句、叙事上要以事实为基础，词语组合得当，准确反映客观实际（10分）	
	②思维要符合逻辑规律，语言保持连贯性，语言表达条理清晰、有层次感（10分）	
	③运用比喻、比拟、排比、夸张、映衬、引用、双关、示现等修辞手法，生动形象（10分）	
	④请将字数控制在800~1 200字（5分）	
	⑤自选景区进行准确、恰当的解释、扩充与想象，不能照搬某一景点现成的导游词（5分）	
	⑥在选材、角度、结构、表达等方面要有一定的创新性（10分）	
讲解要求（50分）	①讲解内容应包括欢迎辞、景区概况、重点景点和欢送辞，结构完整，重点突出（15分）	
	②用普通话讲解，语音语调恰当，语速音量适中，用词准确；语言表达生动、有感染力；讲解方法、表情及其他肢体语言运用得当（20分）	
	③导游服务程序完整、规范，符合旅游行业基本要求与岗位标准（10分）	
	④讲解时间在3分30秒~4分钟，不足3分30秒的按标准扣分，3分30秒时，工作人员举牌提醒一次，4分钟时停止讲解（5分）	

二、下载方法

扫描下方二维码，点击"下载"按钮，即可下载以上评分电子表。

三、使用方法

评分过程包括小组自评、小组互评、教师评价及企业评价。最后，将撰写作品得分与讲解分数相加，得出总成绩，并将其划分为4个等级：A——95分以上；B——85分至95分；C——75分至85分；D——75分以下。

根据实际情况填写表格，并得出分数。

目录 CONTENTS

模块一

导游词编撰与讲解

学习目标 →

【素养目标】

1. 培养学生具备良好的语言表达能力和良好的沟通能力，能够用自然、流畅的语言进行讲解，能够与游客建立良好的关系；

2. 遵守职业道德规范，具备良好的礼仪素养，遵守社会公德和职业道德规范，为游客树立良好的榜样。

【知识目标】

1. 掌握导游词的含义和分类；

2. 了解导游词的编撰内容；

3. 掌握导游词讲解的内涵、原则和要求。

【技能目标】

1. 能结合具体案例进行导游词创作撰写；

2. 能结合具体案例进行导游词讲解。

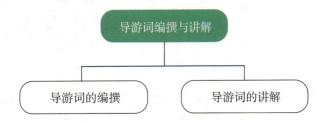

专题一　导游词的编撰

【情景导入】

作为一名新手导游，小王在编写导游词时遇到了很多困扰，近日接待来自山东的游客游览乌镇，游客们表现出了较低的热情和兴趣，为此小王很苦恼，为了提高自己，他决定向资深的同事请教。经过同事的指导，小王了解了导游词的含义与类别，认识到编写导游词需要注意选材立意和谋篇布局等。经过深思熟虑，小王重新编写了一篇关于乌镇的导游词。他发现，注重了选材立意、谋篇布局并经过反复修改润色之后，他的导游词变得流畅而有条理，更加吸引人了。他的表现也得到了游客和同事们的认可和赞扬。

【导游词案例】

乌镇导游词

各位游客，上午好，欢迎大家来乌镇游览观光。我是你们的导游小王。今天，我要带大家去看看被称为浙江五大古镇之一的乌镇，去欣赏一下乌镇独有的蓝印花布。现在就随我一同走进乌镇，一起去感受那份梦里水乡的宁静吧（见图1-1-1）！

图1-1-1　乌镇

各位朋友，来到乌镇我想大家一定想了解乌镇这个名字的由来，你们中间有谁知道吗？这位朋友说对啦，乌镇古名叫乌墩。之所以称为乌墩，是因古时的乌镇地处河流冲积平原，沼泽中淤积的土堆逐渐隆起，高出四周的田野土墩色彩深黑而且肥沃，于是这片土地就有了乌墩之名，后改名为乌镇，这个名字一直沿用至今。

乌镇地处浙江桐乡市北端，西接湖州市，北与江苏吴江区为邻。乌镇由东、西、南、北四条老街构成十字交叉的格局。民居宅屋临河而建，河上架有各式各样的小桥，古朴玲珑的小船在河上飘然而过，充分体现出小桥流水人家的江南古镇风韵。各位朋友，乌镇是古老的。这里有着厚重的文化积淀，一座座古朴的门洞，一幅幅精美的窗棂，一间间古老的手工作坊，一块块长满青苔的石板……这些具有江南水乡特色的人文景观，折射出悠闲、舒适、从容和惬意。走在乌黑狭长的小巷里，轻抚两旁斑驳的老墙，似乎能看见这里昔日的繁华：挂着招牌的茶馆里，头戴毡帽、身穿马褂的人们或是品茶，或是饮酒；典当行门口人来人往，戴着眼镜的老板坐在窗口后面打点着当物；手工作坊里的织布机发出"咯吱咯吱"的响声……

各位朋友请看，这里密密麻麻地竖立着一根根高杆，摆放着一排排阶梯式的晒布铁木架，上面晾晒着一条条蓝白两色的大块长布条，这就是乌镇特有的蓝印花布。现在我们就走进蓝印花布作坊去看个究竟（见图1-1-2）。

据说，这家作坊始创于宋元年间，已有800余年的历史。传说这家作坊由一名叫葛洪的农夫为爱妻所建，其制布原料、染料和工艺均来自民间，图案为蓝白两色花卉草木，充满浓郁的乡土气息，布料扎染成花布后被做成了扇子、头巾、小背包、婴儿穿的小兜

图1-1-2　蓝印花布作坊

肚和各种男女服装，自然、清新而又不失典雅。各位朋友，蓝印花布对于江南女孩来说具有特殊的意义，贯穿了江南女孩的一生，是她们一生中最美丽而又最难忘的情结。当一个呱呱坠地的女婴，一睁开小眼，看见妈妈亲手做的蓝印花布的幔帐，她就咧开没长牙的小嘴笑了。小女孩渐渐长大，她的眼睛里到处都是蓝印花布了，妈妈的围裙、吃饭桌上的台布、家里的窗帘、她自己头上小小的头巾……这些乌镇最普通的蓝印花布制品，就这样伴随着她长大。17岁出头，小姑娘已经按捺不住爱美的心思，跑到作坊里，三两天就把印染蓝印花布的手艺学会了；有心上人了，送什么给他好呢？就送一个亲手印制的蓝印花布荷包给他吧！

转眼间，小姑娘就变成大姑娘了，变成小镇上数得上的美丽姑娘了，结婚前用了三天三夜，赶制出一整套蓝印花布的物件：窗帘、枕套、拖鞋等。江南女子出嫁的时候也是一身蓝印花布衣裤，配上两只哭出桃花的红眼睛，真说得上是楚楚动人呢！

各位朋友，对乌镇总有一种爱恋在我们心头挥之不去，总有一段似水年华让我们眷恋不已。想起某位台湾歌手的一句话：来过便不曾离开。乌镇所散发出的灵秀和情韵一定会让我们深深地着迷与回味……

【知识储备】

小王接待的是来自山东的常规旅游团。为了将乌镇的美呈现给大家，小王不仅学习了中文导游词的含义与类别，还注重导游词编写的选材立意、谋篇布局和语言润色，力求使游客们通过导游词感受到乌镇的魅力。在选材立意方面，小王选择与乌镇相关的素材，同时根据团型，确定一个明确的主题和观点，这有助于游客更好地理解乌镇的历史和文化背景。在谋篇布局方面，小王合理安排素材的顺序和结构，确保导游词的流程顺畅。在语言润色方面，小王运用优美的词汇和生动的描述来增强导游词的吸引力和流畅度。最后在讲解方法上，小王灵活运用讲作技巧，使游客与导游之间达到心灵的默契。

一、结构内容

开头——简短的欢迎词开头，抓住了游客喜爱的旅游点，以"欣赏一下乌镇独有的蓝印花布"和"感受那份梦里水乡的宁静"引入导游词。

正文——首先介绍了乌镇名字的由来，接着介绍乌镇的地理位置和风景特点，最后介绍了蓝印花布作坊。

乌镇是一个历史悠久、文化底蕴深厚的古镇，因此，在编撰时，应突出其独特的主题，如水乡文化、历史背景等。本导游词第三段描写水乡特色时，抓住了乌镇的特色景物，使用了生动形象的语言，展现了独具风味的水乡特色。

乌镇有着许多有趣的历史故事和传说，可以在编撰导游词时穿插这些故事，增加游客的兴趣。本导游词第 4 段到第 6 段在介绍蓝印花布作坊时加入了历史故事。生动有趣的历史故事能够吸引游客的注意力，使他们对景点产生浓厚的兴趣和好奇心，从而可以让更多人了解和认识历史文化遗产，促进历史文化的传承和发展。历史故事可以促进跨文化交流，让不同文化背景的人们更好地了解彼此的文化传统和价值观，增进彼此的友谊，促进不同文化之间的和谐相处和共同发展。当然，在编撰导游词时，应尊重乌镇的历史和文化，避免歪曲或夸大事实，以免误导游客。

结尾——以自己的感受抒发情感，表达出对乌镇的热爱和敬意，让游客感受到乌镇的魅力。

总之，编撰乌镇导游词时，应注重主题突出、内容丰富、情感真挚、语言生动、尊重历史和文化等方面，让游客充分感受到乌镇的独特魅力和文化底蕴。

二、导游词编撰技巧

（一）导游词的含义

导游词是导游人员（工作者）为引导游客游览而对游览对象所作的说明、讲解词。导游员是导游词表达的主体；游客是导游词的受众；介绍、说明、讲解旅游景观是导游词的基本内容。导游员要找准自己讲解的切入点，充分考虑游客的特点，根据他们的要求进行讲解。

（二）导游词的分类

导游词可从内容和语体两个角度进行分类。从内容方面可分为自然景观和人文景观导游词。自然景观又可分为山、水、植物、动物、气候景观等，其导游词多用描写，使用比喻、拟人等修辞手法。人文景观有宫殿建筑、亭台楼阁、碑林墓塔、洞窟摩崖、风土人情、实物展品等，其导游词多采用较严谨的笔法和准确的语言词汇。从语体风格角度，可以分为口语语体导游词和书面语体导游词（如旅游指南、旅游手册、专题介绍等）。口语是导游词的主要表现形式，是导游带团过程中对旅游景观的解说。根据不同的游客、景观和情境，口语体又可分为演说型、介绍型、解说型和描写型4种类型。

1. 演说型

突出"演"字，句式整齐，音节和谐，节奏波澜起伏，多用于导游大赛。

2. 介绍型

突出"说"字。多用于介绍景观外形、性能、功用和行程安排等。如《悬空寺》：

悬空寺表面看起来好像只有十几根碗口粗的木柱支撑，令人心惊胆寒，其实有的木柱根本不受力，真正的支撑点是打入岩石的木桩，它们使整座寺庙稳稳地"挂"在崖壁上，历经1 400多年的风雨沧桑，经受了1989年大同一带6.1级的强地震。

3. 解说型

突出"解"字。多用于解释专用名词、科技术语和景观的文化内涵等。

4. 描写型

突出描绘，把看似普通、平淡的景观描绘得美妙无比，充满神奇色彩。

中文导游词写作与一般文章的写作，从基本路径上看大体是一致的，都要经过选材立意、谋篇布局、语言表达和修改加工4道基本程序，这就是我们要学习的主要任务。

《（三）导游词编撰的内容

1. 选材立意上要突出主题

导游词应围绕旅游目的地的人文、历史、自然景观等核心内容，突出主题，展现旅游目的地的特色和魅力。要具备知识性，导游词应准确地传达旅游景观的相关知识，包括历史背景、文化内涵、科学原理等。同时要增加趣味性，导游词应通过生动的故事、传说、趣闻等，增加游客的兴趣，使游览过程更加愉悦。注重艺术性，导游词应具备一定的文学艺术价值，运用修辞手法、生动形象的语言，使游客产生美的享受。导游词讲解过程中，导游人员应与游客互动，激发游客的参与热情，提高游览体验。最后实现情感共鸣，导游词应表达出对旅游目的地的热爱和敬意，唤起游客的情感共鸣，使他们对旅游目的地产生归属感。

2. 谋篇布局上要结构完整

逻辑清晰。导游词的整体结构应分为开头、正文和结尾三个部分。开头部分在不同的游览阶段有不同的编撰技巧，例如，在游览的开始阶段可以先致欢迎词，表示欢迎和祝愿。在游览过程中应简洁明了，引入旅游主题，激发游客兴趣。正文部分应详细介绍旅游目的地的历史、文化、景观等内容，层次分明，逻辑清晰。结尾部分应以感慨、启示、思想升华或邀请为主，使游客对旅游目的地留下深刻印象。

3. 语言表达上要生动形象

导游词应运用丰富的词汇、生动的描绘和形象的比喻，使游客仿佛身临其境。同时，要注重语言的准确性，避免误导游客。此外，还要注意语言的得体性，尊重旅游目的地的文化。

4. 修改加工上要精益求精

导游词写作完成后，要进行多次修改和润色。在修改过程中，要注意检查导游词的结构、内容、语言等方面，确保导游词的质量。

（四）提高导游词质量的方法

1. 积累素材

导游词的创作离不开丰富的素材积累。导游人员应提前了解旅游目的地的历史、文化、地理、民俗等方面的信息，掌握景点的特色和亮点。此外，导游人员还可以通过阅读、交流、实地考察等方式，不断积累和更新素材。

2. 学习借鉴

导游人员可以学习和借鉴优秀导游词的创作经验，吸收其他导游词的优点，提高自己的创作水平，同时还可以关注国内外旅游行业的发展动态，了解游客需求和兴趣，使导游词更具针对性。

3. 注重实践

导游词的创作与导游实践相结合，才能更好地提高质量。导游人员应在实际带团过程中，不断尝试和调整导游词，根据游客反馈进行改进。

4. 提升自身素养

导游人员应不断提高自己的文化素养、专业知识和表达能力，使导游词更具深度和魅力；此外，还要注重培养自己的沟通能力和情感智慧，使导游词更具感染力。

总之，编写一篇高质量的导游词需要充分考虑主题突出、内容丰富、结构完整、语言生动等方面。同时，导游人员还要不断提高自己的素养和能力，以更好地为游客提供优质的导游服务。在后面的学习中会有更加详细的介绍，希望通过接下来的学习，我们能够不断提升导游词的编撰与讲解技能，通过导游讲解让更多游客了解和喜爱我国的旅游资源，促进旅游业的发展。

这次经历让小王深刻体会到了导游词编写的重要性。他明白，作为一名导游，自己的责任不仅仅是传递知识，还要用心去感悟每一个景点的独特魅力，用生动的语言去感染游客。在今后的工作中，小王将继续努力学习，不断提高自己的导游水平，为游客们带来更加精彩的旅游体验。

【思考与实践】

一、讨论分析

你能结合身边实例分析导游词的选材立意和谋篇布局吗？

二、模拟实训

1. 写：根据所学知识，撰写一篇《台儿庄古城》导游词，由学生以小组的形式，以"选材立意明确、谋篇布局完整、语言表达生动、讲解方法运用恰当"为原则，撰写一份针对性强、生动自然的导游词（图1-1-3）。

图1-1-3　台儿庄古城

2. 讲：请扫二维码，跟着视频学讲解。学习内容为《雁荡山导游词》。

3. 评：对各小组提交的导游词进行评分（50分），选拔优秀作品并进行讲

雁荡山导游词

解交流（50分）。评分过程包括小组自评、小组互评、教师评价及企业评价。最后，将撰写作品得分与讲解分数相加，得出总成绩，并将其划分为4个等级：A——95分以上；B——85分至95分；C——75分至85分；D——75分以下。请参照撰写要求与讲解要求评分表（本题共100分）。

【内容拓展】

大家都知道，好的作品并不是一蹴而就的，好的导游词也是几易其稿、几番琢磨才完成的，所谓修改，无非是以下几点：一改错字、错句；二改修辞手法；三改篇章结构；四改节奏旋律。下面是苏东坡改对联与诗句的故事，让我们跟着苏东坡学习修改吧。

小时候，苏东坡在自己的书房门上贴了一副对联："识遍天下字，读尽人间书。"应该说，苏东坡的雄心壮志无可非议，但是"天下字"多如牛毛，你能"识遍"吗？"人间书"汗牛充栋，你能"读尽"吗？未免有点儿"狂"啊！

这件事被一位老者知道了。一天，他拿来一本小书，向苏东坡请教。苏东坡接过小书一看，有许多字并不认识，这本小书也没见过，不禁十分羞愧，老人取回小书，盯着这副对联看了好一会儿，不禁摇摇头走开了。苏东坡看在眼里，觉得自己的这副对联确实狂了一点，于是拿起笔来，在开头多添了两个字："发愤识遍天下字，立志读尽人间书。"

这一改，没有了原先的"狂"气，变成努力的方向了。从此以后，苏东坡变得谦逊起来，孜孜不倦地识字、读书，终于成为一代大诗人、大文豪。

传说，有一次苏东坡与他的妹妹苏小妹及诗友黄山谷一起论诗，互相题诗。小妹说出"轻风细柳"和"淡月梅花"后，要哥哥从中各加一字，说出诗眼。苏东坡当即道：前者加"摇"，后句加"映"，即成为"轻风摇细柳，淡月映梅花"。不料苏小妹却评之为"下品"。苏东坡认真地思索后，得意地说：有了，"轻风舞细柳，淡月隐梅花"。小妹微笑道："好是好了，但仍不属上品。"一旁的黄山谷忍不住了，问道："以小妹的高见呢？"苏小妹便念了起来："轻风扶细柳，淡月失梅花。"苏东坡、黄山谷吟诵着、玩味着，不禁鼓掌称妙。

专题二　导游词的讲解

【情景导入】

在春天的某个午后，阳光明媚，导游小郭收到了旅行社的通知，得知一个来自北京的研学团即将来到历史文化名城曲阜进行为期两天的研学旅行。这次研学团的成员主要是中学生，他们对中国传统文化有着浓厚的兴趣，特别想要了解曲阜"三孔"。接到这个任务后，小郭深感责任重大，他知道这次研学团的到来不仅是对他的导游能力的考验，更是对他讲解技能的挑战。

小郭清楚，这次研学团的讲解要求较高，需要他以生动、形象的语言，让同学们深入了解"三孔"的历史背景和文化内涵。为了圆满完成这次任务，小郭决定提前做好准备，对"三孔"的相关知识进行深入研究，力求在讲解过程中让研学团的同学们感受到中华文明的博大精深。

【导游词案例】

孔庙大成殿导游词

亲爱的同学们，欢迎来到我们美丽的孔庙，这里是你们学习和探索中国传统文化的重要场所。今天，我们将一起游览孔庙的大成殿（见图1-2-1），了解更多关于中国伟大的思想家和教育家孔子的故事。

首先，让我们来了解一下孔子生活的时代背景。孔子，名丘，字仲尼，是中国历史上最伟大的思想家和教育家之一。他生活在春秋时期，那个时代社会动荡，人

图 1-2-1　大成殿

们渴望寻求一种稳定和谐的社会秩序。孔子正是为了解决这个问题，创立了儒家学派，提倡仁爱、忠诚、礼义等道德观念。

现在，我们来到了孔庙的大成殿。大成殿是孔庙的核心建筑，也是我们今天重点参观的地方。这个殿名取自《孟子》中的"孔子之谓集大成"，意思是指孔子思想完美无缺，集古圣先贤之大成。

走进大成殿，我们可以看到正中位置供奉着孔子的塑像。他面带微笑，显得亲切和蔼。孔子身旁则是他的弟子们，他们形态各异，有的在认真听讲，有的在记录，有的在思考。这个殿堂的布置和装饰都还原了孔子讲学的场景，让我们能够更直观地了解那个时代的生活和文化。大成殿内金碧辉煌，有大型神龛9座，17座塑像，居中的一座即孔子。孔子坐高3.35米，头戴十二旒冕，身穿十二章王服，手捧镇圭，显得高贵、威严，一副君王形象，这是被历代帝王神化了的孔子。实际上孔子的真实面目应该是布衣文人的形象。孔子生于公元前551年，逝于公元前479年，终年73岁。因为儒学具有国家的高度，所以历代统治者不断地对孔子进行加封，最后顺治皇帝加封他到最高地位：大成至圣文宣王。

大家看一下孔子塑像两侧的对联：

上联：气备四时，与天地鬼神日月合其德；

下联：教垂万世，继尧舜禹汤文武作之师。

上联"鬼"没有撇，因孔子曾言"敬鬼神而远之"；下联"师"没有横，因孔子是儒家思想的创始人，虽然他谦虚地说"三人行，必有我师焉""学无常师"，但是没有人敢在孔子面前称老师。

在参观过程中，大家可以注意一下大成殿的建筑风格。这座建筑采用了中国古代传统的建筑风格，如屋顶的曲线、斗拱的结构以及彩绘的图案等，都展示了中国古代建筑的独特魅力。现存这座大成殿为清代雍正年间重建，面阔九间，纵深五间，即九五之制。古语说：九五阳气盛，至于天。古云：飞龙在天。高24.8米，阔45.8米，纵深24.9米，重檐九脊，黄瓦飞甍，雕梁画栋，气势雄伟，与北京故宫太和殿、泰安岱庙天贶殿并称为东方三大殿（图1-2-2）。

最后，我们将前往大成殿后的明德堂。那里是孔庙举行重要活动的地方，如每年的祭孔大典。明德堂的命名也是取自《大学》中的"大学之道，在明明德"，意在强调儒家思想中的道德教化。

今天的游览就要结束了。希望同学们能够在孔庙的大成殿中深入了解孔子的思想和教育理念，感受中国传统文化的博大精深。同

图1-2-2　大成殿内部

时，也希望同学们能够将这种文化自信和民族自豪感带回到日常生活中，传承和发扬我们的优秀传统文化。谢谢大家！

【知识储备】

导游服务是一门艺术，它集表演艺术、语言艺术和综合艺术于一身，将艺术性集中体现在导游讲解之中。因此，导游讲解往往被看作衡量导游水平高低的最为重要的技能。本次小郭接待的是来自北京的研学团，针对团型和景观，小郭深入了解了导游讲解的原则和要求。

一、结构内容

开头——针对研学团特点，开门见山引入孔庙的大成殿。

正文——解说内容为孔子生平、孔子的塑像、对联和建筑风格几个方面。

孔庙是中国传统文化的重要组成部分，是儒家文化的象征。主体开头强调孔庙的大成殿是孔庙的核心建筑，突出它的地位和影响力。然后在介绍大成殿的时候对孔子的塑像详细解说，并说明孔庙所体现的儒家思想、道德观念、人文精神等，让游客深入了解其文化内涵和精神价值。孔庙的建筑风格独特，具有很高的艺术价值和历史意义。本导游词详解了大成殿的建筑风格，包括布局、结构、装饰等方面，让游客深入了解其建筑之美。

结尾——以表达文化传承意义结尾。孔庙是一处历史文化遗产，需要得到保护和传承。从而呼吁游客共同传承和发扬中华优秀传统文化。

孔庙不仅是建筑和文化的代表，更是儒家文化的传承和发扬。在导游词中，要注意导游讲解的原则和要求，把握导游讲解要领，注意导游讲解后的导游服务。同时要注意语言规范：导游词是给游客传达信息的工具，语言要规范、准确、流畅。在介绍孔庙时，要注意用词准确、避免歧义，同时要注意语言的通俗易懂，让游客更好地理解孔庙的历史和文化。

二、导游词讲解技巧

（一）导游讲解的内涵

对于导游讲解的内涵，许多专家学者和导游从业人员有着不尽相同的认识。笔者认为，导游讲解就是导游以丰富多彩的社会生活和绚丽多姿的景观景物为题材，以兴趣爱好不同、审美情趣各异的游客为对象，对自己掌握的各类知识进行整理、加工和提炼，用简洁明快的语言进行一种意境的再创造。

通过导游精彩的讲解，可使祖国的大好河山更加生动形象，使各地的民俗风情更加绚丽多姿，使沉睡百年的文物古迹苏醒，使令人费解的自然奇观有了科学答案，使造型奇巧的工艺品栩栩如生，使风味独特的名点佳肴内涵丰富，从而使游客感到旅游经历妙趣横生，留下经久难忘的印象。

导游词的讲解主要包括语言讲解技能和实地讲解技能，其中语言讲解技能分为导游口头语言表达技巧、导游态势语言运用技巧和导游交际语言常用技巧，实地讲解技能又分为实地导游讲解常用方法和实地导游讲解的要领，在后续的学习中，我们会不断深入，逐步增强讲解技能。

（二）导游讲解的原则

导游讲解是导游的一种创造性劳动，因而在导游实践中其方式方法可谓千差万别，但这并不意味着导游讲解可以随心所欲。相反，要保证导游讲解质量，无论导游采用何种讲解方式，都必须符合导游讲解的基本规律，遵循导游讲解的基本原则。

1. 客观性原则

所谓客观性，是指导游讲解要以客观现实为依据，在客观现实的基础上进行意境的再创造。客观现实是指独立于人的意识之外，又能为人的意识所反映的客观存在，它包括自然界的万事万物和人类社会的各种事物。这些客观存在的事物既有有形的，如自然景观和名胜古迹；也有无形的，如社会制度和旅游目的地居民对游客的态度等。在导游讲解中，导游无论采用什么方法或运用何种技巧，都必须以客观存在为依托，导游讲解必须建立在自然界或人类社会某种客观现实的基础上。

比如，向游客介绍河南偃师二里头遗址宫城区，虽然游客看到的只是宫城城墙以及大型夯土基址、车辙、绿松石器及其制造作坊等遗存，但导游以此为基础来创造意境，通过讲解再现距今 3850~3550 年前"华夏第一都"的盛景，既可以让游客惊叹不已，又可以使游客感到真实可信。

2. 针对性原则

所谓针对性，是指导游从游客的实际情况出发，因人而异、有的放矢地进行导游讲解。游客来自四面八方，审美情趣各不相同，因此，导游要根据不同游客的具体情况，在讲解内容、语言运用、讲解方法上有所区别。通俗地说，就是要看人说话、投其所好，导游讲的正是游客希望知道的并感兴趣的内容。譬如，带领建筑业的旅游团参观北京故宫和天坛的祈年殿，导游应多讲我国古建筑的特色、风格和设计方面的独到之处，甚至还要同他们交流有关建筑业方面的专业知识。如果是带领一般的游客参观这些地方，就应将重点转到讲述封建帝王的宫廷逸事和相关的民间传说。

3. 计划性原则

所谓计划性，就是要求导游在特定的工作对象和时空条件下发挥主观能动性，科学地安排游客的活动日程，有计划地进行导游讲解。

旅游团在目的地的活动日程和时间安排是计划性原则的中心。导游按计划带团进行每一天的旅游活动时，要特别注意科学地分配时间。如安排饭店至参观游览点的距离及行车所需时间、出发时间、各条参观游览线所需时间、途中购物时间、午间就餐时间等。如果在时间安排上缺乏计划性，就会出现"前松后紧"或"前紧后松"的被动局面，甚至有的活动被挤掉，影响计划的实施而导致游客的不满甚至投诉。

计划性的另一个具体体现是每个参观游览点的导游方案。导游应根据游客的具体情况合理安排在景点内的活动时间，选择最佳游览线路，导游讲解内容也要做适当取舍。什么时间讲什么内容、什么地点讲什么内容以及重点介绍什么内容都应该有所计划，这样才能达到最佳的导游效果。

例如，武汉黄鹤楼的讲解一般以一、三、五楼为重点。导游通过一楼大厅的壁画《白云黄鹤图》可向游客介绍黄鹤楼"因仙得名"的传说故事；通过三楼的陶版瓷画《文人荟萃》向游客介绍历代文人墨客来黄鹤楼吟诗作赋的情景；通过五楼的大型壁画《江天浩瀚》的组画向游客介绍长江的古老文化和自然风光，也可引导游客登高望远，欣赏武汉三镇的秀丽景色。当然，如果游客对历史和古建筑有兴趣，导游也可以二楼为重点，为游客讲解《黄鹤楼记》，介绍不同朝代黄鹤楼的模型和建筑特色。

4. 灵活性原则

所谓灵活性，是指导游讲解要因人而异、因时制宜、因地制宜。旅游活动往往受到天气、季节、交通以及游客情绪等因素的影响，这里所讲的最佳时间、最佳线路、最佳景点都是相对的，客观上的最佳条件缺乏，主观上的运用导游艺术就不可能有很好的效果。因此，导游在讲解时要根据游客的具体情况，天气、季节的变化和时间的不同，灵活地运用导游知识，采用切合实际的导游内容和导游方法。

导游讲解以客观现实为依托，针对性、计划性和灵活性体现了导游活动的本质，也反映了导游方法的规律。导游应灵活运用这四个基本原则，自然而巧妙地将其融于导游讲解活动之中，这样才能不断提高自己的讲解水平。

例如，以下为几段游览金鞭溪的导游词：

（晴天）今天真是个好天气，秋高气爽，阳光明媚。在这样的好天气之下，相信大家的心情也不错！带着这样一份好心情，让我们走进金鞭溪，领略一下"名山大川处处有，唯有金鞭奇上奇"的美丽风景吧！

（小雨）今天老天爷不太赏脸，有点儿小雨。可能他也在嫉妒我们来到张家界这个美丽的人间仙境吧。这倒正好，这霏霏细雨就像轻纱一样，给金鞭溪这位美女更增添了一份妩媚。各位来得真是巧呀！

（大雨）好大的雨呀！各位可能有点儿担心，这瓢泼大雨会不会影响我们欣赏金鞭溪美丽的风景呢？ 您尽管放一百个心。大家如果细心一点就会注意到，前面刚刚游完金鞭溪的游客身上几乎未淋湿。这就要归功于我们张家界 98% 以上的森林覆盖率了！正是这茂密的森林给我们撑起了一把巨伞，让我们就像作家李健吾所写的《雨中登泰山》一样，"有雨趣而无淋漓之苦"，去好好欣赏一下雨中的金鞭溪吧！

（雪天）各位一早起来就看到了，张家界今年的第一场雪。大雪虽然给我们的旅行带来了一定的影响，但也未尝不是件好事。您知道张家界什么时候最美吗？对了！就是雪中的张家界最美。这可不是我瞎说，许多摄影师们专门到冬天下大雪才来拍风景照片呢！不信的话，我们就亲自去体验一下雪后的金鞭溪是什么样子吧！

《（三）导游讲解的要求

1. 言之友好

导游在讲解时用词、声调、语气和态势语言都应该表现出友好的感情。"有朋自远方来，不亦乐乎""能认识大家是我的荣幸""很高兴与大家有缘在这里相识"等，都是表达友好的语言，作为友谊的载体，友好的语言可以使游客感到温暖。

2. 言之有物

导游讲解要有具体的指向，不能空洞无物。讲解资料应突出景观特点，简洁而充分。可以充分准备，细致讲解；不要东拉西扯，缺乏主题，缺乏思想，满嘴空话、套话。导游应把讲解内容最大限度地"物化"，使所要传递的知识深深地烙在游客的脑海中，实现旅游的最大价值。

3. 言之有据

导游说话要有依据，不能没有根据而胡乱地瞎说一通。对游客讲话，回答游客的问题，对参观游览点的讲解，对外宣传都要从实际出发，要有根据。

首先，导游在讲解时要尊重历史事实，不能歪曲真相。我国有着五千年的历史、丰富的历史遗迹和典故，导游在讲解过程中要确保内容的真实性，让游客了解到真正的历史文化。此外，导游还应熟悉所游览地区的地理、民俗、风情等方面知识，以便为游客提供全面的讲解。

其次，导游在介绍旅游景点时，要注重景观特点的描述，突出景点的独特魅力。每个旅游景点都有其独特的历史、文化和风景，导游应充分挖掘这些特点，让游客对景点有更深入的了解。同时，导游还应关注游客的兴趣点，用生动、形象的语言吸引游客的注意力，使讲解更加引人入胜。

再次，导游在宣传和推广旅游产品时，要遵循客观公正的原则。广告宣传往往存在一定的夸大其词现象，但作为导游，我们要以诚信为本，如实介绍旅游产品的优点和不足，让游客对旅行有明确的期望。同时，导游还应根据不同游客的需求，提供个性化的旅游线路和建议，确保游客的旅行体验满意度。

最后，导游在解答游客问题时，要具备较强的应变能力和专业知识。游客在旅行过程中可能会提出各种问题，导游应能迅速给出准确、合理的答案。当遇到自己不清楚的问题时，导游应勇于承认自己的不足，并积极寻求解决办法，以免误导游客。

4. 言之有理

导游讲解的内容、景点和事物等的介绍都要以事实为依据，要以理服人，不要言过其实和弄虚作假，更不要信口开河。那些不以事实为依据的讲解，一旦游客得知事实真相，就会觉得自己受到了嘲弄和欺骗，导游在游客心目中的形象就会一落千丈。

要确保讲解内容的真实性，导游应该做好以下几点：

一是做好准备工作。在出发前，导游要详细了解景点的历史、文化、地理等方面的知识，确保自己掌握的信息是准确可靠的。同时，要关注各类资讯，及时了解景点的最新情况，以便在讲解过程中为游客提供最新、最准确的信息。

二是遵循实事求是的原则。在讲解过程中，要以事实为依据，客观公正地介绍景点的特色和价值。避免使用夸张、绝对的词语，以免给游客留下虚假的印象。

三是尊重历史和文化。在讲解过程中，要尊重历史事实，不歪曲、不篡改。对于文化传统和历史事件，要遵循学术共识，避免传播未经证实的观点，以免引发争议。

四是关注游客需求。导游要根据游客的兴趣和需求，有针对性地进行讲解。在确保真实性的前提下，可以适当增加一些生动、有趣的故事和细节，使讲解更加丰富多彩，增强游客的体验感。

五是及时更新知识。导游行业是一个不断变化的行业，要时刻关注行业动态，更新自己的知识体系。通过学习、交流等方式，提高自己的专业素养，为游客提供更优质的导游服务。

总之，作为一名导游，要以事实为依据，严谨认真地对待每一次讲解，树立良好的职业形象。只有这样，才能赢得游客的信任和尊重，为自己的职业生涯打下坚实的基础。同时，也要关注行业发展，不断提升自己的专业素养，为导游行业的发展贡献力量。诚信、专业、负责任的导游，是旅游业发展的关键，也是游客美好旅程的保障。

5. 言之有趣

导游讲解要生动、形象、幽默和风趣，要使游客紧紧地以导游为核心，在听讲解的过程中，得到一种美好的享受。需要指出的是，导游在讲解中的风趣和幽默，要自然、贴切，绝不可牵强附会，不正确的比拟往往会伤害游客的自尊心，并对其他游客产生不良的影响，让其反感。

譬如，在景色如画的苏州西山的石公山上，一位导游对游客描绘说："朋友们，我们现在身在仙山妙境，请看，我们的背后是一片葱翠的丛林，面前是无边无垠的太湖。青山绕着湖水，湖水映着青山。山石伸进了湖面，湖水'咬'住了山石，头上有山，脚下有水。真是天外有天、山外有山、岛中有岛、湖中有湖，山如青龙伏水，水似碧海浮动。"接着，他跌宕有致地吟道："茫茫三万顷，日夜浴青葱。骨立风云外，孤撑涛声中。"

又如，在苏州西园的五百罗汉堂里，导游指着那尊"疯僧"塑像逗趣地说："朋友们，这个疯和尚有个雅号叫'九不全'，就是说他有九种毛病：歪嘴、驼背、斗鸡眼、招风耳、瘌痢头、烧脚、鸡胸、斜肩脚，外加一个歪鼻头。大家别看他相貌不完美，但残而不丑，从正面、左面、右面看，你会找到喜、怒、哀、乐等多种感觉。另外，那边还有五百罗汉，大家不妨去找找看，也许能发现酷似自己的'光辉形象'。"导游风趣的话逗得游客哈哈大笑，游兴顿增。

6. 言之有神

导游讲解应尽量突出景观的文化内涵，使游客领略其内在的神韵。其讲解内容要经过综合性地提炼并形成一种艺术，让游客得到一种艺术享受。同时，导游要善于掌握游客的神情变化，观察哪些内容游客感兴趣，哪些内容游客不愿听，游客的眼神是否转移，是否有人打呵欠……对这些情况都需随时掌握，并及时调整所讲内容。

为了达到言之有神这一目的，导游应在讲解前充分准备，掌握景点的相关历史、文化和民间传说，以便为游客提供丰富、有趣的故事。此外，导游还需注重与游客的互动，运用幽默、风趣的语言，使讲解更加生动活泼。在讲解过程中，导游要尽量保持语速适中，语调富有变化，以便于游客更好地理解和记忆。

导游还需关注游客的年龄、职业、文化背景等方面的差异，因人施讲，以满足不同游客的需求。对于年轻游客，可以重点介绍景点的历史背景和文化内涵；对于老年游客，可以侧重讲述民间传说和养生知识；对于儿童，可以运用生动有趣的故事和传说，激发他们的兴趣。

在讲解过程中，导游应适时插入一些亮点，如趣味问答、现场互动游戏等，以吸引游客的注意力。同时，导游还要关注游客的反馈，随时调整讲解内容和方式，确保游客在旅途中始终保持浓厚的兴趣。

7. 言之有力

导游在讲解时要正确掌握语音、语气和语调，既要有鲜明生动的语言，又要注意语言的音乐性和节奏感。此外，导游在讲解到结尾时，语音要响亮，让游客有结束的心理准备。

导游在讲解时，除了要准确地传达信息，还要注意语言的艺术性。语音、语气和语调的掌握至关重要，它们直接影响到游客对景点的理解和感受。首先，导游的语音要准确，避免方言和口音过重，以便于游客听懂。其次，语气要亲切友善，让游客感受到温暖和尊重。最后，语调要富有变化，既要突出重点，又要营造出轻松愉快的氛围。

在语言的运用上，导游要力求生动形象，运用修辞手法和生动的事例，让景区的历史、文化和风景活灵活现。同时，要注意语言的音乐性和节奏感，使讲解变得更加富有韵律。这不仅有助于游客更好地领略景区的魅力，还能使整个讲解过程更加引人入胜。

在讲解结尾部分，导游要让游客有结束的心理准备，给他们留下深刻的印象。此时，语音要更加响亮，语调要充满激情。可以简要回顾一下讲解的内容，或者对景区的价值和意义进行总结，激发游客的思考。同时，可以借此机会提醒游客注意安全，鼓励他们文明旅游，保护环境。

导游在讲解时，要注重语言的准确性和艺术性，通过对语音、语气、语调的把握，以及生动形象的语言表达，让游客充分感受到景区的魅力。在讲解结尾部分，更要用饱满的热情和响亮的语音，给游客留下难以忘怀的印象。这样，才能使导游工作更加成功，为旅游业的发展贡献力量。

8. 言之有情

导游要善于通过自己的语言、表情、神态等传情达意。讲解时，应充满激情和热情，又充满温情和友情，富含感情和人情的讲解更容易被游客接受：

导游不仅仅是知识的传递者，更是情感的交流者。在导游过程中，善于运用情感交流技巧，可以拉近与游客之间的距离，使游客在旅途中感受到温馨、愉悦的氛围。除了语言、表情、神态等方面的情感表达，导游还应注重以下几个方面：

（1）尊重游客的情感需求

每位游客都有自己的兴趣和喜好，导游应尊重游客的选择，尽量满足他们的需求。在了解到游客的喜好后，导游可以有针对性地推荐景点、活动和美食等，让游客在旅途中感受到关爱和尊重。

（2）关注游客的情感波动

旅行中，游客可能会遇到各种突发情况，如身体不适、丢失物品等。导游要时刻关注游客的情感波动，及时发现问题，为游客排忧解难。在处理问题时，导游应以关心和同理心，让游客感受到温暖和安慰。

（3）营造愉快的团队氛围

导游应充分发挥自己的幽默感和趣味性，通过趣味讲解、互动游戏等方式，营造轻松愉快的团队氛围。这样既能缓解游客的疲劳，又能增进游客之间的友谊，使整个团队充满活力。

（4）情感沟通与心理疏导

在旅途中，游客可能会遇到不愉快的事情，导游应主动关心游客的心理状况，适时进行情感沟通和心理疏导。导游要善于倾听，给予游客充分的关注和理解，帮助他们化解心理压力，让旅途更加愉快。

（5）情感升华与价值传递

导游应把握旅途中的一些重要时刻，如游客的生日、结婚纪念日等，为游客创造惊喜。通过情感升华，让游客拥有旅行中的美好时光，从而留下难忘的回忆。同时，导游还应传递正能量，弘扬社会主义核心价值观，使游客在旅途中收获知识和成长。

9. 言之有喻

导游在讲解时要用比喻的语言、游客熟悉的事物，来介绍、比喻参观的事物，使游客能对生疏的事物很快地理解并产生亲切感。恰当地运用比喻手法，可以降低游客理解的难度，增加旅游审美中的形象感和兴趣度。

10. 言之有礼

导游的讲解用语和动作、行为要文雅、谦恭，让游客获得美的享受。

导游在带领游客参观景点时，还需注重团队纪律，确保游客的安全。导游应时刻关注游客的需求，随时解答游客的疑问，确保游客在旅途中玩得安心、舒心。同时，导游还需具备应变能力，遇到突发情况时，能迅速做出判断并采取妥善措施。导游的动作、行为和态度是旅游服务的重要组成部分。他们应该以身作则，做到语言文明、举止优雅、知识丰富、服务周到，为游客营造一个和谐、美好的旅游环境。通过优质的服务，让游客在旅途中感受到我国的风土人情，留下难忘的回忆。从而推动旅游业的发展，为我国旅游业的繁荣做出贡献。

此次研学团的讲解取得了圆满成功，同学们纷纷表示受益匪浅，对中国传统文化有了更加深厚的感情。小郭也从中积累了宝贵的经验，提高了自己的讲解能力。他深知，作为一名导游，传播中华优秀传统文化是他的使命，他会继续努力，为更多游客提供优质的导游服务，让更多人了解和热爱祖国的传统文化。

【思考与实践】

一、讨论分析

1. 一名合格的导游人员应该如何把握讲解的音量、语调和语言的节奏呢？
2. 你认为导游词的编撰和讲解哪个更重要呢？

二、模拟实训

1. 写：根据所学知识，撰写一篇《潍坊青州古城》导游词，学生以小组的形式，撰写一份针对性强、生动自然的导游词。图1-2-3为青州古城。

图1-2-3　青州古城（摄影：张学国）

2. 讲：请扫二维码，跟着视频学习讲解。学习内容为《西湖概况》。

3. 评：对各小组提交的导游词进行评分（50分），以选拔优秀作品并进行讲解交流（50分）。评分过程包括小组自评、小组互评、教师评价及企业评价。最后，将撰写作品得分与讲解分数相加，得出总成绩，并将其划分为4个等级：A——95分以上；B——85分至95分；C——75分至85分；D——75分以下。请参照撰写要求与讲解要求评分表（本题共100分）。

西湖概况

【内容拓展】

在日常工作和生活中，导游人员可以通过以下渠道积累知识：

1.通过媒体关注"身边事"，收集城市及景区的点滴变化

比如，工业老城"蝶变"文旅新城——山东淄博，凭着"烤炉＋小饼＋蘸料"烧烤灵魂"三件套"，2023年的淄博烧烤火爆出圈，出现了坐高铁去淄博撸串等景象，热度持续不下。据淄博当地媒体报道，因烧烤火出圈，近期淄博火车站一日到发5万人次左右，创下近3年最高纪录，其中大部分都是前来品尝淄博烧烤的游客。为了方便外地游客，淄博还专门新增了21条定制烧烤公交专线，自2023年起借力创意加持、业态焕新，淄博市从"工业锈带"变身"生活秀带"，增加了传统产业附加值，也带动了景点旅游向全域旅游的转变，以新玩法、深体验赢得更多游客青睐。在激活工业文化、培育新质生产力的同时，淄博市进一步激活齐文化、黄河文化、聊斋文化等丰厚的文化资源，深耕"两创"实践，为高质量发展注入内生动力。

近年来，无论是齐文化博物院里"萌出圈"的国宝牺尊，还是蒲松龄纪念馆设计推出的研学手册，或是淄博市博物总馆线上发售的《齐都淄州·镜花柳泉》数字藏品，都较好地展示了独特的地域文化、捕捉到了"Z世代"的喜好，为当地博物馆游增添了人气。在一系列举措推动下，2023年，该市各级各类博物馆累计接待游客840余万人次。在淄博海岱楼、陶瓷琉璃博物馆、蒲松龄纪念馆等成为新晋"网红"打卡地的同时，淄博市进一步推动行业博物馆、手造博物馆等与城市记忆、产业发展、乡村振兴深度融合，构建展示城市文化软实力的活力IP。

2.通过阅读专业书籍，丰富自己在某一知识领域的积累

譬如，导游要想讲好中原文化，阅读如《中原文化记忆丛书》之类的书籍是非常有必要的，只有通过深入学习，才能让自己的讲解不仅能"讲其然"，还能"讲其所以然"。

3.通过网络搜索，寻找某一关注问题的相关背景知识

譬如，导游要想通过讲解武汉长江段的水文历史来介绍武汉的抗洪史，可以在网络上搜集各种长江的水文数据及抗洪史实，再通过类比法、妙用数字法等讲解方法灵活运用搜集到的素材，以达到良好的讲解效果。

自然景观导游词与讲解案例分析

学习目标 →

【素养目标】

1. 培养学生具有严谨求实的科学态度和作风、创新求实精神;

2. 通过自然景观导游词与讲解案例分析的学习,帮助学生提升地理、环保、文化、审美和语言等多方面的素养,同时也可以增强学生的自主学习能力、合作能力和解决问题的能力等。

【知识目标】

1. 通过学习山地景观的编撰与讲解案例,掌握导游词的选材立意和语言表达;

2. 通过学习水体景观的编撰与讲解案例,掌握如何谋篇布局以及如何编撰欢迎辞;

3. 通过学习生物景观的编撰与讲解案例,学会正文部分的编撰技巧;

4. 通过学习天象与气候景观的编撰与讲解案例,学会编撰导游词结束语和欢送词。

【技能目标】

1. 能结合具体案例对自然景观进行导游词创作撰写;

2. 能根据讲解技巧对自然景观进行讲解;

3. 会结合工作实际对自然景观进行灵活讲解。

专题一　山地景观导游词

【情景导入】

　　4月下旬的某天，导游小郭接到××国际旅行社计调小李的通知，说是北京旅游团将于5月1日来泰安游玩两天，在接到通知后，作为地陪的小郭要做好接待服务准备，准备工作最重要的一个环节就是知识准备，即撰写导游词应怎样选材立意。既然来到泰山，就要求导游员做好山地类知识的储备。我国地大物博，幅员辽阔，各种类型的地貌景观齐全且发育成熟，山地类旅游景区数量众多，质量上乘，在导游带团中讲解也最多，所以此类景观的导游词选材立意和语言表达很重要。旅游团到达后，小郭带领游客们来到五岳之首的泰山，接下来，小郭向北京的游客们介绍起了泰山。

【导游词案例】

泰山导游词

　　游客朋友们，大家好，坐了这么长时间的车，大家辛苦了。首先我代表××旅行社欢迎大家到山东游玩，我是本次旅途的导游，我姓郭，大家可以叫我小郭，或者叫郭导。给我们提供驾驶服务的就是我们的司机张师傅，张师傅可是旅游界公认的三好司机，技术好、人品好、服务态度好。所以大家对我们这几天的行车安全尽可放心。您在山东的这几天呢，将由小郭和张师傅为大家提供全程的导游服务，如有服务不周的地方，请大家多提宝贵意见。中国有句老话说得好："有缘千里来相会，无缘对面不相识。"今天，我们由不同的地方走到同一个目的地，乘坐在同一辆车里，大家由不相识到相见、相知，这真是一种很奇妙而又美好的缘分，那么就让我们将这个美好的缘分进行到底，希望我们开心而行，满意而归。那在接下来的路程中，我将为大家简要介绍一下泰山概况。

　　接下来我们将要征服的就是五岳之首的泰山，各位游客，泰山属于典型的花岗岩地貌景观之一。泰山风景区以泰山主峰为中心，呈放射状分布，主峰玉皇顶海拔1 532.7米。泰山由自然景观与人文景观融合而成，是世界文化与自然双重遗产。泰山山体高大，形象雄伟，尤其是南坡，山势陡峻，主峰突兀，山峦迭起，气势非凡。历代诸多帝王把泰山看成国家统一、权力的象征，常到泰山封禅祭祀，使得泰山享有"五岳独尊""五岳之首"的盛誉。泰山既有旭日东升、晚霞夕照、黄河金带、云海玉盘四大自然名景为代表的自然景观，又有琳琅满目的人文奇观，以岱庙、石刻最具代表性。泰山风景名胜区如图2-1-1所示。

　　各位游客，这里就是泰山有名的十八盘了。大约25亿年前，在一次被地质学家称作

"泰山运动"的造山运动中，古泰山第一次从一片汪洋中崛起，以后几度沧桑，泰山升起又沉没，沉没又升起，终于在 3 000 万年前的"喜马拉雅造山运动"中，最后形成了今天的模样。古老的造山运动造就了泰山南麓阶梯式上升的三个断裂带，最上一层从云步桥断裂带到极顶，海拔陡然上升 400 多米，使得这一层地带与四周群峰产生强烈对比，犹如宝塔之刹，形成了"东天一柱"的气势。十八盘是整个登山盘路中最为艰难的地段了。大家看，石壁上古人的题刻"努力登高""首出万山""共攀青云梯"，那是在勉励我们。大家再看那负荷百斤的挑山工，再想想当年无名无姓的凿石修路人。大山无言，但它们能激励人们向上。朋友，登山犹如干事业，只有义无反顾地向上，才能战胜险阻，才能达到最高的境界！

图 2-1-1　泰山风景名胜区

时间过得真快，短短两天的山东之旅已经圆满结束了，离别虽然有许多不舍，但还是到了该说再见的时候了，感谢大家这两天来对我工作的支持与配合，在这次旅游过程中，难免有不周到的地方，还请大家多多包涵，同时也希望你们给我们提出宝贵意见，你们的意见将会使我们不断地成长，不断地进步。我们虽然做不到最好，但我们会努力做到更好！也许我不是最好的导游，但是大家却是我遇见最好的客人，能和最好的客人一起度过这愉快的两天是我的幸运，相逢是首歌，同行是你我！再次感谢大家对我工作的支持与配合。最后祝愿所有的朋友健康快乐，万事如意！

【知识储备】

　　这次小郭接待的是来自北京的常规旅游团。为了将泰山的雄伟壮丽呈现给大家，小郭不仅深入挖掘山岳景观内涵，还注重导游词的选材立意和语言表达，力求使游客们享受到视觉、听觉的饕餮盛宴。于是，小郭查阅了景区众多的文献资料，参考了关于导游语言的理论知识，针对北京游客，进一步地完善自己的导游词。

一、结构内容

　　开头——欢迎词。

　　①问候语：真诚问候游客，如"各位来宾、各位朋友，大家好！"

　　②欢迎语：代表所在旅行社、本人及司机欢迎游客光临本地。

　　③介绍语：介绍自己的姓名及所属单位，介绍司机。

　　④希望语：表达提供服务的诚挚愿望，希望得到全团的配合。

　　⑤祝愿语：预祝游客旅途愉快顺利。

　　正文——先对泰山概况进行讲解，再对主要景点进行介绍，讲解了十八盘的生成原因，重点突出挑山工的精神。

　　结尾——欢送词。

　　①回顾语：对旅游团在本地的行程，包括食、住、行、游、购、娱等各方面做一个概括性的回顾，目的是加深游客对这次旅游经历的体验。

　　②感谢语：对游客及相关人员表示感谢，若旅游活动中有不尽如人意之处，可借此机会表示真诚的歉意。

　　③征求意见语：诚恳地征询意见和建议。

　　④惜别语：表达友谊和惜别之情。

　　⑤祝愿语：表达美好的祝愿，期待再次相逢。

二、导游词编撰与讲解技巧

（一）导游词的选材立意

1. 选材

　　首先要有素材，要素材就要搜集。景点一旦确定就要搜集方方面面的相关素材，包括地理、历史、人文、掌故、逸闻与民俗风情，要尽可能全面、详细。搜集材料的方法有上网搜索，查阅文献档案，采风和田野调查等。网上也许能搜索到现成的导游词，但必须经过自己的消化与加工，才能写出具有个性特色的优秀导游词。

2. 立意

立意就是要提炼主题，就是对搜集到的素材进行去伪存真、去粗取精、由表及里的梳理与提炼，然后确立一个主题。主题是一篇导游词的灵魂与主线，有主题就可围绕主题来选择材料，即只选取与主题有内在联系、能突出与表现主题的材料，对与主题没有内在联系的应毫不吝惜地删去；主题可放在开头、正文、结尾，以开头与结尾居多。然后进行构思，构思是文章写作的关键环节，它决定了文章的框架和表达方式。首先，要将搜集到的素材进行分类，确定文章的主题和主线。其次，根据主题和主线，挑选出最具代表性的素材，合理安排在文章的各个部分。最后，构思出文章的结构形式，如开头、正文、结尾等，使文章层次分明，逻辑清晰。

3. 表达

在构思的基础上，进行文章的表达。表达阶段需要注意以下几点：

①语言运用：要力求简洁、生动、形象，使文章具有较强的表现力。可以运用修辞手法，如比喻、拟人、排比等，增强文章的艺术性。

②情感融入：在文章中融入自己的情感，使文章具有感染力。可以表达对景点的热爱、对历史的敬畏、对文化的传承等，让读者产生共鸣。

③节奏和韵律：注意文章的节奏和韵律，使文章读起来顺畅、有趣。可以通过调整句子长度，使用押韵、对仗等手法，提高文章的审美价值。

4. 修改和润色

完成初稿后，要对文章进行修改和润色。这一阶段主要包括以下几个方面：

①内容完善：检查文章内容是否完整、准确，有无遗漏或错误的地方。如有必要，可以进一步挖掘素材，丰富文章内容。

②结构优化：检查文章结构是否合理，有无逻辑不通或层次不够分明的地方。如有必要，可以对文章结构进行调整，使之更加清晰、有序。

③语言修饰：检查文章语言是否通顺、优美，有无表达不准确或粗糙的地方。如有必要，可以对句子进行调整、修饰，提高文章的语言质量。

5. 撰写导游词

在完成修改和润色后，就可以开始撰写导游词。撰写导游词时，要注意以下几点：

①突出重点：要抓住景点的特点，突出其独特性，使游客对景点有深刻的印象。

②引人入胜：要使导游词富有吸引力，能够激发游客的兴趣，可以通过讲述有趣的故事、传说、逸闻等，吸引游客的注意力。

③实用性：导游词要具备实用性，为游客提供有价值的信息。如介绍景点的开放时间、门票价格、交通路线等，方便游客游玩。

④富有创意：在撰写导游词时，要展示自己的创意，使文章独具特色。可以尝试运用新

颖的表达方式、独特的视角等，使导游词与众不同。

通过以上 5 个步骤，一篇优秀的导游词便大功告成。优秀的导游词不仅能为游客提供丰富的旅游信息，还能使他们在游玩过程中，感受到景点的独特魅力和文化底蕴。

（二）导游语言的特点

语言是以语音为物质外壳、以词汇为建筑材料、以语法为结构规律而构成的体系。导游语言也是思想性、科学性、知识性和趣味性的结合体。一篇优秀的导游词除了符合语言规范之外，还具有以下特点：

1. 准确性

准确性，是指导游语言必须以客观现实为依据，在遣词造句、叙事上要以事实为基础，准确地反映客观实际。导游语言要具备准确性，导游必须注意如下几个方面：

（1）态度严肃认真

导游严肃认真的科学态度是导游语言准确性的前提。一方面，导游要有竭诚为游客服务的思想，有不断提高导游服务质量的意愿，才能抱着对游客、对自己、对旅行社、对国家负责的态度，实事求是地用恰当的语言予以表达。另一方面，导游要有锲而不舍、勤学苦练的科学精神，只有这样才能不断进取，认真地对待语言中的每一个词语，使之符合语境并贴切地反映客观实际。

（2）了解所讲内容

了解、熟悉所讲、所谈的事物和内容，是运用好导游语言的基础。如果导游对景点的情况、讲解内容不了解、不熟悉，很难想象其语言能表达得清楚、准确，更谈不上流畅、优美了。如果导游对所讲、所谈的事物和内容有充分的准备，了熟于胸，不仅能侃侃而谈、旁征博引，而且遣词造句也十分贴切，就能准确地反映所讲、所谈事物的本来面貌，易于为游客所接受和理解。

（3）遣词造句准确

遣词造句准确是导游语言运用的关键。一个句子或一个意思要表达确切、清楚，首先在于用词，即词语的选择，如果词语用法不当，就会使信息失真。

比如，导游在武汉归元寺向游客介绍《杨柳观音图》时说："这幅相传为唐代阎立本所作的壁画，它所体现的艺术手法值得我们珍惜。"

这里，"珍惜"属于用词不当，而应该用"珍视"。"珍惜"是爱惜的意思，而"珍视"则为看重的意思，即古画所体现的艺术手法值得仔细欣赏。

（4）词语组合得当

词语的组合、搭配要恰当。导游在选择贴切词汇的基础上，还要按照语法规律和语言习惯进行词语的有机组合和搭配，使之符合规范，搭配相宜，这样才能准确地表达意思。

譬如，导游在向游客介绍了某一自然景观之后说："这里的景色真叫人心旷神怡。"这里的"叫"字同心旷神怡的搭配就不如用"令"字更好，因为"令"字有"使"的含义，即客观事物使人们主观上产生一种感受。

2. 逻辑性

逻辑性，是指导游的思维要符合逻辑规律，语言要保持连贯性，并且语言表达条理清晰、有层次感。要使导游语言具有逻辑性，导游必须做到以下几点：

（1）思维要符合逻辑规律

逻辑分为形式逻辑和辩证逻辑。前者是孤立地、静止地研究思维的形式结构及其规律；后者是从事物本身矛盾的发展、运动、变化来观察、把握研究事物的内在联系及其相互转化的规律性。形式逻辑的思维规律主要有同一律、矛盾律和排中律。同一律的公式是：甲是甲。它要求在同一思维过程中，思想要保持自身同一。矛盾律的公式是：甲不是非甲。它要求在同一思维过程中，对同一对象不能做出两个盾的判断，不能同时既肯定又否定。排中律的公式是：或者是甲，或者是非甲。它要求对两个互相矛盾的判断，承认其中之一是真的，做出非此即彼的明确选择。

导游若能掌握并正确地运用这些思维规律，就会使自己的思维具有确定的、前后一致的、有条理的状态，从而在语言表达上保持前后一致，具有强逻辑性。

譬如，在讲解杭州西湖孤山时，导游说："孤山不孤、断桥不断、长桥不长。"导游做出"孤山不孤"这一判断是从"孤"和"不孤"选择而来的，做出这一选择是由其思维逻辑决定的，即孤山是由火山喷出的流纹岩组成的，整个岛屿原来是和陆地连在一起的，所以说"孤山不孤"。那么，为什么又叫它孤山呢？一是因为自然的变迁，湖水将它与陆地分隔开来，二是因这个风景优美的岛屿过去一直被自称为"孤家寡人"的皇帝所占有。同样"断桥不断""长桥不长"也是由思维逻辑决定的。在这里，导游运用了形式逻辑中的排中律，从地质学的角度分析了孤山这个岛屿同陆地的内在联系及其转化。

（2）语言表达要有层次感

导游应根据思维逻辑，将要讲的内容划分前后次序，即先讲什么、后讲什么，使之层层递进，条理清楚，脉络清晰。

例如，以下为一段介绍杭州美食的导游词。

白居易说："未能抛得杭州去，一半勾留是此湖。"他认为，杭州的美妙中西湖占了一半，这恐怕是很多人的心声。所谓"天下西湖三十六，就中最好是杭州"。但是，大家可能发现了一个问题：西湖虽好，也只占了白居易的"一半勾留"，那么杭州的另一半魅力又是什么呢？

著名的人类学家张光直说："到达一个文化的核心的最好方法之一，就是通过它的肠胃。"其实，一个城市的魅力，也常常根植在人的肠胃里，那就是它的饮食。杭州的饮食充满了江南独特的文化色彩，它和其他地方饮食最大的不同不是口味，而是每个菜点都有一个充满传奇色彩的传说或故事，使品尝者常常分不清自己吃的究竟是食物还是文化。

比如，有这么一道菜，据说是受了苏东坡的《望江南·超然台作》中的一句"休对故人思故国，且将新火试新茶，诗酒趁年华"的启发。古代称寒食之后重新开火做饭为"新火"，时间就在清明前后，人们由此联想到这个季节中的时鲜河虾，于是将它与龙井新茶一起烹制，这就是著名的龙井虾仁，它结合了湖虾的鲜美、绿茶的清香，尊重原味、就地取材，体现出杭州崇尚清淡自然的个性。

在杭州就连一道最普通的点心也有一个有趣的故事。1142年，抗金英雄岳飞以莫须有的罪名被害于临安大理寺，杭州百姓十分痛恨秦桧夫妇。相传有一天，杭州有一家卖油炸食品的业主，捏了两个人形的面块比作秦桧夫妇，将他们扯到一块，用棒一压，投入油锅里炸，嘴里还念叨"油炸桧"。这就是油条的来历。后来又在此基础上发展为杭州风味小吃——葱包桧。这道点心体现的是杭州人最质朴的民族感情和善恶观念，也为杭州这个柔美的城市添上了阳刚的一笔……

这段导游词的语言表达层次分明。首先从白居易的诗引出杭州的饮食文化，再通过龙井虾仁与苏东坡《望江南·超然台作》词句的联系，杭州百姓十分痛恨秦桧夫妇是"油炸桧""葱包桧"得名的原因，佐证出杭州的饮食充满了独特的文化色彩。由此可见，这位导游对杭州饮食介绍的成功与其具有严密的逻辑思维密不可分。

（3）掌握必要的逻辑方法

导游语言要具有逻辑性，导游必须学习和掌握一些基本的逻辑方法。

1）比较法

比较法是对两种或两种以上同类的事物辨别其异同或高下的方法。人们常说"有比较才有鉴别"，只有通过比较，才能对事物有所区分。譬如，"长江是中国第一长河，世界第三长河"。

这句导游词就是运用比较法得出的结论，因为长江的长度仅次于非洲的尼罗河和南美洲的亚马孙河。

2）分析法和综合法

分析法是把一件事物、一种现象或一个概念分成较简单的组成部分，然后找出这些部分的本质属性和彼此之间的关系；综合法则是把分析的对象或现象的各个部分、各种属性联合成一个统一的整体。譬如，导游向游客介绍："西安牛羊肉泡馍的传统做法有三：一曰'干泡'，通过煮制，汤汁完全入馍内，此馍筋而韧、黏而滑；二曰'口汤'，煮得馍酥绵光滑，吃完碗内只留汤一口；三曰'水围城'，宽汤煮馍，碗四周是汤，中间是馍，汤多馍散，清香绵滑。"

这段导游词对西安牛羊肉泡馍的做法用分析法进行了介绍，先将其做法分为三种类型，再分别介绍具体的做法。若将这些导游词倒过来叙述，即先讲牛羊肉泡馍的各种做法，再归纳为共有三种方法，这就是综合法的运用。

3）抽象法

抽象法又称概括法，是从许多事物中舍弃个别的、非本质的属性，抽出共同的、本质的属性的方法。

比如，导游讲："正是由于人们对道教神仙的崇拜、敬仰和畏惧，才产生了道教文化。至今保存在龙虎山各宫观中大量的道教神仙造像、法器供器，既是中国古人神仙信仰的生动体现，也是道教文化留给今人的可贵的艺术成果。道教思想文化，作为中华传统文化的重要组成部分，在悠久和精深大的中华传统思想文化的哺育下，形成了具有自身特色的思想哲理和信仰体系，为历代有识之学者和方外之士所珍视，引导着历代悟道修真之士信仰修行、研究继承和弘扬发展。"这段导游词高度概括出道教文化对江西龙虎山和中国传统文化的影响。

4）演绎法和归纳法

演绎法和归纳法都是推理的方法。前者是由一般原理推出特殊情况下的结论，其中三段论就是演绎的一种形式；后者是由一系列具体的事实概括出一般原理。

譬如，导游在介绍湖北神农架野人之谜时说："关于野人的传说在我国流传几千年，且遍布全国，早在 3 000 年前，我国西南少数民族麋国就将野人作为礼物献给周成王。战国时屈原曾对'野人'在《九歌》中进行过充满诗意的描写。而在 1976 年 5 月 14 日，神农架林区副主任就曾在神农架龙潭亲眼见到红毛野人，后又有人再次发现野人的毛发、粪便及野人窝。从毛发的表皮来看，无论是髓质形态还是细胞结构都优于高等灵长目动物。最令人惊叹的是野人窝，它用 20 根箭竹扭成，人躺在上面视野开阔，舒服如靠椅。其制造与使用者是介于人和高等灵长目动物之间的奇异动物或野人。"

此段导游词首先介绍我国关于野人的传说，然后叙述神农架林区有关人的情况，最后得出"野人窝证明了这一情况"的结论。导游在这里采用的逻辑方法正是从一般到特殊的演绎法。归纳法则与此相反，即从特殊到一般。

3. 生动性

导游语言除了要有准确性和逻辑性外，生动性也至关重要。要使口语表达生动形象，导游除了要把握好语音、语调之外，还要善于运用比喻、比拟、排比、夸张、映衬、引用、双关和示现等修辞手法。

（1）比喻

比喻就是用类似的事物来打比方的一种修辞手法，它包括以下几种形式：

1）使抽象事物形象化的比喻

譬如："壮族姑娘山歌唱得特别好，她们的歌声就像百灵鸟鸣叫的声音一样优美动听。"

壮族姑娘的歌声是抽象的，这里将其比喻为百灵鸟鸣叫的声音就形象化了。

2）使自然景物形象化的比喻

譬如："玉龙雪山在碧蓝天幕的映衬下，像一条银色的玉龙在永恒地飞舞，故名玉龙雪山。"

这里将玉龙雪山比喻为一条银色的玉龙，既贴切又形象。

3）使人物形象更加鲜明的比喻

譬如："屈原的爱国主义精神和《离骚》《九歌》《天问》等伟大的诗篇与日月同辉！"

这里将屈原的精神和成就比喻为"日月"，使其形象更加突出。

4）使语言简洁明快的比喻

譬如："鄂南龙潭是九宫山森林公园的一处三级瀑布，每叠瀑布的形态特征各异：一叠仿佛白练悬空；二叠恰似银缎铺地；三叠如同玉龙走潭。"

这里将瀑布比喻为白练、银缎和玉龙，言辞十分简洁明快。

5）激发丰富想象的比喻

譬如："从桂林到阳朔，83千米水程的漓江，不仅山水如画，而且水声淙淙，悦耳动听，仿佛是天宫中的仙乐，听了叫人飘飘欲仙。其实这哪里是仙乐，这是漓江的音乐，大家请看，左岸边有两块大石头，一个像圆鼓，一个像金锣，当地的村民们都叫它们锣鼓石。右岸边两座挺拔秀丽的小山柱，仿佛是一对锣槌和鼓棍，大家仔细听，仿佛还有一对鸳鸯在唱歌呢。"

这里将桂林漓江的流水声比喻为天宫中的仙乐，令人产生无穷的遐想。

（2）比拟

比拟是通过想象把物拟作人或把甲物拟作乙物的修辞手法。在导游语言中，最常用的是拟人。譬如："迎客松的主干高大挺直，修长的翠枝向一侧倾斜，如同一位面带微笑的美丽少女向上山的游客热情招手。"

迎客松是植物，赋予人的思想感情后，会"面带微笑"，能"热情招手"，显得既贴切又生动形象。

运用比拟手法时，导游要注意表达恰当、贴切，要符合事物的特征，不能牵强附会；另外，还要注意使用场合。

（3）排比

排比是将几个内容相关、结构相同或相似、语气连贯的词语或句子组在一起，以增强语势的一种修辞手法。排比在导游讲解中运用得当，可产生朗朗上口、一气呵成的效果，增添感染力。

譬如，以下为一段关于上海南浦大桥的导游词。"大桥的建成已成为上海又一重要的标志。它仿佛是一把钥匙，打开上海与世界的大门；它仿佛是一面镜子，反映着代表中国最先进生产力水平的大都市的现代文明；它仿佛是一部史册，叙述着中国的未来；它仿佛是一本资质证书，充分证明中国完全可以参与和完成世界上的任何工程项目；它仿佛是一曲优美的交响乐，奏出时代的最强音。"

（4）夸张

夸张是在客观真实的基础上，用夸大的词句来描述事物，以唤起人们丰富想象的一种修辞手法。在导游语言中，夸张可以强调景物的特征，表达导游的情感，激起游客的共鸣。

譬如，"相传四川、湖北两地客人会于江上舟中，攀谈间竞相夸耀家乡风物。四川客人说'四川有座峨眉山，离天只有三尺三'，湖北客人笑道'峨眉山高则高矣，但不及黄鹤楼的烟云缥缈。湖北有座黄鹤楼，半截插在云里头'。惊得四川客人无言以对"。

这里用夸张的手法形容黄鹤楼的雄伟壮观，使游客对黄鹤楼"云横九派""气吞云梦"的磅礴气势有了更深的认识。撰写导游词运用夸张手法时应注意两点：一是要以客观现实为基础，使夸张具有真实感；二是要鲜明生动，能激起游客的共鸣。

（5）映衬

映衬是把两个相关或相对的事物，或者同一事物的两个方面并列在一起，形成鲜明对比的修辞手法。在导游讲解中运用映衬的手法可以增强口语表达效果，激发游客的兴趣。比如，"溶洞厅堂宽敞、长廊曲折，石笋耸立、钟乳倒悬，特别是洞中多暗流，时隐时现，时急时缓。水声时如蛟龙咆哮，令人惊心动魄；时如深夜鸣琴，令人心旷神怡。"

这里"宽敞"与"曲折"，"耸立"与"倒悬"，"隐"与"现"，"急"与"缓"，"蛟龙咆哮"与"深夜鸣琴"形成强烈的对比，更加深了游客对洞穴景观的印象。

（6）引用

引用是指用一些现成的语句或材料（如名人名言、成语典故、诗词寓言等）作为根据来说明问题的一种修辞手法。在导游讲解中经常运用这种方法来增强语言的表达效果。引用包括明引、意引和暗引三种形式。

明引：是指直接引用原话、原文。其特点是出处明确，说服力强。

例如，"山西平遥古城作为世界文化遗产，它的特点是什么？联合国教科文组织给予高度总结：'平遥古城是中国汉民族城市在明清时期的杰出范例，平遥古城保存了其所有特征，而且在中国历史的发展中为人们展示了一幅非同寻常的文化、社会、经济及宗教发展的完整画卷。'"。图 2-1-2 为山西平遥古城。

图 2-1-2　山西平遥古城

由于是联合国教科文组织的评价，引用后会给游客更强的信服感。

意引：是指不直接引用原话、原文而只引用其主要意思。

例如，"国内外洞穴专家考察后确认，湖北利川的腾龙洞不仅是中国目前已知最大的岩溶洞穴，而且是世界特级洞穴之一，极具旅游和科研价值"。这里引用的专家对腾龙洞的评价虽不是原话，但同样具有较强的说服力。

暗引：是指把别人的话语融入自己的话语中，而不注明出处。例如，"东坡赤壁的西面石壁更峻峭，就像刀劈的一样。留在壁面上的层层水迹，表明当年这儿确乎有过'惊涛拍岸，卷起千堆雪'的雄奇景象"。这里引用的苏东坡《念奴娇·赤壁怀古》中的词句虽没有点明出处，但却是对赤壁景观最形象的描写和绝妙的概括，让游客听后产生无穷的遐想。导游在运用引用手法时，既要注意为我所用、恰到好处、不断章取义，又要注意不过多引用，更不能滥引。

（7）双关

双关是利用词语同音或者多义条件，使一个语言片段同时兼有表、里两层意思，并以里层意思为表意重点。双关有谐音、谐义两种，在导游词中运用比较多的是谐音双关技巧。我国民俗文化内容异常丰富，各种用谐音手段表现的生活内容必然要反映在语言表达中。如果在导游词中恰当地利用，不仅能够为表达增色，而且还能够将一些民俗知识巧妙地传达给游客，从而十分生动形象地反映当地的民俗风貌，给游客留下深刻的印象。

（8）示现

示现是把已经过去的事情、将要发生的事情或想象中的事情活灵活现地描述出来的修辞手法。示现一般有回忆、追述、预想、悬想等形式。示现有极强的表现力；回忆、追述是使过去的事情再现出来，如在眼前，给人以身临其境的感觉；预想是将未来移至眼前，生动形象，给人以活灵活现的感受。不论是哪种示现，都使人"未见如见""未闻如闻"，具有较强的艺术力与感染力。导游为了给游客留下深刻的印象，应该根据交际的需要，不失时机地使用这种方法进行讲解，以收到更加理想的效果。

在泰山之旅中，游客们不仅可以欣赏到自然景观，还可以感受到浓厚的历史文化氛围，能够领略到泰山的雄伟壮丽，收获满满的美好回忆。行程结束后，游客们纷纷表示，此次泰山之行让他们感受到了大自然的神奇和中华文化的博大精深，不虚此行。而对于小郭来说，能够作为一名导游，传播泰山的文化，带领游客们领略泰山的魅力，也让他倍感自豪。

【思考与实践】

一、讨论分析

请同学们以导游讲解的方式朗读导游词案例，说一说山地景观导游词的篇章结构、主要内容以及编撰与讲解特色。

二、模拟实训

1. 写：根据所学知识，撰写一篇《崂山》导游词，由学生以小组的形式，以"准确、清楚、生动、灵活"为原则，撰写一份针对性强、生动自然、结构完整的导游词，青岛崂山如图 2-1-3。

图 2-1-3　青岛崂山

2. 讲：请扫二维码，跟着视频学讲解。学习内容为《普陀山导游词》。

3. 评：对各小组提交的导游词进行评分（50分），选拔优秀作品并进行讲解交流（50分）。评分过程包括小组自评、小组互评、教师评价及企业评价。最后，将撰写作品得分与讲解分数相加，得出总成绩，并将其划分为 4 个等级：A——95分以上；B——85分至95分；C——75分至85分；D——75分以下。请参照撰写要求与讲解要求评分表（本题共 100 分）。

普陀山导游词

【内容拓展】

山地旅游景观

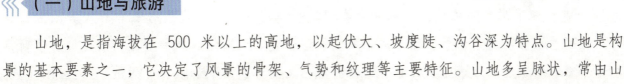

山地旅游景观
典型代表

（一）山地与旅游

山地，是指海拔在 500 米以上的高地，以起伏大、坡度陡、沟谷深为特点。山地是构景的基本要素之一，它决定了风景的骨架、气势和纹理等主要特征。山地多呈脉状，常由山峰、丘陵、盆地、河谷和岗地组合成山脉，其中的最高峰——主峰是山脉的标志性高度。根据山的绝对高度（海平面到山顶的高差）或相对高度（山麓到山顶的高差）来划分山地的类型，在地理学和旅游资源学上都有一定的实际意义。特别是山的相对高度越大、地貌切割越强、地表起伏越显著的地区，其自然环境愈发呈现出多样性景观和视觉冲击力，往往成为山地景观资源中鬼斧神工般的胜境。通常相对高度大于 1 000 米（或绝对高度大于 3 500 米）的山为高山；相对高度 350~1 000 米（或绝对高度在 1 000~3 500 米）的山为中山；相对高度 200~350 米（或绝对高度在 500~1 000 米）的山为低山；相对高度低于 200 米（或绝对高度低于 500 米）的山视为丘陵。

（二）常见地貌类型

1. 花岗岩地貌

中国是世界上拥有花岗岩地貌景区最多的国家之一。花岗岩地貌是指在花岗岩石体基础上，各种外动力作用形成的形态特殊的地貌类型。花岗岩是由地下深处炽热的岩浆上升失热冷凝而成，是分布十分广泛的侵入岩，岩性坚硬，岩体造型丰富。一般来说，花岗岩垂直节理发育，岩体造型丰富，质坚形朴，常形成山地的核心。花岗岩高山的景观特点是主峰明显，群峰簇拥，峭拔危立，雄伟险峻。花岗岩低山或者丘陵的特点是高度小，起伏和缓，岩石表面受到球状风化作用，浑圆多姿，形成巨大的"石蛋"造型或浑圆多姿的巨石兀立形态。

我国著名的花岗岩高山地貌景观有山东泰山、安徽黄山、陕西华山、南岳衡山、安徽九华山、浙江天台山、江西三清山等。厦门鼓浪屿万石山、浙江普陀山、海南岛天涯海角等景区属于典型的花岗岩低山或丘陵地貌。

2. 丹霞地貌

丹霞地貌是在红色砂岩地区由内外地质引力作用形成的顶平、身陡、麓缓的方山、石墙、石峰、石柱等奇特的地貌形态，因为我国地质学家冯景兰在广东仁化县丹霞山发现而被命名为丹霞地貌。其景观特点是丹山碧水、精巧玲珑。

丹霞地貌在我国广泛分布，著名的丹霞地貌景观有广东丹霞山、福建武夷山、江西龙虎山和圭峰（又称龟峰）、浙江江郎山、安徽齐云山、湖南良山、贵州赤水、甘肃张掖五彩丹霞等。2010 年 8 月，贵州赤水、福建泰宁、湖南贵山、广东丹霞山、江西龙虎山、浙江江郎山组成的丹霞地貌组合以"中国丹霞"名称共同申请世界自然遗产并获批。

3. 岩溶地貌

岩溶地貌又称喀斯特火山岩地貌，是地下水和地表水对可溶性岩石进行溶蚀等作用所形成的地表和地下形态的总称，主要发育在碳酸岩类岩石地区，代表岩石有石灰岩、白云岩等。该类岩石极易为水溶蚀，而形成特有的岩溶景观。喀斯特地貌一般可以分为地表喀斯特和地下喀斯特两种。地表喀斯特景观有峰林峰丛、石林、溶洞、峡谷、天坑、天生桥、地表钙华堆积、桌山等。地下喀斯特景观溶洞遍布，洞内常有地下湖或地下暗河，以及由石灰岩沉淀而形成的石钟乳、石笋、石柱、石花等千姿百态的洞穴景观。

中国是世界上喀斯特地貌分布最广泛、发育最充分、类型最齐全的国家，中国南方喀斯特（一期、二期）被列入世界自然遗产名录，以广西、云贵高原最为集中。代表性景观有广西桂林山水、云南石林、贵州织金洞、贵州荔波喀斯特、重庆武隆喀斯特、重庆金佛山、四川兴文石林、四川黄龙景区、湖南张家界黄龙洞、北京石花洞等。明代旅行家徐霞客所著的《徐霞客游记》中对岩溶地貌有详尽记载。

4. 石英砂岩峰林地貌

石英砂岩峰林地貌是在夹有薄层砂质页岩的石英砂岩地层中，由于地壳稳定上升，岩石垂直节理发育，经长期风化和重力作用而发生断裂和崩塌，同时充沛的地表流水又对其进行强烈的侵蚀而形成的密度和规模很大、千姿百态的砂岩石峰。

湖南张家界是世界上最典型的石英砂岩峰林峡谷地貌，有"奇峰三千，秀水八百"之美誉。

5. 流纹岩地貌

流纹岩地貌是火山喷发出的岩浆、火山灰等在流动冷却过程中形成的流纹状构造。在岩体节理和裂隙特别发育的部位，经岩浆局部流失、构造上升、河流下切、重力崩塌等作用易形成奇峰异洞、峭壁幽谷等丰富奇特的造型地貌。随着观者步移景迁，同一景物从不同角度呈现出多种不同的形象特征。

著名的流纹岩地貌景观有浙江雁荡山、神仙居、仙都峰，杭州西湖宝石山等。

6. 海岸地貌

海岸地貌是指海岸在构造运动、海水动力、生物作用和气候因素等共同作用下所形成的各种地貌的总称。海岸地貌按照其基本特征可以分为海岸侵蚀地貌和海岸堆积地貌，按照海岸物质组成及其形态可以分为沙滩质海岸、淤泥质海岸、三角洲海岸、生物海岸等。

著名的海岸地貌景观有台湾野柳、海南东寨港红树林、山东成山头、河北昌黎黄金海岸等。

7. 荒漠地貌

荒漠地貌形成于环境恶劣的极端干旱地区，是荒漠地区各种地表形态的总称。风力作用是塑造其形态的最主要地质营力，风化作用、重力作用、流水作用的影响也较常见。著名的荒漠地貌有新疆乌尔禾、甘肃鸣沙山、宁夏沙坡头等。

8. 冰川地貌

冰川地貌景观主要是指由冰川侵蚀、堆积和搬运作用形成的地貌景观，是高山和高纬度地区具有的特殊形态特征的地貌景观，分为冰川侵蚀地貌景观和冰川堆积地貌景观。冰川侵蚀地貌景观一般分布在雪水冰裂缝线以上的位置，包括冰斗、角峰、羊背石等；冰川堆积景观则大多分布在雪线以下，包括冰瀑、冰塔林等。我国已开发的冰川风景区有四川贡嘎山的海螺沟冰川、新疆阿尔泰山的喀纳斯冰川湖、云南丽江的玉龙雪山冰川等。

专题二　水体景观导游词

【情景导入】

导游小郭接到旅行社的通知，需要接待来自山东的老年团游览新疆喀纳斯湖。然而，小郭对于水体类的导游词感到有些困惑，不知道该如何讲解才能吸引游客的兴趣。为了确保导游工作的顺利进行，小郭需要认真研究如何开好头，引人入胜，然后根据喀纳斯水体的特点，采用一些生动有趣的方式向游客介绍。在导游过程中，小郭使用一些比喻、对比等手法，让游客更好地理解和感受喀纳斯水体的独特魅力。同时，小郭还结合一些历史文化背景，让游客在欣赏自然美景的同时，也感受到了深厚的人文底蕴。

【导游词案例】

新疆喀纳斯湖导游词

李白当年醉山月，苏轼曾写江海清。我言九州银河月，壮美河山尽抒情。各位叔叔阿姨大家好，我是你们的导游小郭。俗话说呀，山水之间情如墨，景色宜人景犹新。在中国约960万平方千米的广袤土地上，在漫长的地质发展过程中，形成了钟灵毓秀、形式多样的自然山水风光。有山水湖光的静谧，有瀑布飞流的激情，也有重峦叠翠的壮丽。各位叔叔阿姨，今天我要带您走进的就是位于新疆阿勒泰山脉地区被誉为人间净土的喀纳斯湖。这喀纳斯湖啊，在蒙古语当中意为"神秘莫测的地方"，其中的喀纳斯湖是中国最深的内陆淡水湖泊。它坐落在哈萨克斯坦、蒙古国、中国、俄罗斯四国的边境，在这儿啊，您不仅可以看到湖泊、草原、雪山、森林等自然景观，还可以欣赏到历史岩画、图瓦人居落、民俗风情等人文景观，纯净而美丽，是一片名副其实的人间净土（见图2-2-1）。

图 2-2-1　新疆喀纳斯湖

那这片人间净土呢，我想通过三个"一"来向您介绍它的美丽，这第一个"一"呀，是一座山。叔叔阿姨，您看，那座山就是新疆阿勒泰山脉的友谊峰，海拔4 300多米，常年积雪，白雪皑皑，群峰耸立，这也是新疆喀纳斯湖的主要水源地。

第二个"一"呢，是一个湖，您看您脚下，这就是著名的喀纳斯湖。它海拔1 300多米，形成于20万年前的第四世纪冰川纪。湖面群山环绕，湖底最深处达到了188米。我们从天空中俯瞰喀纳斯湖，它就像一个长长的豌豆荚，就这么静静地躺在喀纳斯的峡谷当中，景色秀丽，特别是到了秋天，您再看这景色，非常的迷人，因此这里也是被称为中国十大秋景之首的所在地。现在正值秋天，待会儿我们就可以感受到喀纳斯之秋的美。

这最后一个"一"，也就是一个未被解开的谜。刚才在来的路上，就有叔叔阿姨在问我。据说这喀纳斯湖有水怪？没错，喀纳斯湖确实很神秘，当地土瓦人平常放牧的牛马羊在湖边喝水莫名其妙地就失踪了。据说这里有水怪，在黎明或黄昏的时候出现，但谁也没有真正见过水怪的模样。有人说，当年成吉思汗的遗体沉于喀纳斯湖当中，图瓦人的守卫就化作这喀纳斯湖的水怪，守护着大汗的遗体。但这种说法也没有得到考证。1985年，新疆大学生物系的专家考察组来到了喀纳斯。他们用高清的望远镜看到了湖中长达15米的大红鱼，多的时候有60多条，成群结队。但这究竟是不是我们传说当中的喀纳斯湖水怪呢？有待考证。真正的答案需要待会儿揭晓啊，我们一同走近喀纳斯湖，去探个究竟。

各位叔叔阿姨，走近喀纳斯湖，感受自然山水之美。自然以其博大的胸怀拥抱着我们，以其独特的魅力吸引着我们，以其伟大的智慧提醒着我们。走近这片山水，我想它就如同是我们心灵的港湾。来到这样一个纯净的地方，呼吸新鲜空气，感受自然之美，我们虽然不能像古代文人墨客那样"江作青罗带，山作碧玉簪"，但您想我们呼吸着纯净的空气，感受自然山水的美丽，这已经足矣。好了，说了这么多，各位叔叔阿姨小心台阶，就让我们一同走近美丽神秘的喀纳斯湖。

【知识储备】

为了向游客提供生动有趣的新疆喀纳斯湖介绍，小郭翻阅了关于水体类旅游景观类型特点的书籍，同时采用了多种讲解方法。导游词开头就深深吸引了游客，引用了诗句，有文化内涵，同时讲了喀纳斯湖的概况，让人有非常想听下去的欲望，因此开好头至关重要。他的讲解以老年团游客为对象，从游客感兴趣的内容出发，灵活运用不同的讲解方法，并根据实际情况进行引导，使游客和导游之间形成了心灵的默契，使旅游生活更加轻松愉快。

一、结构内容 ▶▶

开头——引用诗句朗诵开头，引人入胜，运用优美生动的语言总体介绍喀纳斯湖的概况，让游客们大体了解了喀纳斯湖。

正文——多种讲解方法介绍了喀纳斯湖的三个美丽之处，结构条理清晰，运用数字说明法介绍了喀纳斯湖的风景概况，运用虚实结合法和制造悬念法介绍水怪的传说，激发游客的好奇心和求知欲，吸引游客一同走进喀纳斯湖，去探个究竟。

结尾——使用排比、比喻修辞手法来描述景点，以情感动人，让游客更好地感受景点的美丽和魅力。在游览过程中，提醒游客注意脚下的路，安全第一。

二、导游词编撰与讲解技巧

（一）导游词的结构

导游词一般由三部分组成：

习惯用语：即游览前的"欢迎词"、游览结束时的"欢送词"等。

整体介绍：用概述法介绍旅游目的地，帮助游客宏观了解，引发游客兴趣。

重点讲解：即对主要游览内容的详细讲述，因而是导游词最为重要精彩的组成部分。

（二）导游词的谋篇布局——凤头"起要美丽"

谋篇布局是撰写导游词的构思阶段，其核心在于围绕主题，对已梳理加工的材料进行逻辑顺序上的排列与组合，并以适宜的语言进行呈现。从整体结构来看，谋篇布局主要由开篇、正文及结尾三部分组成。元代文学家乔梦符曾言："作乐府亦有法，所谓凤头、猪肚、豹尾六字也。大致而言，开篇要美轮美奂，正文要博大精深，结尾要铿锵有力。"因此，导游词的创作亦应遵循凤头、猪肚、豹尾六字原则。我们先来看一下如何做到凤头"起要美丽"。

俗话说，良好的开端是成功的一半。导游员应特别注重第一印象。因为导游员与游客相处的时间较为短暂，游客多以第一印象来判断导游员的整体素质与水平。第一印象除了穿着打扮、仪表仪态外，言谈举止也格外重要。有时只要一开口就知道一个人有几斤几两。所谓文如其人、声如其人是也。一个好的开头要做到"亲切""热情""新颖"6个字。开头的方式很多，主要有介绍式开头、故事式开头、朗诵式开头、猜谜式开头和投其所好式开头等。

①介绍式开头。这是一种常用的开头方式，特点是较为全面地介绍各方面情况，使游客尽快知晓内容。比如，"大家好！首先请允许我代表××旅行社向前来杭州参观游览的各位表示热烈的欢迎，并预祝各位高兴而来，满意而归。我先自我介绍一下，我姓汪，名亚明，大家可叫我汪导。接下来我把杭州的概况向大家介绍一下……"

②故事式开头。故事能吸引人们的注意力，能激发人的情感，能使人在潜移默化中受到启发与激励，可增加游兴和艺术感染力。例如，以下为《莫干山名称的由来》。"各位游客，在游莫干山之前，让我先给大家讲个小故事。相传在我国春秋末期，吴王阖闾命令干将和莫邪夫妻俩在三个月内铸造一对宝剑。于是，夫妻俩来到一座山前开炉铸剑。可是，不知为什么炉中的铁总是不熔化，眼看期限要到了，如不按期交出宝剑，就会招来杀身之祸。这时，

妻子莫邪问道：'铁汁不下，有何妙计？'干将沉思良久说：'先师欧冶子铸剑不销，是把爱妻嫁给炉神而炼成的。'说完他想起了什么似的，立刻用刀剪下自己的头发和指甲扔向炉中，这时奇迹出现了，只见炉中火光四溅，铁石熔化，夫妻俩赶快铸剑，一对绝世宝剑铸成了。夫妻俩把宝剑分为雌雄，雌剑称莫邪，雄剑称干将。后来，人们为了纪念这对聪明的夫妻，就把这座山取名为莫干山。"

③朗诵式开头。此方式开头，句子要精美，朗诵时要有感情，时间不宜太长，结束后马上进入自我介绍。例如，"朋友，当您踏上这片美丽的土地时，就仿佛进入了诗情画意之中。古往今来，文人墨客赞美它，风流人物向往它，英雄豪杰追寻它。今天这片美丽的土地正张开它的双臂，热烈地欢迎着你们的到来！"这是抒情性朗诵。也可用其他景点之美来衬托本地风光之美，也能起到很好的效果。例如，"尊敬的女士们、先生们！您见过大海的壮阔之美吗？您见过草原的苍茫之美吗？您见过峡谷的幽深之美吗？今天将要展现在您面前的是黄山的雄峻之美、白云飘逸之美、晚霞瑰丽之美！"这是衬托式朗诵。

④猜谜式开头。用此法开头，要注意时机，要紧扣景点，不要太难。例如，"女士们、先生们，在我开始讲解之前，先让大家猜个谜，谁猜中谁得奖（说完拿出一个旅游纪念品）。请听好：上海哪个著名风景区是女性的世界，其中只有一个男人？""上海大观园"。有人揭了谜底。又比如，"两个胖子结婚——打一地名。""合肥！"游客异口同声地喊了起来。这样的猜谜式开场白也能收到良好的效果。

⑤投其所好式开头。如接待一些专业旅游团队，可以针对他们的职业与爱好进行褒奖式开头。如碰到医学界专业人士，就可用李燕杰那首有名的即兴诗开头："每当我忆起那病中时光，白衣战士就引起我深情的遐想。他们那人格的诗、心灵的美，还有那圣洁的光，给我以顽强生活的信心，增添着我前进的力量！"

（三）致欢迎词

致欢迎词对导游员来说非常重要，它好比一场戏的序幕、一篇乐章的序曲、一部作品的序言，会给游客留下深刻的"第一印象"。导游员可通过致欢迎词来展示自己的个人风采，使"良好的开端"成为"成功的一半"，所以大家在创作欢迎词时，也要力图有"良好的开端"。

欢迎词的内容，一般包括五大要素。

第一要表示欢迎，即导游员代表接待社或组团社向客人表达欢迎之意。

第二要介绍人员，即介绍自己、介绍参加接待的领导、司机和所有相关人员。

第三要预告节目，即介绍一下城市的概况和在当地将游览的景点和节目。

第四要表示态度，即表明愿意为大家热情服务、努力工作，确保大家满意。

第五要预祝成功，即希望得到游客支持与合作，努力使游览获得成功，祝大家愉快、健康。

例如，"游客朋友们，大家好！大家辛苦了！ 首先让我代表 ×× 旅行社，尤其是我们长沙近八百万人民，欢迎大家来我们长沙观光游览。我姓周，是 ×× 旅行社的导游，大家叫我'周导'好了。'周导''周导'，服务周到，我一定尽力为大家提供'周到'的服务；这位是我们的司机康师傅，今明两天就由康师傅和我为大家提供服务，我们感到非常荣幸！大家在长沙可以把两颗心交给我们，一颗心就是'放心'，交给康师傅，他的车技相当娴熟，大家尽可放心坐他的车；另一颗心就是'开心'，交给'周导'我好了！一路上大家有什么问题、有什么要求就尽量提出，我们将尽力满足；最后希望大家在长沙能玩得开心、吃得满意、住得舒适。谢谢各位！"

随着导游过程的顺利进行，山东老年团的游客们对喀纳斯湖产生了浓厚的兴趣，他们对小郭的带队称赞不已，认为这次旅行是一次难忘的体验。小郭因为他的专业素养和生动有趣的讲解，赢得了游客们的敬意和喜爱。这次旅行，不仅让游客们欣赏到了喀纳斯湖的美丽景色，也让他们对祖国的大好河山有了更深的了解和热爱。

《 （四）掌握致欢迎词的小窍门

1. 掌握时机

欢迎词的内容应视旅游团的性质，成员的文化水平、职业、年龄及居住地区等情况而有所不同。一般应在游客放好物品、各自归位、静等片刻后再开始致欢迎词，游客新到一地，对周围环境有新奇感，左顾右盼，精神不易集中，讲解效果不好。导游员要掌握时机，等大家情绪稳定下来后再讲解。

讲解技巧：称谓要准确。称谓，也叫称呼，指的是在人际交往中彼此间的称谓语。选择正确、适当的称呼反映着自身的教养以及对对方的尊敬程度。

一般情况下，对男子不管其婚否都称"先生"（Mister）；对于女子，已婚的称"夫人"（Mistress），未婚的称"小姐"（Miss），婚姻状况不明的也可称"Miss"。在外事交往中，为了表示对女性的尊重，也可称"女士"（Madam）。如果知道对方职业，也可称"医生""教授""法官"等。

2. 灵活风趣

欢迎词切忌死板、沉闷，如能风趣、自然，会缩短导游员与游客之间的距离，使大家很快成为朋友。另外，应注意引用一些谚语、名言，这些都使导游词充满文采，会收到很好的效果。如下面一些语句，导游员在创作导游词时可参考使用："有朋自远方来，不亦乐乎""百年修得同船渡""有缘千里来相会""世界像部书，如果您没外出旅行，您可能只读了书中之一页，现在您在这里旅行，让我们共同读好这一页"。除了上述介绍的方式以外，还可以以歌曲的形式、朗诵的形式、猜谜的方式开头，不论采用何种方式，都应该做到因人、因地、因时地致欢迎词，确保感情真挚。另外，致欢迎词的时间要把握在 1 分钟左右，这样不会让游客觉得枯燥。

【思考与实践】

一、讨论分析

1. 请同学们以导游讲解的方式朗读导游词案例，说一说水体景观导游词的篇章结构、主要内容以及编撰与讲解特色。

2. 这是新导游"小导"在带团时向游客们致的欢迎词，你能指出这篇欢迎词存在哪些不当之处吗？

各位团友，大家好！

见到各位很高兴，能够成为大家的导游我感到非常荣幸。先自我介绍吧，我是你们的导游，大家可以直接喊我"小导"。接下来为大家介绍的，在我身边的这一位呢，是我们的司机陈师傅，虽然我与陈师傅之前从未合作过，不知道他开车的技术如何，但我想，既然是旅行社为大家安排的，那一定没问题，你们说是不是啊？

在未来的两天里，我会和陈师傅一起为大家服务，一定会将大家旅途中的吃、住、行、游、购、娱安排得妥妥当当，不出丝毫差错。如果大家有什么需要帮忙的尽管说，我们一定满足大家的要求。

当然，我们也希望在座的每一位团友都配合我和司机的工作，服从我们的安排。

最后，预祝大家度过一个轻松愉快的旅程！

二、模拟实训

1. 写：根据所学知识，撰写一篇《济南趵突泉》导游词，由学生以小组的形式，恰当运用多种讲解方法，撰写一篇针对老年团的导游词。趵突泉如图2-2-2所示。

2. 讲：请扫二维码，跟着视频学讲解。学习内容为《三潭印月》。

3. 评：对各小组提交的导游词进行评分（50分），选拔优秀作品并进行讲解交流（50分）。评分过程包括小组自评、小组互评、教师评价及企业评价。最后，将撰写作品得分与讲解分数相加，得出总成绩，并将其划分为4个等级：A——95分以上；B——85分至95分；C——75分至85分；D——75分以下。请参照撰写要求与讲解要求评分表（本题共100分）。

图2-2-2 趵突泉

三潭印月

【内容拓展】

河流、湖泊、瀑布、泉

水体旅游景观 »»

　　水是自然环境形成和发展中最活跃的因素之一。它们以江、河、湖、海、泉、瀑以及冰川、地下水等不同形式存在于地球上。水也是构景的基本要素之一，其光、影、形、声、色、味以及与周边景色的组合，常成为景观的核心吸引物。我国水域面积广阔，构成水体旅游资源的海滨、河流、湖泊、瀑布、涌泉等，水体类型齐全、形态万千，形成了灵动多姿的旅游资源。

《 海洋景观

　　海洋占地球表面积的 71.8%，旅游活动主要在海岸带进行。海岸带是海洋与陆地接触地带，包括海岸、潮间带和水下岸坡，处于水、陆、生物和大气相互作用之中。特有的海岸地貌是受波浪、海流、潮汐、海水面运动、入海河流、生物等因素的作用和影响形成的。

　　我国海岸线总长度约 3.2 万千米，其中大陆海岸线北起中朝边境的鸭绿江口，南到中越边境的北仑河口，全长 1.8 万多千米，沿海面积大于 500 平方米的岛屿约 6 500 个，岛屿海岸线 1.4 万千米。我国的海岸纵跨温带、亚热带、热带三个气候带。海岸类型复杂多变，以钱塘江口为界，其北以泥沙质海岸为主，个别地区如山东半岛、辽东半岛等地为基岩海岸，钱塘江口以南以基岩海岸为主，珠江口等少数地区为平原海岸。泥沙质海岸带具有开发海滨浴场的优越条件。基岩海岸地带多形成各种海蚀地貌景观。

1. 大连旅顺口海滨

　　位于辽东半岛南端，包括大连海滨与旅顺口风景区。大连海滨依山濒海，景色秀丽，气候宜人，是著名的海滨疗养、旅游和避暑胜地，海岸线长 3 万米，水面浩瀚，礁石错落，具有观赏价值的海蚀柱、海蚀崖、海蚀洞、海蚀拱桥等景观甚多。海滩坡度小，潮差不大。夏季海表水温达 20℃ 以上，是优良的海滨浴场，也是一处以山、海、礁、岛等自然景观为主的风景名胜区，西南方的老铁山是候鸟的乐园。旅顺口是我国历史上的海上门户，留有众多古迹，是进行爱国主义教育的课堂。旅顺口外礁岛星罗棋布，其中以面积 0.8 平方千米的蛇岛最为著名。

2. 北戴河海滨

　　位于河北省秦皇岛市，背依联峰山，面临渤海，呈现出"一脉青山，由光积翠；一汪碧水，水色含青"之意境。夏季气候凉爽宜人，全年适于海水浴的天数为 110~120 天。1 万米长、曲折平坦的沙质海滩，以滩急、沙细、浪小、潮平著称。海蚀地貌发育，各种形态的岩石栩栩如生。此外，附近还可观览山海关古长城、关城、孟姜女庙、联峰山等胜迹，是著名的海滨避暑胜地。

3. 青岛海滨

青岛市是胶东半岛东南的港口城市，城市依山就势，凭海临风。作为享誉海内外的著名旅游胜地，"青山、碧海、绿树、红瓦"是青岛引以为豪的城市明信片，曾作为第29届奥运会帆船比赛的举办地。海滨最热月平均气温只有25℃，海滨开辟了广阔的海滨浴场，是避暑佳地。海岸线曲折多港湾，岩礁星罗棋布，有"石老人""玉女盆"等海蚀景观，市南青岛湾中伸入大海的栈桥及回澜阁构成"琴岛飘灯"，是青岛的象征。青岛栈桥如图2-2-3所示。

图2-2-3　青岛栈桥

4. 舟山群岛

位于浙江省东北部海域，是中国第一大群岛，也是中国第一个以群岛建制的地级市，著名岛景有海天佛国普陀山、海上雁荡朱家尖、海上蓬莱岱山、桃花岛等，奇岩异洞、摩崖石刻、精美建筑随岛散布。舟山群岛也是国务院批准的中国首个以海洋经济为主题的国家战略层面新区，渔业发达。

5. 厦门海滨

位于福建东南沿岸，是一座"城在海上，海在城中"的海上花园城市，也是由厦门半岛和鼓浪屿等组成的海滨风景区。厦门生态良好，栖息着成千上万的白鹭，又因厦门的地形就像一只白鹭，故有"鹭岛"之称。厦门岛以"五老凌霄"、千年古刹南普陀寺、鼓浪屿为胜景代表，兼有山岛海之胜。其中面积仅0.71平方千米的鼓浪屿环境幽雅，岛、礁、岩、寺、花、木相互映衬，侨乡风情、闽台习俗与异国风情建筑融为一体，入选世界文化遗产名录。厦门海滨如图2-2-4所示。

图2-2-4　厦门海滨

6. 三亚海滨

位于海南岛南端，由海棠湾、亚龙湾、大东海、天涯海角、落笔洞、大小洞天等景区组成。三亚海岸线长约 180 千米，分布着 19 个港湾、11 个岛屿，椰林、阳光、海水、沙滩、河流、森林、温泉、岩洞等独具特色的热带景观和曲折多变的海岸线构成了南国特有的"椰风海"热带海滨风光。市东南的亚龙湾海滨，海滩长 7 000 米，沙细软洁白，四季可浴，被称为"东方夏威夷"。

此外，山东胶东半岛的蓬莱、烟台海滨，江苏连云港海滨，深圳大小梅沙，珠海海滨公园，福建东山风洞石，香港维多利亚港湾等地，也都是我国著名的海滨游览地。

专题三　生物景观导游词

【情景导入】

我国的动植物资源极为丰富，以动植物景观为主题的旅游景区遍布全国。今天，导游小王将带领天津亲子团参观广州香江野生动物世界。为了确保游客能够充分欣赏到生物景观的魅力，小王专门研究了生物景观的类型特点以及导游词正文的讲解技巧。下面，让我们一起来聆听王导的导游词，共同领略生物景观的独特魅力。

【导游词案例】

广州长隆野生动物世界导游词

各位大朋友小朋友们，你们见过白虎和澳大利亚的"国宝"考拉吗？这些动物在国内动物园是很难见到的，要一次全部观赏到，那就更难了。然而，只要到了广州长隆旅游度假区的长隆野生动物世界，我们就可以一睹它们的风采啦。图 2-3-1 为广州长隆野生动物世界一角。

图 2-3-1　广州长隆野生动物世界一角

广州长隆野生动物世界是亚洲最大的野生动物园，以大规模的野生动物种群放养和自驾车游览观赏而享誉中外。整个园区占地面积 2 000 多亩①，汇集了来自世界各地的 460 多种、2 万多只珍禽异兽。

---

① 1 亩 ≈ 666.67 平方米。

其中有许多是世界珍稀濒危动物。如大熊猫12只、白虎150多只、亚洲象24头，以及黑犀牛、倭河马、大食蚁兽等，大多数动物都是在园内成功繁殖与驯养的。长隆野生动物世界还是国内唯一拥有澳大利亚"国宝"考拉的动物园，有澳大利亚引进的三公三母六只考拉，它们把长隆野生动物世界当成了"幸福家园"，迅速进入"蜜月"，三只母考拉先后当上了"妈妈"，其中一只还生下了双胞胎。这是50年来全球唯一一只成功繁育双胞胎的考拉。

各位游客，动物世界分为乘车游览区和步行游览区两个部分。在乘车游览区，游客可以开着自己的车，自由穿行于野生动物身边，享受与动物近距离接触的乐趣；而没有开车的游客则可乘坐园内的森林小火车来游览。现在，请大家跟我一起去乘坐小火车，因为是与动物近距离接触，请大家一定要注意安全。

各位游客，小火车前方要经过消毒池，为我们的车辆进行消毒，避免将有害细菌带入园区，危害动物朋友的健康。所以也请各位游客朋友来到园区时，不要随意丢垃圾杂物，也不要随意向动物抛投食物。好啦！现在请大家坐好扶稳，让我们放松心情，放飞想象，从最近的亚洲草原出发，到遥远的东非草原去，领略最最纯粹的大自然吧！

【知识储备】

根据亲子团的特点和生物景观的类型，小王经过查阅相关资料，深入了解了生物景观的类型特点，熟悉了广州长隆野生动物世界园区的设施与服务、游览安全与注意事项等知识，并掌握了针对亲子团的导游词正文编撰与讲解技巧。

一、结构内容

开头——利用世界珍稀濒危动物白虎和澳大利亚的"国宝"考拉引入话题，突出了广州长隆野生动物世界的独一无二，这些动物在国内其他动物园是很难见到的。

正文——介绍广州长隆野生动物世界的概况，包括规模、动物种类等，详细介绍了濒危动物的种类和澳大利亚国宝"考拉"的故事。游客对整个景点有了初步的了解。然后详细介绍乘车游览区和步行游览区两个部分的特点和注意事项。

结尾——提醒游客遵守园区规定，提醒游客保持安静、不惊扰、不投喂，确保游客的安全和动物的健康，最后预祝大家在体验中领略大自然的美妙。

二、导游词编撰与讲解技巧

（一）导游词的谋篇布局——猪肚"中要浩荡"

在导游词创作中，正文部分堪称核心，其质量直接反映出作者的实力。乔梦符曾言，

"中要浩荡"，这意味着文章的中段应充实丰富，有条不紊，展现娴熟自如的写作风格。优秀的导游词同样需遵循此道。导游词的正文撰写需根据景观特点和实际情境灵活调整，突出重点，形式各异，并无固定模式。然而，在结构布局上仍有规律可循，主要包括时间、空间和逻辑三种顺序。

（1）时间顺序

导游词中的时间顺序有如下两种：第一种是景观形成的历程，如自然形成的时间、建成的年代、历史的沿革、社会的变迁等。这种讲述主要表现为时间的延续性，几乎每一游览客体都具有这方面的内容，例如以下为一段《莫高窟导游词》：

莫高窟始建于前秦建元二年（366年），北凉、北魏、西魏、北周、隋、唐、五代、宋、西夏、元等朝代均有所建造，在不同程度上反映了我国从公元5世纪到14世纪延续千年历经不同时代的社会、生产、生活、交通、建筑、艺术、音乐、舞蹈、民情风俗、宗教信仰、思想变化、民族关系、中外交往等各方面的情况。在我国三大石窟中，莫高窟是开凿最早、延续时间最长、规模最大、内容最丰富的石窟群。

第二种是时间顺序，即以事件发生的过程为序，如礼仪过程、史料记载、民间传说。例如《祭天大典》：祭天大典是在每年冬至日举行，当天凌晨4点多各种坛灯点燃，圆丘坛西南的望灯杆望灯高悬，圆丘前燔柴炉上放置一牛犊，用松柏枝烧祭。台南广场排列200多人的乐队、舞队，在庄重的中和韶乐中，文武百官前呼后拥，皇帝亲自登上圆丘坛，站在坛面中心的"天心石"上恭读致皇天上帝的祝文。礼仪完毕，各神位前所供的供品分别依次送到燔柴炉和铁燎炉焚烧，烟气腾空，以示送达天庭。大典结束，皇帝起驾回到紫禁城。

（2）空间顺序

以空间位移或转换的顺序来安排导游词结构是最符合旅游带团实际的，所以按旅游线路编写导游词也是最为常见的。具体到某一景点要看具体情况而定，一般总是由远及近，从上到下，从外到内，或者反其道而行之。例如，《飞英塔导游词》主要采用的是由内到外的顺序：

飞英塔的内石塔，8面5层，高15米，下设须弥座，由一百多块太湖青石雕琢、拼叠而成。雕刻仰莲、覆缠枝花卉。束腰八边雕狮子群像，形态生动。第四层正北面为观音像。塔身各面均辟壶门状佛龛，内雕大幅佛造像。整座石塔刻有佛像1 048尊，为一件唐代石雕艺术珍品。飞英塔外塔，8面7层，通高55米。副阶宽敞明亮，塔体收分自然，塔刹高峻挺拔，雄浑古朴，其中最具宋代建筑风格的是平伸舒展的翼角、简洁朴实的檐面、硕大的斗拱和寻杖望柱式栏杆。塔身的转角雕出梭形轮状的倚柱、覆盆式的柱础，这种做法除宁波保国寺大殿外，已经很少见到了。内含石塔，外塔构造奇特，4层以下中空，上3层统设楼面，6层底架设十字交叉的千斤梁，悬挑27米高的塔心柱。最上面的是高12米、重10吨的塔刹。沿塔壁挑出各层平座和楼梯，拾级登临，盘旋而上，内可饱览石塔精华，外可俯瞰湖城风光。外塔造作讲究，塔身砌体中用了许多木质额枋、龙骨，起到了拉牵作用，加强了八面塔壁的整体牢固性。这对保证塔体千百年无开裂和明显倾斜，起到了重要作用。塔内壁二层平座斗拱，采用两跳上昂承托，是迄今为止宋代建筑上昂构件用于平座斗拱做法的孤例。

（3）逻辑顺序

逻辑是思维的规律，语言是思维的现实。所谓逻辑顺序，就是按照人们共同的思维规律安排段落结构或语句顺序。条理性差的讲解词，随意发挥，讲述事件没有头绪，介绍、说明毫无条理，使人听起来东一句、西一句，没有完整的概念和具体的形象，造成理解上的困难。例如《故宫概述》：

A.故宫的建筑格局是"前朝后寝，左祖右社"，这是遵从了《周礼·考工记》的帝王都城营建的原则。颜色基调为红、黄两色，取意中国传统的"阴阳五行"学说，黄色代表尊贵、权威，红色代表吉祥、富贵。（风格特点）

B.它从明永乐四年（1406年）开始修建，于永乐十八年（1420年）建成，前后共花费了15年的时间。（建造时间）

C.故宫占地约72万平方米，建筑面积16.3万平方米，有宫殿、楼阁等各种房间8704间。周围有9.9米高的围墙，城外设有52米宽的护城河。城四周各设一座城门，城四角各建有一座结构精美、造型奇特的角楼。（面积、规格）

D.故宫在建造过程中共征集工匠23万人、民夫100万人。选用两湖两广、江西、山西等地的木材，使用了北京房山的汉白玉、河北蓟县（今天津市蓟州区）盘山的五色虎皮石和曲阳县的花岗石。（耗费的财力）

以上几段的内容，如果按逻辑规律调整应为B—D—C—A。应当先介绍故宫的建造年代、时间，再介绍建造中花费了多少人力、物力、财力，然后介绍建造的结果——面积、规模等，最后讲解建筑的文化含义和特点。这样讲解使人们易于了解故宫的历史背景，听起来一环扣一环，条理性强，思路清晰，易于理解。

（二）导游词正文撰写技巧

重点讲解是对旅游线路上的重点景观从景点成因、历史传说、文化背景、审美功能等方面进行详细的讲解，使旅游者对旅游目的地有一个全面、正确的了解。这是导游词最重要的组成部分。

1.强调知识性

一篇优秀的导游词必须有丰富的内容，融入各类知识并旁征博引、融会贯通、引人入胜。导游词的内容必须准确无误，令人信服。导游词不能只满足于一般性介绍，还要注重深层次的内容，如同类事物的鉴赏、有关诗词的点缀、名家的评论等。这样，会提高导游词的档次水准。

2. 讲究口语化

导游语言是一种具有丰富表达力、生动形象的口头语言，这就是说，在导游创作中要注意多用口语词汇和浅显易懂的书面语词汇。要避免难懂的书面语词汇和音节拗口的词汇。多用短句，以便讲起来顺口，听起来轻松。强调导游口语化，不意味着忽视语言的规范化。编写导游词必须注意语言的品位。

3. 突出趣味性

为了突出导游词的趣味性，必须注意以下 6 个方面的问题：

①编织故事情节。讲解一个景点，要不失时机地穿插趣味盎然的传说和民间故事，以激起游客的兴趣和好奇心理。但是，选用的传说故事必须是健康的，并与景观密切相连。

②语言生动形象，用词丰富多变。生动形象的语言能将游客导入意境，给他们留下深刻的印象。

③恰当地运用修辞方法。导游词中，恰当地运用比喻、比拟、夸张、象征等手法，可使静止的景观深化为生动鲜活的画面，揭示出事物的内在美，使游客沉浸陶醉。

④幽默风趣的韵味。幽默风趣是导游词艺术性的重要体现，可使其锦上添花，气氛轻松。

⑤情感亲切。导游语言应是文明、友好和富有人情味的语言，应言之有情，让游客赏心悦目，倍感亲切温暖。

⑥随机应变，临场发挥。导游词创作成功与否，不仅表现导游的知识是否渊博，也反映出导游的技能技巧。

4. 重点突出

每个景点都有代表性的景观，每个景观又都从不同角度反映出它的特色内容。导游词必须在照顾全面的情况下突出重点，没有重点的导游词是不成功的。

5. 要有针对性

导游词不是以一代百、千篇一律的。它必须从实际出发，因人、因时而异，要有的放矢，即根据不同的游客、当时的情绪和周围的环境进行导游讲解。切忌不顾游客千差万别，导游词仅一篇的现象。编写导游词一般应有假设对象，这样才能有针对性。

6. 重视品位

创作导游词必须注意提高品位，一要强调思想品位，因为弘扬爱国主义精神是导游员义不容辞的职责；二要讲究文学品位，导游词的语言应该是规范的，文字是准确的，结构是严谨的，内容层次是符合逻辑的。如果在关键之处适当地引经据典，得体地运用诗词和名言警句，就会使导游词的文学品位进一步提高。

【思考与实践】

一、讨论分析

请同学们以导游讲解的方式朗读导游词案例，说一说生物景观导游词的篇章结构、主要内容以及编撰与讲解特色。

二、模拟实训

大连森林动物园
导游词

1. 写：根据所学知识，撰写一篇《东营黄河口生态旅游区》导游词，由学生以小组的形式，恰当运用多种讲解方法，撰写一篇针对老年团的导游词。

2. 讲：请扫二维码，跟着视频学讲解。学习内容为《大连森林动物园导游词》。

3. 评：对各小组提交的导游词进行评分（50分），选拔优秀作品并进行讲解交流（50分）。评分过程包括小组自评、小组互评、教师评价及企业评价。最后，将撰写作品得分与讲解分数相加，得出总成绩，并将其划分为4个等级：A——95分以上；B——85分至95分；C——75分至85分；D——75分以下。请参照撰写要求与讲解要求评分表（本题共100分）。

【内容拓展】

动物旅游资源

植物旅游资源

动植物作为自然界的生命现象，既是人类生存最重要的自然生态基础，也是旅游资源中受到游客喜爱的自然风景元素。

我国是世界上植物资源最丰富的国家之一。自然植被有各种类型的森林、草原与湿地。森林包括针叶林、落叶阔叶林、常绿阔叶林、热带雨林以及它们之间的过渡类型。我国森林面积达到 2.31 亿公顷[①]，森林覆盖率达到24.02%。草原有温带草原、干旱荒漠草原和高寒草原。我国的天然草地面积仅次于澳大利亚，为世界第二草地大国。湿地既是独特的自然资源，又是重要的生态系统，有"地球之肾"之称。很多珍稀水禽的繁殖和迁徙都离不开湿地，因此湿地被称为"鸟类的乐园"。中国是世界上湿地生物多样性最丰富的国家之一，也是亚洲湿地类型最齐全、数量最多、面积最大的国家（图2-3-2）。

---

① 1公顷=10 000平方米。

图 2-3-2　腾冲北海湿地

另外，我国各地还有各种名木古树与奇花异卉。木本植物中有乔木 2 000 多种，其中有许多物种起源于我国。我国还保留了一批古老和稀有的孑遗树种，如水杉、银杉、琪桐、银杏等，被称为"植物化石"。长期以来我国形成一些树木和花卉的最佳观赏地，如黄山观松，北京香山观红叶，洛阳、菏泽、彭州赏牡丹，苏州桃花坞赏桃花，无锡梅园和杭州孤山观赏梅花等。

植物景观除了形态美之外，还赋予植物某种含义，即将植物人格化增加其文化内涵。如松、竹、梅被誉为"岁寒三友"，梅、兰、竹、菊并称"花中四君子"，牡丹被誉为"国色天香"。

1. 北京香山红叶

北京香山是著名的红叶观赏景区，每到秋天，黄栌树、五角枫、三角枫、鸡爪枫、柿树等红得五彩斑斓，染出北京最浓的秋色，其中种植面积最大的为黄栌树，近 10 万株，每年的 10 月中旬到 11 月上旬是观赏红叶的最好季节，红叶延续时间通常在 1 个月左右。

2. 杭州满陇桂雨

满陇桂雨是新西湖十景之一。满陇即满觉陇，位于西湖之西南，植有 7 000 多株桂花，有金桂、银桂、丹桂、四季桂等品种。满觉陇自唐代起就遍植桂花。每当金秋季节，桂花盛开，香飘数里。人行桂树丛中，沐"雨"披香，别有一番意趣，故名为"满陇桂雨"。

3 宜宾蜀南竹海

翠甲天下的蜀南竹海，位于四川南部的宜宾市境内。蜀南竹海占地 120 平方千米，核心景区 44 平方千米，覆盖了 27 条峻岭、500 多座峰峦，故以"海"称之。这里生长着 15 属 58 种竹子。除盛产各种珍竹种，还集山水溶洞、湖泊、瀑布等景观于一体，而且可以欣赏到竹根雕、竹黄雕、竹编等品种繁多、技艺精湛的竹工艺品，品尝到竹荪、竹笋、竹海豆花、竹熏腊肉等天然绿色食品。

除此之外，各地各类园艺博览会、花会、花展同样吸引着众多游客。

专题四　天象与气候景观导游词

【情景导入】

天象与气候本身就是一种旅游资源，它们有直接造景的旅游功能，如云海、烟雨、冰雪、极光、雾凇、佛光、日食、月食、海市蜃楼等。我国有把一个地区的自然景观与气候、天气变化融合在一起，形成著名景观的传统，如哈尔滨的冰雪节、峨眉佛光、春城昆明、杭州西湖冬季的断桥残雪和夏季的曲院荷风等。近日，小王将带领一个来自江苏的常规旅游团去春城昆明游览。作为导游，他为游客们详细介绍昆明的自然风光和气候特点，并带领大家领略这个美丽城市的魅力，但在结束语上，小王不知道该怎么表达，才能让游客满意而归。让我们一起帮帮王导吧。

【导游词案例】

云南昆明

各位游客大家好，欢迎来到云南昆明，我是大家的导游小王，接下来我将介绍一下云南昆明的概况，昆明历来被称为春城，既没有寒冷的冬天也没有炎热的夏天，属于温带高原型湿润季风气候。昆明一天的温差很大，在冬、春两季，日温差可达12~20 ℃。雨季集中在每年的5—10月，只要一下雨，气温就会降下来。昆明全年适合旅游，最好的旅游时间在每年3—10月，也就是我们现在这个时间，大家太有眼福和口福了，因为这是云南少数民族节日最多，也是水果、鲜花最多的季节，旅游的收获当然不会少。

昆明坐落于北纬25° 01'，东经102° 41'，海拔1 891米，是蜚声国内外的著名春城。这里群山围绕，阳光明媚，翠木瑶草，花开不败。有"姹紫嫣红花不谢，冬暖夏凉四时春"之誉。

正常情况下，夏天最热的温度大多不会超过30 ℃，28 ℃已是高温天气了；冬天的气温一般会在10 ℃左右，如果哪天温度达到2 ℃甚至是零下几摄氏度时，一定会被说成"史诗级降温"或是"断崖式降温"了。所以，昆明人不耐热，也不耐冷。

"有雨便成冬"是最明显的昆明天气特征。在昆明，雨季、非雨季的区别是非常大的，尤其是气温的变化，不下雨时烈日炎炎，一下雨可能就变成寒风瑟瑟了，昆明的天气就是变化多端的脾气。

昆明的雨是极有特色的，著名作家汪曾祺在《昆明的雨》中这样写道："昆明的雨季是明亮的，丰满的，使人动情。城春草木深，孟夏草木长。昆明的雨季，是浓绿的。草木枝叶里的水分都到了饱和状态，显示出过分的、近于夸张的旺盛……"

所以，在昆明，常常会出现一日双季的景致，下雨时得穿上外套，甚至毛衣，不下雨时，却又得换上裙子、短裤、短袖衣服了。在街上同时看到有人着夏装、有人着冬装时，当地人一定不会感觉到有什么不妥。

一日双季的天气也常常会在冬天出现，早晨出门时气温很低、寒风瑟瑟，冬季的特征明显；等太阳出来了，气温飙升到18 ℃甚至20 ℃，秋高气爽的景致让人不知身在何季，待到太阳落山了，又立刻恢复冬日感觉。

在昆明，蓝天白云是天气的标配。地处彩云之南的昆明，湛蓝高远的蓝天、如白莲花般美丽的云朵，就是一个最通常的天气标配。随手一拍，就是一张风景明信片。天晴时，昆明是天朗气清、清蓝清蓝的天空，好看的白色云朵随意铺洒在蓝天中……清风、阳光、蓝天、白云，如童话里的场景，抬头就能欣赏，美哉。一会儿大家可以自由活动，到处走走，拍拍照片，记录美好时光。好了各位，愉快的时光总是短暂的，到了跟大家说再见的时候了，希望大家归途一切顺利，期待再次相遇！再见！图2-4-1为云南昆明石林。

图2-4-1　云南昆明石林

【知识储备】

导游小王带领一个来自江苏的常规旅游团在春城昆明游览，昆明市因其独特的地理位置和气候条件，被誉为"春城"，但其实在昆明，一日之内经历四季的天气变化也是常有的事。在介绍概况的时候，小王抓住了昆明市的气候特点，介绍了"一日双季"现象及其产生的原因，让游客感受到大自然的神奇魅力，也增加了昆明市旅游的吸引力。在结束的时候，小王用了简短的欢送词来告别，我们还可以怎么致欢送词呢？

一、结构内容

开头——简单介绍昆明市的气候特点，分析昆明最好的旅游时间，让游客庆幸在最美的时间来体验独特的魅力风光。

正文——介绍昆明的主要特点和亮点：一是昆明四季的气温，有"冬暖夏凉四时春"的美誉；二是昆明最明显的天气特征，"有雨便成冬"；三是昆明"一日双季"现象的气候特点及其产生的原因，这种温差变化使得昆明市的自然景观和人文景观更加丰富多彩。

结尾——昆明的清风、阳光，蓝天、白云，定会让游客不虚此行，鼓励游客四处走走，深入探索体验，记录美好。用了简短的欢送词表示告别。

二、导游词编撰与讲解技巧

（一）导游词的谋篇布局——豹尾"结要响亮"

在前文探讨了文章开头和正文编撰技巧的基础上，本篇将着重阐述如何使文章结尾实现豹尾"结要响亮"。理想的文章结尾应具备力度和余味，追求"余音绕梁，三日不绝"的效果。优秀的导游词便应以此为目标，使之简洁有力、富有趣味性，从而为读者带来美的享受。导游词的结尾主要涵盖以下要素：游览总结、虚心接纳游客意见、表达感激与依依惜别之情，以及对未来重逢的期盼与祝愿。

结尾的方式有多种，有如下方式：

①诚恳谦虚式结尾。例如，"在此，我要向各位说声再见了。此刻，我的心情既激动又难过。在这次旅行中，我深知自己有许多应该做好而未做好的地方。我能向大家说什么呢？只有一句话，那就是感谢各位的支持和帮助。我会以此为动力，努力提高自己的服务水平，期待我们有缘再次相聚，那时我将为大家提供更好的服务"。

②祝愿式结尾。例如，"亲爱的朋友们，我们要分别了。在这难忘的时刻，我衷心祝愿大家一路平安，旅途愉快。同时，我也希望大家能与我保持联系，分享彼此的生活点滴。愿我们的友谊长存，感情永不减退。相信我们有朝一日能再次相聚。再见了，亲爱的朋友们！"

要达到豹尾的效果，有许多方法，如引用名人名言、诗句，运用幽默诙谐的语言等。但同时也要注意避免陈词滥调、画蛇添足、敷衍了事等不良表达。

总之，谋篇布局是导游词创作的关键环节。只有把握住凤头、猪肚、豹尾这三个要素，才能写出结构层次清晰、逻辑严密、引人入胜的导游词。让我们共同努力，为广大游客带来美好的旅游体验。

（二）致欢送词

第一，简要回顾行程。帮助大家回忆第一天、第二天、第三天各走了什么行程，把他们已经飞远的心再拉回来，在感慨时光飞逝的同时也能回忆起导游工作的艰辛。

第二，感谢合作，表示惜别。对游客的理解和配合一定要感谢，让他们感觉到你的真诚。比如有人帮你在广场举旗子，有人帮你在颐和园里找人，这些点点滴滴都可以说一说，让客人知道导游也能体会到他们的好，知道没有大家的配合不能这么顺利地完成行程。还要感谢全陪、领队以及司机师傅，让气氛变得更加温馨一些。

第三，表达歉意，征求意见。说一说这几天行程中做得不足的地方，安排得不周到的地方，有些问题说出来也许很容易就解决了，如果不说就容易产生误会。客人永远是对的，真诚地道歉，取得谅解和理解能够避免日后的很多麻烦。

第四，祝福平安，期待重逢。"欢迎下次再来××玩"，马上要上飞机或者火车返回自己的家乡了，送上真诚的祝福，会让人感觉你是关心他们的。

欢送词没有对错之分，更没有好坏之分，因为每个团的情况不一样，每个人的语气、态度不一样，只要能做到真诚又不失幽默，有感而发令客人回味无穷、产生共鸣，就是一篇好的欢送词。

例如，"各位朋友，几天的行程，还有10分钟就要结束了，在此刻要和大家分别的时候我真的还舍不得说那两个字，说真的，这次旅程的成功离不开大家对我工作的支持与合作，几天里我们大家从相识到相知，最后成为朋友。我知道我有些地方还做得不够好，希望大家在最后的几分钟里给我提出宝贵的意见和建议。这样我会在以后的工作中更加地努力和不断地学习，中国有句古话，叫'两山不能相遇，两人总能相逢'，我期盼着不久的将来，在××或者在你们的城市能和大家相会，再见各位！"

在结束语中，小王可以这样表达："亲爱的游客们，感谢你们选择了昆明作为旅游目的地。在这次旅程中，我们希望大家领略到了昆明的自然风光、气候特点和独特魅力，希望大家将这里的美好记忆永存于心，并与亲朋好友一起分享。最后，祝你们旅途愉快，一路平安！期待再次相遇，再见！"

【思考与实践】

一、讨论分析 》》

1. 请同学们以导游讲解的方式朗读导游词案例，说一说天象与气候景观导游词的篇章结构、主要内容以及编撰与讲解特色。

2. 小组合作为当地旅游编撰一段欢送词。

二、模拟实训 》》

1. 写：根据所学知识，撰写一篇《峨眉佛光》导游词，由学生以小组的形式，恰当运用多种讲解方法，撰写一篇针对老年团的导游词。

2. 讲：请扫二维码，跟着视频学讲解。学习内容为《西湖断桥残雪》。

3. 评：对各小组提交的导游词进行评分（50分），选拔优秀作品并进行讲解交流（50分）。评分过程包括小组自评、小组互评、教师评价及企业评价。最后，将撰写作品得分与讲解分数相加，得出总成绩，并将其划分为4个等级：A——95分以上；B——85分至95分；C——75分至85分；D——75分以下。请参照撰写要求与讲解要求评分表（本题共100分）。

西湖断桥残雪

【内容拓展】

天象景观

康乐气候旅游资源

天象、气候景观 ▶▶

气象、气候与天象作为一种独特的旅游资源，以其别具一格的手法勾勒出大自然的壮丽画卷，比如浩渺的雾海、缥缈的雨幕、晶莹的霜花、璀璨的极光、幽深的晨雾、神奇的峨眉佛光，以及千载难逢的日全食和月全食等自然奇观。在我国，人们习惯于将各地的自然美景与变幻莫测的天气相结合，营造出众多著名的景观。例如，西藏纳木错的日出日落、云南丽江的古城夜雨、四川九寨沟的秋季彩林、以及新疆喀纳斯湖的夏季晨曦等，都是令人叹为观止的自然奇迹。

1. 云雾、云海景观

云雾是大气中一种水汽凝结景象。云雾在名山胜景中极为奇妙，当潮湿气流沿山坡上升到一定高度时，水汽冷却凝结形成坡地雾，形成云雾景观，它与山景相映成趣，使群山灵动缥缈，使游人处于"我欲乘风归去"的意境之中。云海是指在一定条件下形成的云层，并且云顶高度低于山顶高度，当人们在山顶俯瞰漫无边际的云，如临大海之滨。云海是山岳景区的重要景观之一（见图2-4-2）。我国著名的云海景观有黄山云海、庐山云海、峨眉云海、衡山云海。

图2-4-2　五莲山云海（摄影：张弘）

2. 雾凇、雨凇景观

雾凇俗称"树挂"或者"琼花"，是雾气在低于0℃时附着在物体上面直接凝华生成的白色絮状凝结物。它集聚包裹在附着物外围，漫挂于树枝树丛等景物上。雾凇形成需要气温很低，而且水汽充分，同时能具备这两个形成雾凇的自然条件很是难得。我国雾凇出现最多的地方是吉林省吉林市，每当雾凇来临，吉林市松花江岸十里长堤成为"忽如一夜春风来，千树万树梨花开"的仙境。

雨凇是在低温条件下，小雨滴附着于景物之上冻结的半透明、透明的冰层与冰块。雨凇产生，必须低层空气有逆温现象，小水滴从上层气温高于0℃的空气中下降至下层气温低于0℃的空气中，处于过冷却状态，过冷却水滴附着在寒冷的物体表面，立即冻结成雨凇。我国峨眉山雨凇最多，庐山雨凇的景观被誉为"玻璃世界"。

3. 烟雨景观

烟雨是指像烟雾那样的细雨，但经不同地理环境的和在不同人物心境下的艺术加工，往往呈现出一种特定的文化意境。我国著名的雨景有江南烟雨、巴山夜雨等。"江南烟雨"是指江南地区春秋季降落的丝丝细雨。江南地区多水，江河湖泊的水汽蒸腾为雾，伴随着丝丝细雨而升起，形成了独特的烟雨景观，经文人提炼成为中国意境美的重要一环。"巴山夜雨"泛指四川盆地地区夏季白天气温高、湿度大，湿热空气不易扩散，夜间降温后湿热的空气上升使水汽凝结而多降雨的天气现象。李商隐"巴山夜雨涨秋池"是对这一天气现象形象的描写。

4. 冰雪景观

冰雪是纬度较高地区的寒冷季节或海拔较高的高山地区常见的气象景观，我国长江以南地区在冬季寒潮来临之际也可能降雪。降雪往往使大自然形成银装素裹的冰雪世界，如果配以高山、森林等自然景观，可构成奇异的冰雪风光，如东北"林海雪原"、关中"太白积雪"、西湖"断桥残雪"、长沙"江天暮雪"、台湾"玉山积雪"等。有"白色旅游"之称的冰雪运动开始受到游客热捧。素有"冰城"之称的哈尔滨，每年冰雪节都举办大型的冰雕、冰灯、雪雕展出活动。

5. 佛光景观

佛光是当阳光照在云雾表面，经过衍射和漫反射作用形成的一种特殊自然景观。佛光景观的出现要有阳光、地形和云层等因素的同时作用，因此比较罕见。佛光一般出现于中低纬度地区及高山上茫茫云海之中，人站在山上，若光线从背后射来，当太阳、人与云幕在一条直线上时，会在前面云幕上出现人影或头影，其外围绕彩色光环，似佛像头上的光圈，故称佛光。峨眉山佛光出现次数最多，因峨眉山有海拔高、多云雾，且湿度大、风速小等有利条件，故佛光有"峨眉宝光""金顶祥光"之誉。著名佛光景观地还有庐山、泰山、黄山、五台山等。

6. 蜃景景观

蜃景也称海市或海市蜃楼。蜃景成因是气温在垂直方向剧烈变化，使空气密度在垂向上出现显著差异，从而产生光线折射和全反射现象，导致远处景物在眼前呈现出奇幻景观。它有上现蜃景与下现蜃景之分。一般上现蜃景多出现在海滨地区，下现蜃景多出现在沙漠地区。山东蓬莱蜃景出现次数最多。

模块三

人文景观导游词与讲解案例分析

学习目标 →

【素养目标】

1. 培养学生对于人文历史等多方面知识的整合能力,制定有效的讲解策略,突出人文景观的特色和价值;

2. 培养学生创新思维,灵活运用文化内容,为游客提供独特的游览体验。

【知识目标】

1. 掌握中国古代建筑导游词的编撰与讲解技巧,学会口头语言的表达技巧;

2. 掌握中国古典园林导游词的编撰与讲解技巧,学会态势语言的运用技巧;

3. 掌握博物馆和纪念馆导游词的编撰与讲解技巧,学会交际语言的常用技巧。

【技能目标】

1. 能结合具体案例对人文景观进行导游词创作撰写;

2. 能根据讲解技巧对人文景观进行讲解;

3. 会结合工作实际对人文景观进行灵活讲解。

专题一　中国古代建筑导游词

【情景导入】

以文塑旅、以旅彰文，旅游和文化紧密相连。旅游是文化传播和交流的重要途径，文化也是旅游的重要资源。世界各地的文化和历史遗产，如博物馆、艺术馆、历史遗址、古迹等都是吸引游客的重要因素。游客可以通过参观这些地方，了解当地的历史和文化，体验当地的风俗和习惯，从而获得独特的旅游体验。近日，导游小王接到旅行社通知，需要接待来自河南的基层教师团参观武汉黄鹤楼。作为导游，小王需要做充分准备，尤其要注意口头语言表达技巧，确保教师团能够充分了解黄鹤楼的历史和文化背景，同时提供优质的旅游服务。

【导游词案例】

武汉黄鹤楼导游词

各位游客，大家好！欢迎您来"白云黄鹤"的故乡——武汉观光游览。现在我们来到了武汉的标志性建筑——黄鹤楼。它与江西的滕王阁、湖南的岳阳楼并称江南三大名楼。黄鹤楼始建于三国时期，距今已有1 700多年的历史。现在的黄鹤楼是1981年以清代的黄鹤楼为蓝本，历时4年多重建的（见图3-1-1）。

图3-1-1　黄鹤楼

这是一座混凝土仿古建筑，造型雄伟壮观，巍峨挺拔，确有名楼之风范。黄鹤楼高51.4米，各大小层顶，交错重叠，翘角飞举，黄色的琉璃瓦在阳光的照耀下，使整个建筑显得金碧辉煌。

大家请随我来。首先我要向大家介绍的是大厅的这副楹联，它是由我国著名书法家吴作人先生撰写的。上联是"爽气西来，云雾扫开天地憾"；下联是"大江东去，波涛洗净古今愁"。短短22个字概括出了登上黄鹤楼后宠辱皆忘的心境，被誉为黄鹤楼的两绝之一。

现在让我们一起进去看一看。一楼大厅内最引人注目的就是这幅《白云黄鹤图》了，它高9米，宽6米，取材于"驾鹤登仙"的古神话，兼取了唐诗诗句"昔人已乘黄鹤去"之意。大家也许就要问了，驾鹤登仙到底讲的是什么呢？传说中，这里并没有黄鹤楼，只有一家辛氏酒楼，因为位置较偏僻，所以生意并不兴隆，但店主为人乐善好施。有一个衣衫破旧的老道在这里饮酒，店主见他很穷，不向他索要酒钱，天天如此。一年过去了，老道要离开这里，临别之前，为表感谢之情，取橘皮在墙上画了一只仙鹤，告诉店主只要一拍手，仙鹤便会翩翩起舞，店主一试，果真如此。从此，凭着这只会从墙上飞舞下来的仙鹤，酒楼名声大振。10 年后，道士又回来了，他问店主这只鹤是否已偿还了自己所欠的酒钱，店主连声答是。道士取出所佩的铁笛吹奏，不一会儿，白云自空中飘来，仙鹤也闻声而下，道士驾鹤而去。这就是"驾鹤登仙"的古代神话，传说这个道士就是八仙之一的吕洞宾。店主为纪念吕洞宾，于是捐资修建了一座楼，因所画之鹤用橘皮，自然为黄鹤了，遂取名为黄鹤楼。优美的传说故事，给黄鹤楼蒙上了一层神秘的色彩。大家请随我来，现在我们来到了二楼。二楼正中的这篇《黄鹤记》不足 300 字，写明了黄鹤楼的地理位置、建筑形式、传说故事，以及人们在黄鹤楼上活动的情景。二楼大厅中还陈列着唐、宋、元、明、清及现代黄鹤楼的模型，风格迥异。宋楼雄浑，元楼堂皇，明楼玲珑秀丽。最为奇特的是清楼造型，它的主要建筑数据应合了"八卦五行"。楼为五顶以应五行，除楼的主顶之外，四边各加上一个小骑楼，合成五顶；楼形为应四面八方，则在楼的正四方平面上各削成十二角，构成八方；楼层则为三层以应天、地、人之意。

　　无数文人墨客登临黄鹤楼有感而发，留下千古佳句。三楼大厅内这幅题为"文人荟萃"的陶瓷画，再现了他们前往黄鹤楼吟诗作赋的情景，崔颢作《黄鹤楼》："昔人已乘黄鹤去，此地空余黄鹤楼。黄鹤一去不复返，白云千载空悠悠。"称武汉为白云黄鹤的故乡，就出此诗意。崔颢的诗作令所有关于黄鹤楼的诗作都黯然失色，就连诗仙李白登临此楼时，也无奈地发出感叹："眼前有景道不得，崔颢题诗在上头"。

　　现在我们来到了四楼。这里陈列的都是当代书画家游览黄鹤楼时的即兴作品，大家可以慢慢欣赏。这里还备有文房四宝，书法爱好者也可以即兴挥毫。稍后，让我们去五楼看一看。

　　五楼是黄鹤楼的顶楼，步入大厅，大家立刻会被这组名为"江天浩瀚"的壁画所吸引，它是全楼中规模最大的壁画。由 10 幅金碧重彩画组成，再现了长江流域的自然景观和文明史迹的渊源，从大禹治水时期的彩陶文化，到巴人时期的青铜文化，直至屈原行吟泽畔时期的楚文化，依次为：长江源流、上流瀑布、三峡风光、流逝、浪淘沙、华年、庐山奇景、太湖风光、江流入海和沧海横流。

　　无限风光在顶楼，让我们凭栏眺望。浩浩荡荡的万里长江自西向东奔腾而去，江面上百舸争流，淡淡的雾气，弥漫四周，楚天风物，尽收眼底。这奔流而去的长江，是否洗尽了您的烦恼？清新的空气，是否涤清了您繁杂的思绪？是否让您拥有了除去利欲的超然？

　　各位游客，黄鹤楼到底美在哪儿？是美在建筑形式，美在传说故事，美在文化内涵，还是美在登高远眺？好，现在我们自由活动，1 小时后在门口集合，到时再告诉我您的答案，好吗？

【知识储备】

这次小王接待来自河南的基层教师团参观武汉黄鹤楼。小王在带团服务中要掌握一定的语言表达，尤其是口头语言的表达技巧。为了确保教师团能够充分了解黄鹤楼的历史和文化背景，读懂建筑之美，传播建筑之美，小王不仅深入挖掘古代建筑思想，还查阅了阴阳八卦五行的文献资料，参考了中国古代建筑的相关知识，充分利用中国古代建筑资源，做好服务工作，吸引更多的游客。

一、结构内容

开头——用简明扼要的语言对游客表示欢迎。将游客的注意力引导到导游身上，让游客更加关注导游的讲解，提高旅游体验的质量。

正文——先介绍了黄鹤楼的历史及概况，然后由大厅楹联开始逐层进行详细讲解。一楼重点讲《白云黄鹤图》取材于"驾鹤登仙"的古代神话传说，二楼主要讲《黄鹤记》及不同时代黄鹤楼的模型，三楼大厅题为"文人荟萃"的陶瓷画，再现了无数文人墨客前往黄鹤楼吟诗作赋的情景，四楼陈列的都是当代书画家游览黄鹤楼时的即兴作品，五楼是黄鹤楼的顶楼，它有全楼中规模最大的壁画，"江天浩瀚"组画，长江流域的自然景观和文明史迹的渊源让人震撼。

结尾——用问答法向游客提出问题，留下悬疑，让游客产生想要探索的想法。使用这种方法可以活跃气氛，引起联想，促进与游客之间的思想交流，使游客体会到参与感和成就感，以加深游客的印象。

二、导游词编撰与讲解技巧

在导游服务中，口头语言是使用频率最高的一种语言形式，是导游做好导游服务工作最重要的手段和工具。美学家朱光潜告诉我们："一个人话说得好就会如实地达意，使听者感到舒服，产生美感。这样的说话也就成了艺术。"由此可见，导游要提高自己的口头语言表达技巧，必须在"达意"和"舒服"上下功夫。

（一）口头语言的表达形式

1. 独白式

独白式是一种导游人员讲解、游客聆听的单向语言传递方式，在导游服务过程中，使用最为普遍。它的特点是目的性强，对象明确，表达充分。如致欢迎词、欢送词或独白式的导游讲解等。例如以下两段导游词：

①西湖位于杭州市西部，旧称武林水、钱塘湖、西子湖，唐代始称西湖。唐代西湖面积 10.8 平方千米，到了宋代，面积缩为 9.3 平方千米，清代是 7.5 平方千米。现在西湖湖面南北长 3.3 千米，东西宽 2.8 千米，水面面积 5.64 平方千米，包括湖中岛屿为 6.3 平方千米，湖岸周长 15 千米。平均深度 2.27 米，最浅处不到 1 米，最深处 6.52 米。如今伴随着"西湖西进"扩大为 6.5 平方千米，接近 300 年前西湖的面积。

②来自新加坡的游客朋友们，大家好！欢迎你们来到美丽的春城昆明旅游，我叫李明，是昆明国际旅行社的导游，这位是司机王师傅，他有丰富的驾驶经验，大家坐他的车尽可放心。衷心地希望在旅游过程中大家能和我共同配合，顺利完成在昆明的行程，如果我的服务有不尽如人意的地方，也请大家批评指正。最后，祝大家在昆明旅游期间能度过一段难忘的时光。

从上面两个例子可以看出独白式口头语言的特点有以下几点：

（1）目的性强

导游讲一席话，或是为了介绍情况，或是为了联络感情，或是为了说明问题。如例①就是为了介绍西湖的概况，例②是为了欢迎游客、表达意愿，目的性都很强。

（2）对象明确

如例①和例②始终面对旅游团的全体游客说话，因而能够产生良好的语言效果。

（3）表述充分

如例①首先介绍西湖的地理区位，接着讲述西湖的历史和现状，使游客对西湖有了比较完整的印象；例②话语不多，但充分表明了自己的身份和热情的服务态度。

2. 对话式

对话式是导游人员和游客之间的双向语言传递方式，是导游人员与一位或数位游客之间的交谈，这种交谈可以是问答，也可以是商讨。它的特点是依赖性强、反馈及时。示例如下：

导游：你们知道北京最有名的菜式是什么吗？

游客：知道，肯定是北京烤鸭。

导游：那你们知道哪里的北京烤鸭最好吃呢？

游客：听说是全聚德的北京烤鸭最地道正宗。

导游：那你们知道全聚德的来历吗？

游客：不太清楚，你能给我们讲讲吗？

导游：全聚德创始人是杨全仁。他初到北京时在前门外肉市街做生鸡鸭买卖。杨全仁对贩鸭之道揣摩得精细明白，生意越做越红火……

由上例可以看出对话式口头语言的特点：第一，依赖性强，即对语言环境有较强的依赖性，对话双方共处同一语境，有些话不展开来说，只言片语也能表达一个完整的或双方都能理解的意思；第二，反馈及时，对话式属于双向语言传递形式，其信息反馈既及时又明确。

《（二）口头语言表达的要领

导游语言是一种口头语言，从导游讲解的性质看，应该是一门语言艺术，讲究音调的高低强弱，语气的起承转合、自然流畅以及节奏的抑扬顿挫，即讲究语言的音乐性。为了充分发挥语言艺术的作用，要求导游人员努力使导游语言的音、调和节奏运用得恰到好处，根据讲解对象的具体情况和当时的时空条件灵活运用，以求达到传情、传神的目的。

1. 适度优美的语音、语调

（1）音量

导游人员在讲解时音量的大小、声音的高低要适度，以游客听清为准。德国人哈拉尔德·巴特尔指出，"讲话的艺术在于适中"。作为口头语言的导游语言在运用时也必须掌握"适中"这个原则。"适中"就是要求导游人员在导游讲解时声音强弱要适度，以游客听清为准（必要时可借助扩音器），防止声音过高或过低。声音太高造成噪声，令人难以忍受；声音太低，让人听起来费劲，会给人以说话无把握、缺乏信心的印象。如果声音太低导致游客听不清楚，语言就丧失了传递信息的基本作用，直接影响导游服务质量。

（2）语调

导游语言作为一种艺术语言，要求导游人员在导游讲解时语调优美、自然、正确、富于变化、悦耳动听，令听者感到亲切自然，从而产生感染力，打动游客的心弦，激发他们的游兴。导游人员如使用外语讲解语言要标准，语调要符合外国人讲话的习惯，优美自然是指语言流畅、起伏有度，使游客听起来悦耳、舒服。

语调是指一个人讲话的腔调，即讲话时语音的高低起伏和升降变化。一般分为升调、降调和直调三种，高低不同的语调往往伴随着人们不同的感情状态。

1）升调

升调多用于表达兴奋、激动、惊叹、疑问等感情状态。

譬如，"大家快看，前面就是美丽的长白山天池了！"（表示兴奋、激动）又如，"你也知道我们湖北咸宁有个神秘的'131军事工程'？"（表示惊叹疑问）

2）降调

降调多用于表达肯定、赞许、期待、同情等感情状态。

比如，"我们明天早晨8点准时出发。"（表示肯定）

又如，"希望大家有机会再来我们厦门，再来鼓浪屿。"（表示期待）

3）直调

直调多用于表达庄严、稳重、平静等感情状态。

比如，"这儿的人们都很友好。"（表示平静状态）

又如，"武汉红楼是中华民族推翻帝制、建立共和的历史里程碑。"（表示庄严、稳重）

语调有着十分重要的表达情感的作用，被称为"情感的晴雨表"。导游如果能根据讲解的具体内容对语调进行创造性的处理，使语调随着讲解内容的变化升降起伏，就会使讲解声情并茂。但是，在实地导游讲解中，也要注意避免因一味追求"抑扬顿挫"而造成"诗歌朗诵式讲解"的现象。

2. 正确合理的导游语言节奏

正确合理掌握导游语言节奏是导游语言艺术性的要求之一，节奏运用得当不仅使游客听得清楚明白，还会使游客的情感随着导游人员的讲解起伏，心领神会，起到良好的导游效果。导游语言的节奏是指说话的快慢和语句的断续停顿，包括导游讲解的节奏和声调的节奏。

（1）讲解的节奏

导游人员在工作中，要注意观察游客的反应、理解能力等，根据当时的情况决定节奏的快慢。例如，导游人员在刚接到游客致欢迎辞时的讲话速度要比平时慢一些，声音略大些，待游客适应了导游人员的语音语调后再适当加快速度。在向游客强调注意事项时声音应增高，音量要放大。讲解的节奏要视听者的具体情况和时空条件而定，做到徐疾有致、快慢相宜。

（2）声调的节奏

导游人员讲解时，其声音要抑扬顿挫、富有感情色彩，但不能矫揉造作，声调要适时变化，有节奏感。音调和节奏体现着导游语言的艺术性和趣味性，直接影响着游客的审美效果，导游人员应予以高度重视。

《（三）克服不良的口语习惯

1. 说话含糊

导游人员在讲解时，首先必须对讲解的内容胸有成竹，讲解时才能有条不紊，词语贴切；相反，如果对事物理解不准确，望文生义，说起话来就含糊不清，使人产生误解。例如，有的导游人员对讲解的内容不熟悉，缺乏自信心。讲解时，常用一些"大概""可能""好像"等模糊的词语，游客对此是不会满足的，因为他们要求得到肯定的回答、确切的知识，不愿听含糊不清、模棱两可的话。"言语的暧昧是由于思想的朦胧"，只有在对讲解对象了解的基础上，注意使用准确、肯定的言辞，才能赢得游客的信任。

2. 啰唆重复

导游人员的讲解应该内容紧凑，简洁明快。有的导游在讲解时，生怕游客不理解，反反复复，颠来倒去地解释、说明，尽管动机是好的，但啰唆的话语往往会把听者的耐心都耗尽。还有的导游想用一些哗众取宠的话来吸引人，讲解时，故意用一些琐碎的话做铺垫，用不必要的旁征博引来东拉西扯，结果要么言不达意，要么离题太远，使人感到啰唆。

3. 晦涩难懂

口语与书面语不尽相同，口语讲求简洁，而书面语则讲求辞藻。如果导游人员在讲解时，机械地背诵导游词，特意地用修饰语、倒装句、专用术语，或用晦涩冷僻的词语，游客不仅听不进去，而且无法消化。还有的导游人员为了卖弄知识，故意引用一些古文诗词，引用之后又不解释，故作高深。

4. 口头禅

导游人员的口语应尽量避免晦涩难懂的书面化倾向，但也要防止另外一种倾向，即惯用口头禅。讲解时使用平时的口头禅，妨碍整个内容的连贯性，游客听起来也很不舒服。

5. 其他不良口语习惯

除了上面提到的四种不良口语习惯外，还有其他一些常见的不良口语习惯，例如，别人讲话时，总喜欢添上"自然是这样""果真如此""老实说""坦率地讲""如果你明白我的意思""明白了吗"等此类言辞，有时毫无必要，应尽量少用。

参观结束后，教师们表示，通过此次参观黄鹤楼，他们不仅领略了黄鹤楼的美丽风光，还深刻感受到了中国传统文化的底蕴，收获颇丰。他们对小王的导游工作给予了高度评价，认为他专业知识丰富、表达能力出众，为此次参观提供了优质的旅游服务。

此次成功接待河南基层教师团，让小王更加坚定了作为一名导游员的职业信念。他表示，在今后的工作中，将继续提高自己的业务水平和综合素质，为游客提供更好的服务，让更多的人了解和热爱中国传统文化。同时，他也希望有更多的游客能通过旅游这一载体，体验世界各地的文化魅力，增进各国之间的友谊与交流。

【思考与实践】

一、讨论分析

请同学们以导游讲解的方式朗读导游词案例，说一说中国古代建筑导游词的篇章结构、主要内容以及编撰与讲解特色。

二、模拟实训

1. 写：根据所学知识，撰写一篇《岱庙》导游词，由学生以小组的形式，撰写一份针对性强、生动自然、结构完整的导游词。

2. 讲：请扫二维码，跟着视频学讲解。学习内容为《故宫博物院》。

故宫博物院

3. 评：对各小组提交的导游词进行评分（50分），选拔优秀作品并进行讲解交流（50分）。评分过程包括小组自评、小组互评、教师评价及企业评价。最后，将撰写作品得分与讲解分数相加，得出总成绩，并将其划分为4个等级：A——95分以上；B——85分至95分；C——75分至85分；D——75分以下。请参照撰写要求与讲解要求评分表（本题共100分）。

【内容拓展】

古代建筑的等级

古代建筑的基本特征

我国幅员辽阔、民族众多，各地受不同自然和历史条件的影响，建筑的样式各具特色。因此可以说，传统的中国古建筑体系既有统一的风格，又有丰富多彩的形式，其类别之众、形体之繁、结构风格之奇巧、艺术装饰之优美，堪称世界之最。其基本特征有以下几个方面：

1. 巧妙而科学的木构架结构

中国古代建筑以木构架结构为主要的结构方式，创造了与这种结构相适应的各种平面组合和外部形态。在长期实践的过程中，梁柱式结构以其各方面的优越性，成为中国古代建筑结构的主流，并由此形成了它的独特艺术风格。

中国古代木构架结构主要有以下三种形式。

①抬梁式。是在柱上抬梁，梁上安柱（短柱），柱上又抬梁的结构方式。这种结构方式的特点是可以使建筑物的面阔和进深加大，以满足扩大室内空间的要求，成了大型宫殿、坛庙、寺观、王府、宅第等豪华壮丽建筑物所采取的主要结构形式。

②穿斗式。是用穿枋、柱子相穿通接斗枋而成，便于施工，最能抗震，但较难建成大型殿阁楼台，所以我国南方民居和较小的殿堂楼阁多采用这种形式。

③井干式。是以圆木或方木四边重叠，结构如"井"字形，这是一种最原始而简单的结构，现除山区林地之外，已经很少见到了。

有些建筑物还采用了抬梁与穿斗相结合的形式，更为灵活多样（图3-1-2）。

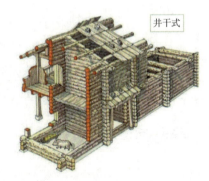

图 3-1-2　木构架结构方式

由于木材建造的梁柱式结构是一个富有弹性的框架，这就使它还具有一个突出的优点，即抗震性能强。它可以使巨大的震动能量消失在弹性很强的节点上。"墙倒屋不塌"这句民间俗语，充分表达了上述梁柱式结构体系的特点。

2. 庭院式的组群布局

以木构架结构为主的中国建筑体系，在平面布局方面具有鲜明的特点，即以"间"为单位构成单体建筑，再以单体建筑组成庭院，进而以庭院为单元，组成各种形式的组群。木结构建筑由于木材长度的天然局限性，单体建筑物的规模不可能很大。因此，宫殿、庙宇建筑除了利用高起的地势、巨大的台基烘托外，主要借助于建筑群体的有机组合来取得宏伟壮观的艺术效果。中国古代建筑的布局形式有严格的方向性，常为南北向，只有少数建筑群因受地形地势限制采取变通形式，也有由于受宗教信仰或阴阳五行风水思想的影响而改变方向的。

中国古代建筑的庭院与组群布局，一般采用对称的方式，沿着纵轴线与横轴线设计。多数以纵轴线为主、横轴线为辅。一般将主要建筑物布置在纵轴线上，次要建筑物布置在主要建筑物前的两侧，东西对峙，组成一个方形或长方形院落。

3. 丰富多彩的艺术形象

中国古代建筑的艺术处理，经过几千年的努力和经验积累，创造了丰富多彩的艺术形象。单体建筑从整个形体到各部分构件，利用木构架的组合和各构件的形状及材料本身的质感等进行艺术加工，达到建筑的功能、结构和艺术的统一。

专题二 中国古典园林导游词

【情景导入】

中国古典园林拥有悠久的历史，在世界三大园林体系中，中华园林艺术独具特色。它囊括了自然山水的千变万化，同时融合了社会美与艺术美的精髓，展现了人与自然和谐共生的美感。近期，导游小王在苏州园林接待了一支青年团游客，他希望通过他的讲解可以给游客留下深刻的印象，让年轻的游客们体会到中国园林的深厚底蕴以及和谐之美。

【导游词案例】

苏州拙政园导游词——与谁同坐轩

各位游客，穿过别有洞天的月洞门，眼前豁然开朗，一湾碧水绕园而过，在这曲水的转角处，依水石驳岸而建的临水建筑，造型独特，像不像古代折扇的扇面呢？这就是扇亭了，扇亭的屋顶、门、窗洞、匾额、石桌等都是扇面状，可谓名副其实。扇亭后面的假山上还有一座小亭，因其坡度平缓，形似斗笠，所以得名笠亭。请您从这个角度看，这后面笠亭的顶像不像折扇的扇柄，笠亭的锥形屋顶则形似扇骨，它们恰好配成了一个倒悬着的折扇，真可谓别出心裁啊！苏州拙政园如图 3-2-1 所示。

图 3-2-1　苏州拙政园

您别看扇亭不大，它可是西部花园美景之一。它背倚土石假山，地处池岸水涧，后面树木葱郁，异常静谧。人在亭中，倚栏斜眺，对面的水廊犹如长虹卧波，左右门洞则框出宜人风光，闲坐于此，不论是倚门而立，还是临窗静观，都可以观赏池中鱼、水中月、风中荷，四季美景如画，不正好印证了"江山如有待，花柳更无私"这副对联吗？而扇亭的别具一格不止于此，大家看，纵向上，背山而建的扇亭，位于土石假山的底部，依山势而上，又筑有笠亭、浮翠阁；横向上，随着扇面向两端舒展，倒影楼和卅六鸳鸯馆也能引入画面，小小的扇亭将高低错落、大小各异、形态不同的多个建筑巧妙地串联起来，使这部分远景丰富多彩，开合有致，极富情趣，苏州园林的精巧可见一斑。

那么园主人为什么要把这亭子设计成扇形呢？又为何对扇子情有独钟呢？这就要说到西部花园的第一代主人富商张履谦了。1877 年，张履谦购得此园，按明代画家文徵明《拙政园记》中的记载，他修补了园中的景观，使园子重新生动起来。由于园中大部分景观是补出来的，张履谦便将这座精美的宅院定名为补园。因为张履谦的祖上是做扇子的，以制扇起家，张履谦便造了这座扇亭来告诉张氏后代不要忘本，应牢记祖先恩情。其实，这扇子负载的不止有张氏祖先，更有园主所热爱的传统文化——昆曲。您瞧，那打开的扇面上不正写着"与谁同坐，明月、清风、我"。园主人用大文豪苏东坡的词句，表达着自己与谁同坐的清高之情、对知己知音的渴求，或许憧憬着与他的知己同坐，共品园林，共赏昆曲吧？您会是他的知音吗？

【知识储备】

导游小王在苏州园林接待的是青年团。针对青年团的特点，小王研究了与游客交往的技能，重点研究了导游态势语的运用。导游人员的工作性质决定了他们必须善于同游客交往，运用好导游态势语言，尽可能建立良好的人际关系，营造一种和谐、愉快的氛围，保证旅游活动的顺利进行。园林中别具匠心的一山一水、一门一窗、一树一草无不是主人情感的体现，作为导游，要学会带领游客走进园林，更要让游客读懂园林。

一、结构内容

开头——直奔主题，用自问自答的方法引入扇亭，使游客不是被动地接受信息，而是积极地参与到旅游体验中来，吸引游客的注意力，促使他们思考，激发他们的兴趣。

正文——主要讲解了扇亭别具一格的构造，扇形建筑的来历，园主人把这亭子设计成扇形的原因，将苏州园林的精巧表现得淋漓尽致，形象地表现出了私家园林的特点：规模较小，风格雅致，常用假山假水，建筑小巧玲珑，色彩淡雅素净，表现主人寄情于山水的志趣。

结尾——以提出问题的形式引导游客产生共鸣，让他们更加深入地感受扇亭的别出心裁，引起游客联想，感受园主人表达的清高气节和对知己知音的渴求。

二、导游词编撰与讲解技巧

（一）导游态势语言运用技巧

态势语言亦称体态语言、人体语言或动作语言，它是通过人的表情、动作、姿态等来表达语义和传递信息的一种无声语言。同口头语言一样，它也是导游服务中重要的语言艺术形式之一，常常在导游讲解时对口头语言起着辅助作用，有时甚至还能达到口头语言难以企及的效果。

（二）导游首语运用技巧

首语是通过人的头部活动来表达语义和传递信息的一种态势语言，它包括点头和摇头。一般来说，世界上大多数国家和地区都以点头表示肯定、以摇头表示否定。而实际上，首语有更多的具体含义，如点头可以表示肯定同意、承认、认可、满意、理解、顺从、感谢、应允、赞同、致意等。另外，因民族习惯的差异，首语在有些国家和地区还有不同的含义，如印度泰国等地某些少数民族奉行的是"点头不算摇头算"的原则，即同意对方意见用摇头来表示，不同意则用点头表示。

（三）导游表情语运用技巧

表情语是指通过人的眉、眼、耳、鼻、口及面部肌肉运动来表达情感和传递信息的一种态势语言。导游的面部表情要给游客一种平静、放松、自然的感觉，要尽量使自己的目光显得自然、诚挚，额头平滑不起皱纹，面部两侧笑肌略有收缩，下唇方肌和口轮肌处于自然放松的状态，嘴唇微闭。这样，才能使游客产生亲切感。对导游来说，控制自己的面部表情要注意以下4点：

1. 灵敏

导游面部表情的变化要随着讲解内容的需要迅速表现出来。这对一般人而言不会有太大的问题，但对导游来说就有必要强调一下了。因为导游所讲解的内容可能已经重复无数遍了，在这种情况下，导游很可能毫无表情，甚至表情麻木，这样就会引起游客的不满，很难再与游客沟通。

2. 鲜明

表情的鲜明是与灵敏联系在一起的，先有了灵敏的表情，进一步才是鲜明的表情。讲解的内容是明快的，就眉舒目展；是沉重的，就严肃凝重；是快乐的，就笑逐颜开；是郁闷的，就紧皱眉头……

3. 真诚

导游讲解时的面部表情要表现出真情实感，要让游客感到导游的表情是真诚的，任何虚情假意或者做作的姿态都会引起游客的反感。

4. 有分寸

导游在讲解过程中的各种表情还要有分寸，要自然、合理、和谐，千万不能夸饰。

总之，导游的面部表情应随着具体讲解内容的需要或随着游客的反应而变化，与表达同步，要有真情实感。

譬如，导游讲到"悬空寺是恒山的骄傲，也是我们每个中国人的骄傲。它建于北魏后期，大约在公元6世纪，恒山人半插飞梁、巧借岩石，在峭壁上创造了这一惊世之作，其智慧的火花是何等绚丽，胸中的气魄又是何等伟大！"随着这段导游词的讲解，导游的脸上应该流露出喜悦、自豪的神色，并且面部的这种表情也应该随讲解内容同步产生和结束，这样，才会打动游客，引起游客的共鸣。

微笑是一种富有特殊魅力的面部表情，人们称之为"交际世界语"。微笑可以美化人的形象，是导游良好修养和文雅气质的体现，是塑造良好形象必不可少的手段。导游的微笑要给游客一种明朗、甜美的感觉，微笑时要使自己的眼轮肌放松，面部两侧笑肌收缩，口轮肌放松，嘴角含笑，嘴唇似闭非闭，以露出半牙为宜。这样才能使游客感到和蔼亲切。

（四）目光语

目光语是通过人与人之间的视线接触来传递信息的一种态势语言。艺术大师达·芬奇说"眼睛是心灵的窗户"，意思是透过人的眼睛，可以看到他的内心情感。

目光主要由瞳孔变化、目光接触的长度及向度三个方面组成。瞳孔变化是指目光接触时瞳孔的放大或缩小，一般来说，当一个人处在愉悦状态时，瞳孔就自然放大，目光有神；反之，当一个人处在沮丧状态时，则瞳孔自然缩小，目光暗淡。目光接触的长度是指目光接触时间的长短。导游一般连续注视游客的时间应为1~2秒不等，以免引起游客的厌恶和误解。目光接触的向度是指视线接触的方向。一般来说，人的视线向上接触（即仰视）表示"期待""盼望"或"傲慢"等含义；视线向下接触（即俯视）则表示"爱护""宽容"或"轻视"等含义；而视线平行接触（即正视）表示"理性""平等"等含义。导游常用的目光语应是"正视"，让游客从中感到自信、坦诚、亲切和友好。

导游讲解是导游与游客之间的一种面对面的交流。游客往往可以通过视觉交往从导游的一个微笑、一种眼神、一个动作、一种手势中加强对讲解内容的认识和理解。在导游讲解时，运用目光的方法很多，常用的有以下几种方式：

1. 目光的联结

导游在讲解时，应用热情而又诚挚的目光看着游客。正如德国导游专家哈拉尔德·巴特尔所说的，导游的目光应该是"开诚布公的、对人表示关切的，是一种可以从中看出谅解和诚意的目光"。那种一直低头或望着毫不相干处，翻着眼睛只顾自己口若悬河的导游是无法与游客沟通的。因此，导游应注意与游客目光的联结，切忌目光呆滞（无表情）、眼帘低垂（心不在焉）、目光向上（傲慢）、视而不见（轻视）和目光专注而无反应等不正确的目光联结方式。

2. 目光的移动

导游在讲解某一景物时，首先要用目光把游客的目光牵引过去，然后再及时收回目光，并继续投向游客。这种方法可使游客集中注意力，并使讲解内容与具体景物和谐统一，给游客留下深刻的印象。

3. 目光的分配

导游在讲解时，应注意自己的目光要统摄全部听讲解的游客，既可把视线落点放在最后边两端游客的头部，也可不时环顾周围的游客，但切忌只用目光注视面前的部分游客，使其他的游客感到自己被冷落，产生遗弃感。

4. 目光与讲解的统一

导游在讲解传说故事和逸闻趣事时，讲解内容中常常会出现甲、乙两人对话的场景，需要加以区别，导游应在说甲的话时把视线略微移向一方，说乙的话时把视线略微移向另一方，这样可使游客产生一种逼真的临场感，犹如身临其境。

（五）手势语

手势语是通过手的挥动及手指动作来传递信息的一种态势语言。

1. 手指语

手指语是一种较为复杂的伴随语言，是通过手指的各种动作来传递不同信息的手势语。由于文化传统和生活习俗的差异，在不同的国家、不同的民族手指动作的语义也有较大区别，导游在工作中要根据游客所在国和民族的特点选用恰当的手指语，以免引起误会和尴尬。

（1）竖起大拇指

竖起大拇指，在包括中国的世界上许多国家都表示"好"，用来称赞对方高明、了不起、干得好，但在有些国家还有另外的意思，如在韩国表示"首领""部长""队长"或"自己的父亲"，在日本表示"最高""男人"或"您的父亲"，在美国、墨西哥、澳大利亚等国则表示"祈祷幸运"，在希腊表示叫对方"滚开"，在法国、英国、新西兰等国是"请求搭车"。

（2）伸出食指

伸出食指，在新加坡表示"最重要"，在缅甸表示"拜托""请求"，在美国表示"让对方稍等"，而在澳大利亚则是"请再来一杯啤酒"的意思。

（3）伸出中指

伸出中指，在墨西哥表示"不满"，在法国表示"下流的行为"，在澳大利亚表示"侮辱"，在美国和新加坡则是"被激怒和极度不愉快"的意思。

（4）伸出小指

伸出小指，在韩国表示"女朋友""妻子"，在菲律宾表示"小个子"，在日本表示"恋人""女人"，在印度和缅甸表示"要去厕所"，在美国和尼日利亚则是"打赌"的意思。

（5）伸出食指往下弯曲

在中国表示数字"9"，在墨西哥表示"钱"，在日本表示"偷窃"，在东南亚一带则是"死亡"的意思。

（6）用拇指与食指尖形成一个圆圈并手心向前

这是美国人爱用的 OK 手势，在中国表示数字"0"，在日本则表示金钱，而希腊人、巴西人和阿拉伯人用这个手势表示"诅咒"。

（7）伸出食指和中指

构成英文单词 victory（胜利）的第一个字母 V，西方人常用此手势来预祝或庆贺胜利，但应注意把手心对着观众，如把手背对着观众做这一手势，则被视为下流的动作。

在导游服务中，导游要特别注意不能用手指指点游客，这在西方国家是很不礼貌的动作，如导游在清点人数时用食指来点数，就会引起游客的反感。

2. 讲解时的手势

在导游讲解中，手势不仅能强调或解释讲解的内容，而且还能生动地表达口头语言所无法表达的内容，使导游讲解生动形象，富有感染力。导游讲解中的手势有以下三种：

（1）情意手势

情意手势是用来表达导游讲解情感的一种手势。譬如，在讲到"我们中华民族伟大复兴的梦想一定能实现"时，导游用握拳的手有力地挥动一下，既可渲染气氛，也有助于情感的表达。

（2）指示手势

指示手势是用来指示具体对象的一种手势。譬如，导游讲到孔府大门对联"与国咸休，安富尊荣公府第；同天并老，文章道德圣人家"时，可用指示手势来一字一字地加以说明。

（3）象形手势

象形手势是用来模拟物体或景物形状的一种手势。譬如，当讲到"有这么大的鱼"时，可用两手食指比一比；当讲到"五千克重的西瓜"时，可用手比画成一个球形状；当讲到"四川有座峨眉山，离天只有三尺三……湖北有座黄鹤楼，半截插在云里头"时，也可用手的模拟动作来形容。

导游讲解时，在什么情况下用何手势，都应视讲解的内容而定。在手势的运用上必须注意：一要简洁易懂；二要协调合拍；三要富有变化；四要节制使用；五要避免使用游客忌讳的手势。

3. 服务时的手势

导游为游客提供服务时也要善于运用手势。譬如，当游客提出询问时导游脸上马上露出笑容，并且用手表示出一种关怀的姿态。这会使游客心里感到愉快，因为他得到了导游的尊重和关注。又如，游客询问洗手间在何处，或许有的导游会用手指指明方向，而更文明的方式则是用手掌（手心朝上）指明方向。此外，在导游服务中用带尖的锐器指别人也是不礼貌的。譬如，把刀子递给别人时，不能用刀尖直指对方，而应把刀子横着递过去；在餐桌上，用刀、叉或筷子指着别人让菜也是不友善的。

此次游览苏州园林，青年团游客们在导游小王的讲解下，深刻体会到了中国古典园林的深厚底蕴、和谐之美，是社会美与艺术美的完美融合。他们纷纷表示，这次游览不仅让他们领略到了中华园林艺术的魅力，也让他们对我国传统文化有了更加深刻的认识。在今后的生活和工作中，他们将把这次游览的经历作为一笔宝贵的财富，不断传承和弘扬中华优秀传统文化。

【思考与实践】

一、讨论分析

1. 请同学们以导游讲解的方式朗读导游词案例，说一说古典园林导游词的篇章结构、主要内容以及编撰与讲解特色。

2. 你认为导游在接团的时候应注意哪些态势语言？

二、模拟实训

1. 写：根据所学知识，撰写一篇《承德避暑山庄》导游词，由学生以小组的形式，以"准确、清楚、生动、灵活"为原则，撰写一份针对性强、生动自然、结构完整的导游词。

2. 讲：请扫二维码，跟着视频学讲解。学习内容为《清晖园导游词》。

清晖园导游词

3.评:对各小组提交的导游词进行评分（50分），选拔优秀作品并进行讲解交流（50分）。评分过程包括小组自评、小组互评、教师评价及企业评价。最后，将撰写作品得分与讲解分数相加，得出总成绩，并将其划分为4个等级：A——95分以上；B——85分至95分；C——75分至85分；D——75分以下。请参照撰写要求与讲解要求评分表（本题共100分）。

【内容拓展】

中国古典园林艺术

中国古典园林的
组成要素与造园
艺术

中国古典园林之
构景手法

（（左二维码）中国古典园林的分类）

（一）中国古典园林发展简史

中国古典园林有着悠久的历史。根据文献记载，早在商周时期我们的先人就已经开始利用自然的山泽、水泉、树木、鸟兽进行初期的造园活动。最初的形式为囿。囿是指在圈定的范围内让草木和鸟兽滋生繁育；并且挖池筑台，供帝王和贵族狩猎和享乐。公元前11世纪，周文王曾建"灵囿"。

春秋战国时期的园林已经有了成组的风景，既有土山又有池沼或台。自然山水园林已经萌芽，而且在园林中构亭营桥、种植花木。园林的组成要素都已具备，不再是简单的囿了。

秦汉时期出现了以宫室建筑为主的宫苑。上林苑始建于秦始皇时期，阿房宫就位于其中。汉武帝建元三年（前138年）加以扩建。既有优美的自然景物，又有华美的宫室组群分布其中，是秦汉时期宫苑的典型代表。上林苑还用太液池所挖之土堆成岛，象征东海三仙山，树立了皇家园林一池三山的模式，开创了人为造山的先例。

魏晋南北朝时期是中国园林发展的转折点。佛教的传入及老庄哲学的流行，使园林转向崇尚自然。私家园林逐渐增加。

唐宋时期园林达到成熟阶段，官僚及文人墨客自建园林或参与造园工作，将诗与画融入园林的布局与造景中，反映了当时社会上层地主阶级的诗意化生活要求。另外，唐宋写意山水园林在体现自然美的技巧上也取得了很大的成就。

明清时期，园林艺术进入精深发展阶段，无论是江南的私家园林，还是北方的帝王宫苑，在设计和建造上都达到了高峰。现代保存下来的园林大多属于明清时期，这些园林充分表现了中国古典园林的独特风格和高超的造园技术。

（二）中国古典园林的特征

（1）顺应自然的指导思想

中国古典园林深受传统儒道思想自然审美观的影响，追求"天人合一"，即在尊重自然的前提下改造自然，创造和谐的园林形态。营造高于自然的艺术空间，无论是山水地形，还是花草树木，都要求达到"虽由人作，宛自天开"的效果，所以也被称为自然山水式园林。

（2）诗情画意的艺术风格

中国古典园林在师法自然的同时，更致力于营造一个充满诗情画意的艺术空间，这是造园者更高、更内在的追求。造园的叠山理水之法，无不受到山水画"外师造化，中得心源"写意原则的启发。园林中随处可见的园名、景题、匾额、楹联等无不浸染着园林的情调，烘托着园林的内涵和意境。

（3）力求含蓄的造园手法

中国古典园林多封闭，以有限面积造无限空间，小中见大，重视分隔空间、虚实对比、含蓄不尽，追求一种意的幽静和境的深邃，给人无尽的遐思。

专题三　博物馆和纪念馆导游词

【情景导入】

作为历史文化与民族精神的结晶，博物馆是一种文化精神的助推器，能够帮助人们树立一种求索的精神品格。导游小郭接到旅行社下达的带团参观西安博物馆的任务后，需要做好充分的准备，深入研究游客的心理需求，使他们获得独特的旅游体验。小郭在带团服务中要掌握一定的交际语言服务要领，提高导游服务质量，满足旅游者的需求。

【导游词案例】

陕西历史博物馆导游词

各位游客朋友大家好，欢迎来到古城西安参观游览，我是你们的导游员小郭。有一句话这么说，"秦中自古帝王都，陕西文物甲天下"。今天就由我来带领大家参观具有"古都明珠，华夏宝库"之称的陕西历史博物馆（见图3-3-1）。

图3-3-1　陕西历史博物馆一角

陕西历史博物馆位于西安市南郊，大雁塔的西北侧，是中国第一座大型现代化国家级博物馆，于1991年6月正式建成并对外开放，它是遵照周恩来总理的遗愿作为国家715重点工程而建，由张锦秋女士设计，是一座仿唐建筑，再现了大唐时期恢宏大气的时代特征。在建筑布局上，体现了"中央殿堂、四隅重楼、中轴对称、主从有序"的特点，整体呈现古朴凝重、典雅大气之美。

陕西历史博物馆分为基本陈列、专题陈列、临时陈列三大部分。馆藏各类文物37万件，其中国家一级文物859件，国宝级文物18组，分为有青铜器、历代陶俑、唐金银器、唐墓壁画四大主题。

我们今日参观的是它的基本陈列。基本陈列以时间为序分为史前、周、秦、汉、魏晋南北朝、隋唐、宋元明清7个展段。系统地展示了陕西自蓝田猿人到鸦片战争的发展历程。

进入序言大厅，首先映入我们眼帘的是一尊唐代的走狮和一组黄河、黄土高原的巨型雕塑。眼前这座走狮，既有东方的雄浑厚重，又有西方的瑰丽神奇之美，堪称东方第一狮。衬托狮子背景的是奔腾不息的黄河和绵亘无垠的黄土高原，黄河是中华民族的母亲河，而黄土高原则是中华文明的发祥地，它们是陕西人和陕西文化赖以生存的土壤。这个序言大厅以无言之序实现了此时无声胜有声的境界。现在我们就来到了陕西古代史陈列的第一个展段——史前史。我们首先看到的就是蓝田猿人头骨化石。它是1964年科学工作者在蓝田公主岭的考古发掘中发现的，距今约有115万年，蓝田猿人是亚洲北部最早的直立人，人类就是由此蹒跚站立起来，书写了属于人类的文明。

随着人类社会的发展，人类进入了仰韶文化时期，属于母系氏族的繁荣时期。半坡遗址是仰韶文化遗址中最为典型和较完整的一处遗址，半坡遗址出土的众多文物中，最具特色的是彩陶器，这些器皿的形状、色彩和用途各异，著名的有人面鱼纹盆、尖底瓶等。人面鱼纹盆是半坡彩陶中最具代表性的作品。

史前史展段的参观到这里就结束了。

接下来我们参观的是以农兴国、以礼定邦的周文化展段，这里的周包括周民族、周方国和西周王朝。

周人的先祖姓姬，名弃，他曾在关中大地上教子民稼穑，树艺五谷。公元前1046年，西周定都陕西，由此开创了陕西作为中国14个王朝都城所在地的序幕。周人依托富饶的关中平原和改良的政治制度创造了奴隶社会最鼎盛的时代。琳琅满目的青铜器是这一盛世的重要见证。

五祀卫鼎为国宝级青铜器，内壁铸有铭文，记载了西周中期一件土地交易事件，铭文中还有确切纪年，五祀卫鼎是西周中期青铜器断代的标准器。

西周是奴隶社会的顶峰，但是"周幽王烽火戏诸侯，褒姒一笑失天下"，西周最终走向了灭亡。

到了公元前221年，秦始皇建立了中国历史上第一个统一的中央集权制的封建王朝——秦。为加强统治，秦始皇采取了一系列措施，他在全国范围内统一了文字、货币、度量衡、法律、车轨，对后世产生了深远影响。

虎符是古代调集军队的凭证，它为虎形，分铸两半，两半吻合，方可调兵，现代汉语

"符合"一词就来源于此。虎身有错金铭文，铭文内容表明50人以上的军事行动必须有国君的命令，这是我国古代用兵制度的重要实物资料。

秦之后，汉朝是我国封建社会的第一个顶峰时期，中华民族的主体汉族在这一时期正式形成，中国的方块字也从这时候起被称为汉字。汉几乎成为中华民族一个文化符号，"汉字""汉语""汉人"都是汉曾经辉煌的印记。

大家先来看看这件国宝级文物——皇后玉玺。玉玺上方凸雕螭虎钮，底面篆书"皇后之玺"四字。质地为蓝阗羊脂玉，很可能是吕后生前所用的印章。"皇后之玺"是迄今发现的唯一汉代皇后玉玺，对研究秦汉帝后玺印制度有十分重要的意义。汉朝灭亡后，进入了三国两晋南北朝时期。这是一个战争纷乱、社会动荡、民族融合的时期，因此这一时期的文物具有浓郁的地域特征和军事色彩。

大家请看这件"多面体煤精组印"。它由26个面组成，其中14个正方形印面上刻有文字。这枚印章的主人是鲜卑族上层人物独孤信，因为官职太多，公务繁忙，所以特制此印，以便签署公文。值得一提的是，独孤信的三个女儿都嫁给了皇帝级的人物，因此他有"中国古代第一老丈人"之称。

走过动荡的魏晋南北朝，让我们步入我国封建社会的鼎盛时代——隋唐。这一时期是陕西历史上的黄金时期，政治、经济和文化都达到空前繁荣，对后世影响深远，至今一些侨居海外的华人仍被称为"唐人"，他们所居住的地方也被称为"唐人街"。

这里有一件国宝级文物——兽首玛瑙杯，它做工精湛，堪称这座博物馆的镇馆之宝。此杯选料精良，用极为罕见的缠丝玛瑙制成。器形如同号角，兽眼向外凸出，显得炯炯有神，兽角自然弯曲为螺状，兽嘴镶金，起到画龙点睛的作用。它是当之无愧的唐代艺术精品。

这幅是出土于章怀太子墓的《迎宾图》，这幅图形象地再现了唐代官员接待外国使臣的场面，反映了唐代活跃的外交活动。最后，让我们进入宋元明清部分看看，我们重点关注一下青釉提梁倒灌壶。它为国宝级文物，壶把上雕刻着一只精美的凤凰，壶嘴上是一只仰卧的母狮和一只正在吸吮乳汁的幼狮，壶面雕刻着牡丹花，壶盖、梁、身连为一体，注水口在壶底中央，是一个梅花形小孔。注水时将壶身倒翻过来，水从壶嘴中流出为盛满，这时再把壶身翻正，壶嘴正常出水而壶底不漏水，这运用了连通器的原理，反映了工匠的睿智巧思。

各位游客，徜徉于陕西五千多年的文明之后，我们可能已被灿若繁星的精美文物所折服，更为先祖们的创造与智慧而骄傲，走进陕西历史博物馆，感受文明的独特魅力，将是你在陕西最美的旅程。

开放的陕西欢迎您再次走进陕西参观游览。

谢谢大家。

【知识储备】

今日，导游小郭以陕西历史博物馆讲解员的身份，为游客们带来了一场精彩纷呈的历史文化之旅。在讲解之前，他做了大量的准备工作，仔细研究了西安的历史故事，以便为游客提供准确、生动的讲解。为了呈现更好的效果，他重点研究了交际语言常用技巧，他的讲解不仅让游客们对西安的历史文化有了更深入的了解，也让他们对中国的历史文化产生了更浓厚的兴趣。

一、结构内容

开头——用简短的欢迎语欢迎大家走进具有"古都明珠，华夏宝库"之称的陕西历史博物馆，营造出一种轻松愉快的氛围，拉近导游与游客之间的距离，增强信任感。

正文——主要介绍了陕西历史博物馆位置及概况，详细讲解了它的基本陈列部分，基本陈列以时间为序分为史前、周、秦、汉、魏晋南北朝、隋唐、宋元明清7个展段。系统地展示了陕西自蓝田猿人到鸦片战争的发展历程。文中重点介绍了序言大厅中唐代的走狮和黄河、黄土高原的巨型雕塑，史前展段的蓝田猿人头骨化石，西周国宝级青铜器五祀卫鼎，秦虎符，汉代的国宝级文物——皇后玉玺，魏晋南北朝时期的"多面体煤精组印"，隋唐的兽首玛瑙杯和《迎宾图》，宋元明清部分的青釉提梁倒灌壶。将陕西历史博物馆的文物之美和独特魅力充分地展现出来。

结尾——以简短的结束语对本次旅游活动进行总结，加深游客对陕西历史博物馆的认识和了解，帮助游客将旅游过程中的美好回忆定格在心中，使游客在离开陕西后仍然能够回味无穷，再次走进陕西参观游览。

二、导游词编撰与讲解技巧

导游小郭结合旅游接待计划，按照导游服务程序，为旅游团提供良好的导游服务工作。导游交际语言包含的内容很多，如见面时的语言、交谈时的语言、致辞时的语言，同游客交往中导游员对游客进行劝服、提醒、拒绝、道歉等。下面是常用的语言技巧。

（一）称谓的语言技巧

一般情况下，导游人员对游客的称谓经常使用三种方式。

1. 交际关系型称谓

交际关系型称谓主要是强调导游人员与游客在导游交际中的角色关系，如"各位游客""各位团友""各位嘉宾"等，这类称呼角色定位准确，宾主关系明确，既公事公办，又大方平和，特别是其中的"游客"称谓是导游语言中使用频率最高的一种。

2. 套用尊称型称谓

套用尊称型称谓在各种场合都比较适用，是各个阶层、各种身份都比较合适的社交通称。如"女士们、先生们""各位女士、各位先生"等，这类称谓尊称意味浓厚，适用范围广泛。

3.亲密关系型称谓

亲密关系型称谓多用于比较密切的人际关系之间，如"各位朋友""各位乡亲"等。这类称谓热情友好，亲和力强，注重强化平等亲密的交际关系，易于消除游客的陌生感，建议在和游客熟悉之后再用此类称谓。

（二）自我介绍的语言技巧

在旅游团抵达时，导游常常要与旅游团团长、领队及游客接触见面，导游即使佩戴了导游身份标识或社徽，也得做自我介绍。自我介绍是导游推销自我形象和价值的一种重要方法。从某种意义上讲，自我介绍是进入导游活动的一把钥匙，这把钥匙运用得好，那么"良好的开端便是成功的一半"，导游掌握自我介绍的语言艺术，必须注意以下技巧：

1.热情友善，充满自信

导游自我介绍时要清晰地报出自己的姓名、单位、身份；面带微笑，用眼神表达友善、诚恳，并充满自信。如果含糊，或态度冷淡、随便应付就会使人产生疑虑和不信任感，彼此之间产生隔阂。

2.介绍内容繁简适度

导游与旅游团团长、领队或地陪与全陪接头时，自我介绍一般从简，讲清自己的姓名、单位、身份即可，不便过多地自我介绍，因为旅游团初到一地，还有许多事情需要与团长、领队或全陪接洽协商。在游客集中后，或去下榻酒店的途中，导游的自我介绍可以具体详细一些，以便于游客尽快熟悉自己。

3.善于运用不同的方法

自我介绍不单纯是介绍自己的姓名、单位、年龄、身份等，往往还有一个自我评价的问题。恰如其分的自我评价是缩短导游与游客之间距离的重要途径。其方法有三：

（1）自谦式

例如，"我是去年从外语学院毕业的，导游经验不足，请各位多多关照。"

对东方游客用自谦式自我介绍未尝不可，但对西方客人大可不必用这种自谦式，否则会使游客对你产生不信任感，更有甚者，游客会提出调换导游。

（2）调侃式

例如，"十分荣幸能成为各位的导游，只是我的长相不太符合合格导游的标准。因为有名人说，导游是一个国家的脸面。大家看，我这脸面能代表我们这个美丽的国家吗？"

其自我嘲讽中包含着自律，于诙谐幽默的自我揶揄之中露出一点自信和自得之意，既能增强言语风趣，又不流于自夸。

（3）自识式

例如，"我姓张，名曲，张是弯弓张，曲是弯弯曲曲的曲，但大家不要误会，我不是一个弯弯曲曲的人，而是一个十分正直的人。我为什么要取名曲呢？大概是我小时候特别爱唱歌，所以父亲给我取名'张曲'。现在对于唱歌，我还是'名副其实'的，等会儿有空，我将为大家演唱一两曲。"

导游的自我介绍，既可用语言，也可借助名片。名片作为自我介绍的材料，古已有之。汉代时，把通报姓名的单片叫"谒"和"刺"，可见以名片为中介进行交际已是一种惯例。用名片是如今时兴的一种自我介绍方法，在导游活动中，对团长、领队、全陪或人数不多的游客皆可用这种自我介绍方法。赠送名片时要用双手恭敬地递给对方，并附带说声"认识您很高兴""请多关照，今后保持联系"之类的话，这是一种高雅的自我介绍方式。

（三）交谈的语言技巧

在导游交际过程中，虽然导游讲解占据了主要的地位，但往往还有大量的时间是同游客自由交谈的，这种情况下的交谈对导游人员与游客的沟通、对游客情况的了解非常关键。因此，在与游客自由交谈时要注意讲究聊天的技巧。

导游人员与游客聊天的意图是明确的，以达到协调双方关系，缩短双方心理距离，建立良好交际基础为基本目的。因此，导游人员与游客聊天时主要是从对方感兴趣或对方关心的话题切入，如对旅游目的地的好奇，女性游客对时装、美容、小孩的关注，老年游客对养生的兴趣和怀旧情结等。

聊天是双方自觉自愿、平等交流、随和开放的行为，导游人员应注意创造聊天的条件，营造聊天的氛围，根据游客心理特征、语言习惯、文化水平、脾气秉性等各种因素，随机应变地引导聊天的过程，使交流气氛融洽、愉快，达到与游客互相理解、有效沟通的目的。

（四）道歉的语言技巧

在导游服务过程中，导游人员说话不慎、工作中某些过失或者相关接待单位服务商的欠缺，都会引起游客的不快或不满，造成游客同导游人员之间关系紧张。不管是哪个方面，导游人员都应妥善处置，需要采用恰当的语言表达方式向游客致歉或认错，以消除游客的误会和不满情绪，求得游客的谅解，缓和紧张关系。

1. 微笑式道歉

微笑是一种润滑剂，微笑不仅可以对导游人员和游客之间产生的紧张气氛起缓和作用，而且微笑也是向游客传递歉意信息的载体。如某导游回答游客关于长城的问题时，将长城说成建于秦朝，待其他游客纠正后，导游觉察到这样简单回答是错误的，于是对这位游客抱歉地一笑，游客便不再计较了。

2. 迂回式道歉

迂回式道歉是指导游人员在不便于直接、公开地向游客致歉时，采用其他的方式求得游客谅解的方式。如某导游在服务过程中过多地接触和关照部分游客，引起另一部分游客的不悦。导游觉察后，便主动地多接触这部分游客，并给予关照和帮助，逐渐与这部分游客冰释前嫌。

3. 自责式道歉

由于旅游供给方的过错，使游客的利益受到较大损害而引起强烈不满时，即使代人受过，导游员也要勇于自责，以缓和游客的不满情绪。如导游人员带团入住饭店，发现团长夫人的行李箱不见了，大家找了很长时间也没有着落。她非常着急，连重要宴会也没参加，许多游客都陪着她不去歇息。在这种情况下，陪同的导游人员一面劝游客早点休息，一面自责地对团长和团长夫人说："十分对不起，对事件的发生我心里感到很不安，不过还是请各位早点休息，我们的工作人员还在继续寻找，我们一定会尽力的。"不管这位团长夫人的行李最终是否能找到，但导游人员这种勇于自责的道歉，一方面体现了其帮助游客解决问题的诚意，另一方面也是对游客的一种慰藉。

〈〈 （五）提醒的语言技巧

提醒的语言方式很多，除了直截了当的命令式之外，还有其他的委婉方式。由于导游人员处在为游客服务的位置，对游客首先应予以尊重，其次要有服务意识，对游客的安全负责，对游客中某些行为需要提醒时，应使用委婉方式。导游人员提醒的语言要富有情感，体现对游客的关心，使提醒能在愉悦的气氛中被游客所接受。

1. 敬语式提醒

敬语式提醒是导游人员使用恭敬口吻的词语，对游客直接进行的提醒方式。导游人员对游客的某些不妥当的行为需要提醒时，应多用敬语，这样会使游客易于接受。如"请您安静一下""对不起，您又迟到了"。

2. 幽默式提醒

幽默式提醒是导游人员用有趣而意味深长的词语对游客进行提醒的方式。导游人员运用幽默的语言进行提醒，既可使游客获得精神上的快感，又可使游客在欢愉的气氛中受到启示或警觉。如有些年轻游客爬到一尊大石象的背上拍照，导游人员见了连忙上前提醒他们："希望大家不要欺负这头忠厚老实的大象！"

3. 协商式提醒

协商式提醒是导游人员以商量的口气简洁地对游客进行提醒，以取得游客认可的方式。协商将导游人员与游客置于平等的位置上，导游人员主动同游客进行协商，是对游客尊重的表现。一般说来，在协商的情况下，游客是会主动配合的。如某游客经常离团自由活动，导游人员就可以关切地询问："先生，我不知您在游览中对哪些方面比较感兴趣，您能否告诉我，以便我能在以后的导游讲解中有所侧重。"

（六）回绝的语言技巧

回绝即对别人的意见、要求予以拒绝。在导游服务中，导游人员常常会碰到游客提出各种各样的问题和要求，除了一些常见的问题和一些合理的经过努力能够满足的要求可以予以解释或满足外，也有一些问题和要求是不合理的或不可能办到的，这时，导游人员必须使用回绝的语言表达方式和技巧。

1. 柔和式回绝

柔和式回绝是导游人员采用温和的语言进行推脱的回绝方式。采取这种方式回绝游客要求，不会使游客感到太失望，避免了导游人员与游客之间的对立状态。如一位美国游客请某导游到其公司工作，这位导游回答说："谢谢您的一片好意，我还没有这种思想准备，也许我的根扎在中国的土地上太深了，一时拔不出来啊！"这位导游虽未明确表示同意与否，却委婉地拒绝了游客的建议。

2. 引申式回绝

引申式回绝是导游人员根据游客话语中的某些问题加以引申而产生新意的回绝方式。如某游客在离别之前把吃剩的半瓶药送给导游并说："这种药很贵重，对治疗我的病很管用，送给你做个纪念。"导游礼貌地说："谢谢，既然这种药对您很管用，还是您自己带回去慢慢用吧，这么贵重的药送给我这没病的人就浪费了。"

3. 迂回式回绝

迂回式回绝是指导游人员对游客的发问或要求不正面表示意见，而是绕过问题从侧面予以回应或回绝。如某导游在同游客交谈时谈到了西藏，这时一位美国游客突然发问："你们1959年进攻西藏是否合法？"该导游思索了片刻说："您认为你们在19世纪60年代初进攻南方的奴隶主是否合法呢？"美国游客一时语塞，其他游客听了都笑了起来。

通过这样的具有技巧性的导游服务，小郭为游客带来了一趟难忘的西安博物馆之旅，使他们领略到了我国历史文化的博大精深，激发出他们对民族文化的自豪感。同时，小郭自身的导游服务水平也得到了提升，为今后的导游工作打下了坚实基础。总之，只有做好充分的准备和关注游客需求，才能使博物馆之旅成为一次有意义、有收获的体验。

【思考与实践】

一、讨论分析

请同学们以导游讲解的方式朗读导游词案例，说一说博物馆和纪念馆导游词的篇章结构、主要内容以及编撰与讲解特色。

二、模拟实训

1. 写：根据所学知识，撰写一篇《秦始皇帝陵博物院》导游词，由学生以小组的形式，以"准确、清楚、生动、灵活"为原则，撰写一份针对性强、生动自然、结构完整的导游词。

2. 讲：请扫二维码，跟着视频学讲解。学习内容为《刘公岛中日甲午战争陈列馆》。

3. 评：对各小组提交的导游词进行评分（50分），选拔优秀作品并进行讲解交流（50分）。评分过程包括小组自评、小组互评、教师评价及企业评价。最后，将撰写作品得分与讲解分数相加，得出总成绩，并将其划分为4个等级：A——95分以上；B——85分至95分；C——75分至85分；D——75分以下。请参照撰写要求与讲解要求评分表（本题共100分）。

刘公岛中日甲午
战争陈列馆

【内容拓展】

一、博物馆概述

博物馆的类型

（一）博物馆的定义

2015年中华人民共和国国务院颁布施行的《博物馆条例》对博物馆所下的定义是：博物馆，是指以教育、研究和欣赏为目的，收藏、保护并向公众展示人类活动和自然环境的见证物，经登记管理机关依法登记的非营利组织。这一定义适应了当下国际社会对博物馆定义的新认识和新修订，同样把"教育"列为博物馆的首要职能。

2022年国际博物馆协会定义：博物馆是为社会服务的非营利性常设机构，它研究、收藏、保护、阐释和展示物质与非物质遗产。博物馆向公众开放，具有可及性和包容性，促进多样性和可持续性。博物馆以符合道德且专业的方式进行运营和交流，并在社区的参与下，为教育、欣赏、深思和知识共享提供多种体验。

（二）博物馆的特征与功能

1. 博物馆的特征

公共性：博物馆是一个公共服务机构，为公众而设立，其服务对象是社会公众，而不是一部分特殊人群。公共性是博物馆的本质属性之一。博物馆的公共性主要包括公正性、公平性、公益性、公开性四个方面。

实物性、直观性：博物馆产生于收藏，藏品是博物馆业务活动的重要基础。举办陈列展览是博物馆的主要活动形式，也是博物馆对公众进行教育传播的重要阵地。可以说陈列展览是博物馆工作的中心环节，博物馆以其展品举办的陈列展览带给观众直观效果。博物馆必须具备一定数量的藏品，并且要有基本陈列展览对外开放。即使是刚刚兴起的数字博物馆，它也是建立在实物的基础上，运用虚拟影像将藏品以直观的形象展示给观众。

非营利性、服务性、常设性：博物馆的运行不是以营利为目的，它的设立是为了服务大众。博物馆不只是对公众开放，而且是为了公益目的而存在。并且从理论上讲，博物馆是一个具有永恒生命力、独立于其他组织的机构，不管其员工有何变化或馆舍如何变更，博物馆都会存在下去。

博物馆的两个最基本的特征是实物性和公共性。其中，公共性特征更是区别古代博物馆和近现代博物馆的关键。在实物性和公共性这两个基本特征基础之上，博物馆还具有一些其他特征，如常设性、开放性、直观性、广博性、科学性，等等。

2. 博物馆的功能

博物馆的基本功能主要是收藏、研究、教育和休闲，基本功效是教育、保护、研究和展示。而作为一种社会组织和文化机构，博物馆不可避免地还具有服务于社会政治和文化的功能。同时，随着博物馆的不断发展，还产生了一些新的功能，如传播、娱乐等。

3. 博物馆的作用

①启迪民智的窗口。中国历史悠久文化灿烂，博物馆里收藏保存的丰富多彩的文化遗产资源和自然资源，是开启民智、增长智慧的最好素材。对公众而言，到博物馆参观考察不断推新的展览和琳琅满目的展品，是开启智慧之窗最为直接便利的方式之一。

②传播知识的课堂。知识的获得主要是通过教育来进行的，而教育可分为学校教育和社会教育。博物馆的教育功能是社会教育的重要组成部分，博物馆是普及传播科学文化知识的重要场所。

③美育教育的殿堂。美育教育就是以培养审美能力、美的情操和对艺术的兴趣为主要任务的教育。自古以来，美就是社会实践的产物，通过审美实践可以陶冶情操、美化心灵，丰富人们的精神生活，启发人们的自觉意识。博物馆是反映人类社会审美的主要阵地之一。博物馆丰富多彩的文物和形象化的陈列展览，把人类社会文明的形成和发展生动形象地表现出来，使博物馆成为美育教育的殿堂。

④思想教育的阵地。思想教育一般包括爱国主义教育、集体主义教育、社会主义教育，以及辩证唯物主义和历史唯物主义教育等。博物馆是反映中国文明的重要场所，在开展思想教育方面，博物馆所收藏和展示的文物是进行爱国主义教育、集体主义教育和社会主义教育的形象资料，具有直观、形象、生动的特点，给人以感性认识，更加具有感染力和说服力。

⑤科学研究的城堡。科学研究是博物馆的重要职能和主要任务之一。一方面博物馆的实物资料是科学研究的第一手资料，为各类科学研究提供服务，是博物馆服务社会的重要组成部分；另一方面，博物馆工作本身也是具有科学研究性质的工作，博物馆工作者需要研究藏品及其保存保护的技术手段，研究博物馆观众，研究各个相关专业学科，研究博物馆学及其分支学科等。

⑥文化交流的桥梁。一般而言，文物是有国界的，文化却是全人类的、无国界的。文物遗存作为历史文化载体，具有丰富多彩的内涵，是人类文明的重要组成部分，既为本民族所拥有，又为全世界所共享。文物所具有的精神内涵，可以被全世界各民族共同理解，成为大家相互了解、互相沟通的重要载体。因而，文物又有"文化大使"之美誉。我国博物馆通过文物这一桥梁，向世界展示灿烂悠久的古代中国文化，使世界各国了解古代中国，走近现代中国，从而加深对中国的理解，增进国际文化交流。

二、纪念馆概述

纪念馆是一个纪念场所，用于纪念对人类有着卓越贡献的人物以及历史事件。耗资修建纪念馆，组织人民群众参观纪念馆，是为了满足人民群众对历史文化的精神需求。从教育层面举例，纪念馆是文化教育的载体之一。各地的红色博物馆是弘扬和开展爱国主义教育的场所之一；各地的历史人物博物馆则是开展历史文化教育、陶冶情操的场所之一。

如同博物馆一样，纪念馆中也会布设各种展品，展厅内会充斥着各种元素。常见的有实物、影像、图片、模型、故居建筑展示、人物生平介绍、老物件陈列式布展等。在前期的设计过程中，设计方需要用心思考，如何将众多的元素和谐地布设，使其和谐地"共处一室"，以提供最棒的参观体验。

纪念馆中的文化元素一方面体现在具体的展品上，另一方面体现在文字的说明中。一个优秀的文字介绍可谓锦上添花，画龙点睛。通过文字说明，读者不仅看到了展品，更为重要的是了解了展品背后的故事与意义，深刻地理解展品，知晓其价值，这是纪念馆的核心内容与意义。

随着科学技术的飞速发展，多媒体工具已经被引入纪念馆中。多媒体数字技术可以更为生动而深刻地向参观者展示人物与事件，通过先进的技术和巧妙的创意，为现场观众带来强烈的视觉冲击和置身其中的奇幻感觉，将宏大画面的展示内容配以晶体调光玻璃多媒体演示系统，达到艺术与科技的完美结合。

每一个纪念馆，都承载着一段我们不该忘却的历史。纪念馆存在的意义是什么？纪念馆的存在就是让我们去记住我们该记住的东西，记住一砖一瓦，记住一场苦难，记住一段繁华。如此，国之青年，才不会拖欠使命和担当！国之盛世，才不会缺少血脉和脊梁！

特殊旅游形式导游词与讲解案例分析

学习目标 →

【素养目标】

1. 培养学生的文化素养和人文精神，让他们了解不同地域的文化特点和历史背景；

2. 乡村旅游的主要目标在于培养学生的环保意识和乡土情怀，通过了解农村的生活方式和生态环境，学生们能够认识到保护自然环境的重要性，从而更加珍惜自然资源并积极参与环保行动；

3. 沉浸式体验旅游的主要目标在于培养学生的实践能力和创新精神，通过模拟真实场景或情境的活动体验，学生们能够锻炼自己的动手能力和解决问题的能力。

【知识目标】

1. 掌握研学旅游导游词的编撰与讲解技巧，学会运用不同的讲解方法；

2. 掌握乡村旅游导游词的编撰与讲解技巧，学会实地讲解要领；

3. 掌握沉浸式体验旅游导游词的编撰与讲解技巧，掌握沉浸式讲解方法。

【技能目标】

1. 能结合具体案例对特殊形式旅游进行导游词创作撰写；

2. 能根据讲解技巧对特殊形式旅游进行讲解；

3. 会结合工作实际对特殊形式旅游进行灵活讲解。

专题一 研学旅游导游词

【情景导入】

　　研学旅游作为一种新兴旅游形式，将学术研究与旅行体验有机融合，使人们在欣赏美景的同时，也能收获知识与成长。近年来，我国研学旅游蓬勃发展，引起全社会的广泛关注。本次红星初中一年级全体同学要去广西桂林研学5天，导游小王将带领同学们游览桂林山水。如果你是此次研学团的导游小王，请你围绕桂林山水独特的地质地貌，运用多种讲解方法写一篇导游词。

【导游词案例】

桂林山水导游词

　　亲爱的研学团友们，大家早上好，都说桂林山水甲天下，到底桂林山水有多美？游览开始之前，小王有一个小小的请求，想先拜托您一件事，跟您借点钱。摸摸您的裤兜，裤兜里有没有一张咱们20元的人民币？有的话，摸出来看一看，因为这张20元人民币的背后，可是大有风光。没错，看得出来这是什么风景，桂林山水。桂林漓江山水，就是典型的喀斯特地貌。

　　各位团友请随我手指的方向看去，那便是喀斯特地貌了。您可能先想要问了，王导呀，到底什么是喀斯特？教科书上说了，具有溶蚀性的水，对可溶性的岩石，进行溶蚀作用后，形成的地表和地下形态的总称，那具体怎么看呢？今天我就用三个"看"来讲解一下喀斯特地貌。

　　第一看，看它的成因，这里为什么能够形成如此壮美的喀斯特地貌景观呢？因为桂林这一带，具有非常好的石灰岩材质，石灰岩本身含有很多的碳酸钙，水对其进行冲刷溶蚀，导致岩石表面出现空洞和裂缝，天长日久，千奇百怪、造型各异的山峰，就出现在这里了。

　　第二看，就看它的形态了。有道是，"横看成岭侧成峰，远近高低各不同"。由此可见，从不同的观赏角度，去观赏美景是非常重要的，而这一点，运用在我们喀斯特地貌的景观观赏中，就非常有道理了。比如漓江山水，您一定有印象，有一处"象鼻山"，它像一只大象的鼻子，还有一处叫作"路南石林"。让我印象最深刻的是一口石钟，远看吧就是一个大大的石钟，走近了您仿佛还能听到大自然奏响的奇妙乐章。

　　第三看，看它的意义所在了。沧海桑田，世事变迁之中，大自然给予了我们这样一份宝贵的财富。不管我们刚才说到的桂林山水也好，还是路南石林也好，它都只是喀斯特地貌中的一部分，是地表部分，除此以外呢，还有一些地下部分，比如重庆的奉节和广西的乐业，就有天坑，这个就叫作"岩溶漏斗"。这些石头，它们起码都承载着2亿~3亿年的历史，和咱们人类形成的时间相比较，是一个非常漫长的过程。如果说，把他们当中的一部分石头，从形成到今天比作是一天的话，那我们人类的存在在这一天之中只占了15分钟。好了，各位研学团的孩子们，拿起手机和研学手册，去记录这奇特的喀斯特美景吧！

【知识储备】

导游小王在桂林接待的是研学团。针对研学团的特点，小王研究了与游客交往的技能，重点研究了讲解方法的运用。运用多种讲解方法可以让导游词变得生动有趣，更能吸引研学团孩子们的兴趣。

一、结构内容

开头——用轻松幽默的语言点明游览的是桂林山水，并说明桂林山水是喀斯特地貌。

正文——首先自问自答什么是喀斯特地貌，引人入胜，然后用三个"看"来讲解喀斯特地貌，用了分段讲解法，分别是看成因、看形态、看意义，逐步升华，结构清晰，其中也用了数字说明法和对比法，举了漓江山水、路南石林的例子，形象生动，听上去通俗易懂，适合研学孩子的知识水平。

结尾——运用了触景生情法，看沧海桑田，体味大自然给予我们的宝贵财富，因此让孩子们拿起手机和研学手册，去记录这奇特的喀斯特美景。

二、导游词编撰与讲解技巧

（一）导游词常用讲解方法

1. 概述法

概述法是指导游人员为帮助游客更好地了解景点而在参观游览前概括介绍景点的方法，一般在景点示意图前进行。

概述法并不是单调乏味的概述。在运用这种方法时，导游人员不仅要言辞简洁，还要辅以动听的语音语调，恰当的面部表情和手势动作，才能提高游客的兴趣。导游人员要做的工作只是简单概述景点的基本情况，而印象则由游客参观后评价、感受。

2. 分段讲解法

分段讲解法就是把一个规模较大的景区按照一定顺序分为前后连接的若干部分，分别进行讲解的方法。

一般情况下，导游人员在带团游览前先把景区的概况介绍给游客，然后在游览过程中按

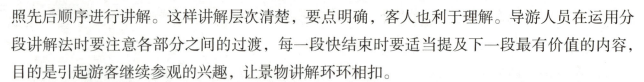

照先后顺序进行讲解。这样讲解层次清楚，要点明确，客人也利于理解。导游人员在运用分段讲解法时要注意各部分之间的过渡，每一段快结束时要适当提及下一段最有价值的内容，目的是引起游客继续参观的兴趣，让景物讲解环环相扣。

3. 突出重点法

突出重点法就是在导游讲解时，切忌面面俱到，一定要突出重要方面的讲解方法。实际上，就是一种详讲和略讲结合的导游讲解方法。导游人员在讲解时要突出以下4个方面的内容。

（1）突出大景点中具有代表性的景观

导游人员在带领游客参观大景点时要周密计划，确定重点景观。既要把重点景观的特征介绍清楚，又能够让游客了解景点的全貌。

（2）突出景点的特征及与众不同之处

各类景点，特别是古建筑之类的景点，如各宗教建筑和古居民，它们的历史、规模、结构和艺术特色各不相同。游客在参观景点时大多想仔细了解景点的特征，但由于受专业知识的限制，他们可能不知道该景点的特征之所在。此时，导游人员就应当向游客详细地介绍景观的特征，指明此景点与其他景点的不同之处，使游客增长见识，提高游兴。

（3）突出游客感兴趣的内容

游客来自不同的国家和地区，他们之间存在着文化层次、宗教信仰、风俗习惯、职业岗位的差异，这些差异必然会影响他们对景点的兴趣点。导游人员在研究旅游团的资料时要注意游客的特征，判断其兴趣所在，以便在游览时重点讲解旅游团内大多数成员感兴趣的内容，让绝大多数游客满意。

（4）突出景点"之最"

导游人员要通过突出景点"之最"来吸引游客的注意力，引起游客的兴致，加深游客对所参观景点的印象。

4. 触景生情法

触景生情法就是"见物生情，借题发挥"的导游讲解方法。导游人员在讲解时最忌讳就事论事地介绍景物，不能挖掘景观背后的东西。应该借题发挥，利用所见景物制造意境，引人入胜，使旅游者产生联想，从而领略其中之妙趣。例如，见到园林美景，导游人员可以介绍造园艺术；见到石林，导游人员可以介绍石林形成的原因。

触景生情法的第二层含义是导游讲解的内容要与所见的景物和谐统一，使其情景交融，让游客感到景中有情、情中有景。触景生情就是要求导游人员善于发挥，但要注意发挥得自然、正确、切题。

5. 虚实结合法

虚实结合法就是导游人员在导游讲解时将神话传说、轶闻典故等有机地融入眼前实景，即采用编织故事情节的讲解手法。就是说，导游讲解要故事化，以求产生艺术感染力。虚实结合法中的"实"，就是实景、实物、客观存在的实体，"虚"就是与实体有关的传说、故事等。"虚"与"实"必须有机结合，穿插讲解，但应以"实"为主，以"虚"为辅，"虚"为"实"服务，以"虚"烘托情景，以"虚"加深"实"的存在，努力将无情的景物变成富有生命、具有情感的导游讲解。在中国，几乎每个景点都有一段美丽的传说，如三峡风光中有"神女峰"的故事，九寨沟有动人的爱情佳话，杭州西湖有"西湖明珠自天降，龙飞凤舞到钱塘"的美丽传说等。导游人员在选择"虚"的内容时要注意"精""活"。所谓"精"，就是所选传说是精华，与景观密切相关；所谓"活"，就是使用时要活，见景而用，即兴而发。但在运用时要注意不能过多渲染故事传说，以单纯的谈古论今来代替对景物的欣赏，这样会让人觉得"雾里看花"，没有真切的体会。

6. 问答法

问答法即导游人员在讲解时向游客提出问题或启发他们提问的讲解方法。使用这种方法的目的一是活跃气氛，引起联想，促进导游人员与游客之间的思想交流，使游客体会到参与感和成就感；二是避免导游人员唱独角戏的灌输式讲解，以加深游客的印象。问答法主要有三种形式。

（1）自问自答法

自问自答法就是导游人员自己提出问题，并做适当停顿让游客猜想，但并不期待他们的回答，只是为了吸引他们的注意力，促使他们思考，激发他们的兴趣，然后做简明扼要的回答或生动形象的介绍，还可以借题发挥，给游客留下深刻的印象。

（2）我问客答法

我问客答法是指由导游人员提出问题，引导游客回答或讨论的方法。导游员在提问时要注意：一是所提问题不要涉及个人隐私，不能含有蔑视成分，更不要提敏感性很强的问题；二是提问要恰当，估计游客不会毫无所知，也要估计到会有不同答案，但不要强迫游客回答，以避免尴尬；三是无论游客回答得对与错，导游人员都不应打断，更不能笑话，而要给予鼓励；四是最后由导游人员讲解，并引出更多、更广的话题。

（3）客问我答法

客问我答法是指导游人员要善于调动游客的积极性和想象力，欢迎他们提问题。游客提出问题，说明他们已经对所参观的景点产生了兴趣，进入了审美角色。对他们提出的问题，即使是幼稚可笑的，导游人员也绝不能置若罔闻，不能笑话他们，更不能显示出不耐烦，而应选择性地给予回答。不过，不是游客问什么就回答什么，导游人员一般只回答与景点有关的问题，注意不要让游客的提问影响导游讲解，打乱具体安排。

在长期的导游实践中，导游人员要学会认真倾听游客提问，善于思考，掌握游客提问的一般规律，并总结出一套"客问我答"的相关技巧，以随时解答游客的问题。

7. 制造悬念法

制造悬念法是指导游人员在讲解时提出令人感兴趣的话题，但故意引而不发，激起游客急于知道答案的欲望，从而制造出悬念的方法，俗称"吊胃口、卖关子"。通常，导游人员在讲解的关键处特意停下，激发游客的好奇心和求知欲，大有"欲知详情，且听下回分解"之意。这是一种欲扬先抑、先藏后露的导游讲解方法，会给游客留下极其深刻的印象，使导游人员始终成为游客注意的中心。制造悬念的方法很多，有问答法、引而不发法、分段讲解法等。制造悬念法是最能活跃气氛、制造意境、提高游客游兴的讲解方法，导游人员都喜欢运用这种手法，但需要记住的是不能乱造悬念，否则会适得其反。

8. 类比法

类比法就是用游客熟悉的事物来介绍或比喻眼前景物，帮助游客理解和加深印象，以达到触类旁通、举一反三效果的导游讲解方法。类比法分为以下三种：

（1）同类相似类比

同类相似类比是将属于同一类型的相似或相近的事物进行比较，便于游客理解并使其产生亲切感。如北京王府井大街与上海南京路，两者都是中国著名的商业街区，拥有悠久的历史和繁华的商业氛围；九寨沟与张家界，两者都是中国著名的自然风景区，以其独特的山水风光和丰富的生态资源吸引着游客；丽江古城与凤凰古城，两者都是中国保存较为完好的古城之一，以其独特的民族风情和丰富的历史文化吸引着游客。

（2）同类相异类比

同类相异类比是比较同一类型事物中的不同点，主要包括质量、规模、价值、特色、水平、风格等方面的不同。如参观北京故宫时与法国的凡尔赛宫花园进行比较。这样不仅能使游客对中国悠久的历史文化有较深的了解，而且对中西方文化传统的差异有了进一步认识。在运用这种手法时，一定要注意不能伤害游客的民族自尊心。

（3）时代类比

比较时代的目的，一方面是要让游客从感性上理解所参观景物的时代背景，有助于游客记住该景物；另一方面是宣传中国古老文明的伟大成就，使游客对中国产生敬佩之情。例如，故宫建于明朝永乐十八年（1420年），多数外国游客可能不熟悉这个具体年份。然而，如果向游客解释说"在哥伦布发现新大陆前72年、莎士比亚诞生前144年，中国人就已经建造了这座壮观的宫殿建筑群"，这样的描述不仅有助于游客更好地理解，还能给他们留下深刻的印象。同时，这可能让外国人对中国人的建筑技艺和中国悠久的文化历史产生敬佩之情。

9. 画龙点睛法

画龙点睛法就是用凝练的词语点评概括景点的独特之处，从而使游客记忆犹新、印象深刻。游客在看到非常有特色的景观时，心中有一种要把眼前景观描绘出来的欲望，可他们一时又不知道如何恰当地表述，导游人员可趁机给予恰当的总结，以简练的语言或词语，点出景物的精华所在，帮助游客进一步领略其奥妙，获得更多的精神享受。如游客在参观中国古代园林时，对精湛的造园艺术叹为观止，导游人员就可用"抑、透、添、夹、对、借、障、框、漏"9个字来概括，使游客能顿悟中国园林艺术的奥妙所在。

10.解释说明法

解释说明法即运用平实的语言对游客不理解的内容进行解释说明，以加深对景观的进一步理解。解释和说明是为了让游客对名称的产生和由来、说法的含义及演变、事物的本质和特征有一个全面、清楚的了解，以丰富游客的知识、增加旅游的乐趣。导游员在介绍景观来历、宗教、古建筑、文物等游客比较陌生的知识点时多用此法。

11.引用法

引用法就是引用谚语、俗语、俚语、格言、名人名言等进行讲解。例如，以下为苏州沧浪亭名称由来的解说：北宋时，诗人苏舜钦丢官流寓苏州，看中盘门附近的景色，"绿杨白鹭俱自得，近水远山皆有情"。于是花了四万贯钱把此园买了下来，并在水旁筑起一亭，借《孟子》"沧浪之水清兮，可以濯吾缨"之意，题名"沧浪亭"。欧阳修得知此事，写诗赞叹道"清风明月本无价，可惜只卖四万钱"。引用部分不仅能增强讲解语言的生动感，而且能起到言简意赅的作用。

12.数字说明法

数字说明法是引用具体的数字精确地说明事物的形体特征、性能特点和功用大小的方法。用数字说明是导游人员讲解时常用的方法之一。例如，北京天坛祈年殿殿内柱子的数目，据说也是按照天象建立起来的。其中内围的四根"龙井柱"象征一年四季，春、夏、秋、冬；中围的十二根"金柱"象征一年十二个月；外围的十二根"檐柱"象征一天十二时辰。中围和外围相加为二十四根，象征一年二十四节气。三层总共二十八根象征天上二十八星宿。再加上柱顶端的八根铜柱，总共三十六根，则象征三十六天罡。

数字说明，可以用基数，也可以用序数，还可以用"……之最"之类的词语。它与"画龙点睛法"有相同之处，也有不同之处。

（二）研学旅游导游词的撰写技巧

在当今的教育背景下，研学旅游已经成为学生们拓宽视野、增长实践理论知识的重要方式。作为引导研学旅游向导，撰写一篇引人入胜、内容丰富的导游词显得尤为重要。本文将探讨如何撰写一篇优质的研学旅游导游词，以及运用哪些技巧来提升导游词的吸引力。

1.明确目标与定位

在开始撰写研学旅游导游词之前，首先要明确导游词的目标与定位。这包括了解受众群体、明确导游词的主题和目的，以及确定导游词的风格和语言。针对不同年龄段的学生，需要采用不同的语言表达方式和内容深度，以确保信息传达的有效性。

2.深入挖掘文化内涵

研学旅游的目的不仅是观光游览，更是深入了解和体验当地的文化。因此，在撰写导游词时，应注重挖掘景点的文化内涵，包括历史背景、风土人情、民俗文化等。通过介绍相关文化知识，可以帮助学生更好地理解当地文化，提高文化素养。研学活动如图 4-1-1 所示。

3. 突出教育意义

作为研学旅游的导游词，必须突出其教育意义。在撰写过程中，应结合学生的年龄特点和学习需求，将景点与学科知识相结合，设计具有启发性和探究性的讲解内容。例如，在自然景观中融入生物、地理等学科知识，在历史遗迹中穿插历史、政治等学科内容。这不仅能增强学生的实践能力，还能促进跨学科知识的整合。

图 4-1-1　研学活动

4. 注重互动与参与

为了提高导游词的吸引力，应注重互动与参与。在撰写过程中，可以设计一些互动环节，如提问、小组讨论、角色扮演等，以激发学生的兴趣和参与度。此外，导游词的语言应生动有趣，可以运用比喻、拟人等修辞手法，使讲解内容更加形象化，便于学生理解和记忆。

5. 完善后期编辑与审查

完成初稿后，要认真进行后期编辑和审查，以确保导游词的质量。这包括校对文字、调整结构、润色语言等方面的工作。同时，应邀请专业人士或经验丰富的导游进行审查，以便进一步完善导游词，确保其准确性和专业性。

6. 不断更新与完善

随着时间的推移和研学旅游目的地的变化，导游词也需要不断更新和完善。要及时了解旅游地的新动态和新变化，要与当地传统文化相结合，以便在导游词中体现最新的信息和内容。此外，应根据实际带团经验和游客反馈，不断调整和完善导游词，以满足游客的需求和提高服务质量。

总之，撰写一篇优质的研学旅游导游词需要深入挖掘文化内涵、突出教育意义、注重互动与参与、完善后期编辑与审查，以及不断更新完善。只有掌握了这些技巧并付诸实践，才能编写出一篇优秀的研学旅游导游词，为学生的研学之旅增添更多的知识和乐趣。

在这次研学旅行中，导游小王带领同学们用心去感受桂林山水的魅力，用心去聆听大自然的声音，用心去体会历史的厚重。相信在这次旅行结束后，同学们会对桂林山水有更深的了解，也会更加热爱我们伟大的祖国。

【思考与实践】

一、讨论分析

请同学们以导游讲解的方式朗读导游词案例，说一说研学旅游导游词的篇章结构、主要内容以及编撰与讲解特色。

二、模拟实训

1. 写：根据所学知识，撰写一篇关于研学旅游的导游词，自选景点通过讲解导游词，让游客增长知识，开阔见闻。

2. 讲：请扫二维码，跟着视频学讲解。学习内容为《五大连池风景名胜区》。

3. 评：对各小组提交的导游词进行评分（50分），选拔优秀作品并进行讲解交流（50分）。评分过程包括小组自评、小组互评、教师评价及企业评价。最后，将撰写作品得分与讲解分数相加，得出总成绩，并将其划分为4个等级：A——95分以上；B——85分至95分；C——75分至85分；D——75分以下。请参照撰写要求与讲解要求评分表（本题共100分）。

五大连池风景
名胜区

【内容拓展】

研学旅游兴起的原因

研学旅游，近年来在国内外蓬勃兴起，正逐渐成为一种广受欢迎的旅游形式。它的兴起，背后蕴藏着多方面的原因。

首先，随着社会经济的飞速发展和人民生活水平的不断提高，人们对于旅游的需求也发生了显著变化。传统的观光旅游已经不能满足人们的内心渴望，他们更希望在旅游中获得深度的体验和知识，研学旅游恰恰满足了这一需求。它不仅能让游客欣赏到美丽的风景，更能让游客在旅途中收获知识、提升自我。

其次，教育观念的转变也为研学旅游的发展提供了肥沃的土壤。现代教育越来越强调实践、创新和开放，而研学旅游正是这些教育理念的生动体现。通过研学旅游，学生们可以走出封闭的教室，亲身体验社会、接触自然，从而拓宽视野、增长见识。这样的教育方式不仅能提高学生的实践能力，更能激发他们的创新精神，培养出更符合社会需求的人才。

此外，政府和社会各界的支持也为研学旅游的兴起注入了强大的动力。政府从政策层面给予了研学旅游极大的支持，出台了一系列文件，如《关于推进中小学生研学旅行的意见》，为研学旅游的发展指明了方向。同时，各类企业和机构也纷纷投入研学旅游的市场竞争中，助力研学旅行的多元化发展。

综上所述，研学旅游的兴起是社会经济发展、教育观念转变以及政府和社会各界支持等多种因素共同作用的结果。随着这些因素的进一步发展，研学旅游的市场需求将会持续扩大，其发展前景也将更加广阔和光明。在未来，我们期待看到更多富有创意和深度的研学旅游产品，为游客带来更丰富、更有意义的旅行体验。

专题二　乡村旅游导游词

【情景导入】

习近平主席有句话"绿水青山就是金山银山"，近年来，乡村振兴极大地促进了乡村旅游的发展。在乡村旅游兴起之前，乡村美景往往是"养在深闺人未识"。然而，随着乡村旅游的迅速发展，越来越多的人开始发现乡村的美丽。在浙江安吉余村，游客们不仅可以欣赏到美丽的自然风光，还可以感受到浓郁的民俗风情和深厚的文化底蕴，更重要的是，来余村看乡村翻天覆地的变化，感受乡村振兴的壮美蝶变。作为导游，要掌握实地讲解的方法和要领，让游客们领略乡村旅游的魅力。

【导游词案例】

安吉余村导游词

尊敬的领导，欢迎来到我们美丽的安吉余村，我是这次为各位讲解的导游员，你们可以叫我小王。这次我们要游览的景点有"两山"会址—矿山余韵—灰窑遗址—余岭怀古—塔印风华。预祝各位领导这次的旅途愉快！

余村是浙江发展的一个缩影。21世纪初期，浙江的经济发展水平突飞猛进，但是随之而来的是高污染、高能耗、高资源消耗。蓝天、绿水、青山慢慢不见了踪影，环境状况越来越糟糕。要生态还是要经济？痛定思痛的余村人迈出了改革的第一步——关停矿山和水泥厂，探寻绿色发展新模式。2005年8月15日，时任浙江省委书记习近平同志考察湖州市安吉县天荒坪镇余村，首次提出"绿水青山就是金山银山"的科学论断。十余年来，余村人在"两山"理论指导下，以满足村民对美好生活的向往为目标，走出了一条转型发展、绿色发展、和谐发展之路。习近平同志在余村考察时强调指出："我们过去讲既要绿水青山，又要金山银山，实际上绿水青山就是金山银山。"2020年3月，习近平总书记再访余村，看到村里的变化，总书记强调："'绿水青山就是金山银山'理念已经成为全党全社会的共识和行动，成为新发展理念的重要组成部分。实践证明，经济发展不能以破坏生态为代价，生态本身就是经济，保护生态就是发展生产力。"

现在大家随我进入余村来欣赏一下两山观点的成果。

村子很美，一条乡道穿村而过，乡道一侧是错落有致的民居，另一侧是满眼绿意的公共区域。往里面走，会址公园映入眼帘，它占地面积56亩，其中建筑面积约16亩，主要由纪念石碑、展示馆、数字电影院、院士林、党建文化广场等板块组成。该公园是余村对外宣传展示理念实践示范成果的重要平台。作为余村的主要标志性建筑，纪念石碑水面高度8.15米，代表2005年8月15日这一特殊日子，重88吨，寓意所提出的"在浙江落地生根"。余村在这里竖立这块纪念石碑，为了感恩正确发展方向的指明，表明今后继续坚定不移沿着"绿水青山就是金山银山"的道路阔步前进的决心。

伴随一路的美景，我们到了冷水洞矿山。该石矿主要出产石灰石，开采于1974年，起初矿石主要供应村三个石灰窑烧石灰。因为经济效益可观，后来逐渐加大开采量。到2004年底全面停产，并进行复垦复绿。2016年，余村对该矿山进行全面改造，建成矿山遗址公园，记录着余村从"卖石头"到"卖风景"的美丽嬗变之路。一旁的灰窑建于1974年，是中华人民共和国成立以后余村百姓兴办矿山、经济崛起、挖第一桶金的地方。灰窑遗址，镌刻着那个时代的印痕，传承着几代人的乡愁记忆，时刻警示着余村百姓必须坚定不移沿着"绿水青山就是金山银山"的路子走下去。

我们接下来到了余岭怀古。余岭位于余村冷水洞自然村与上墅乡施善村交界处，自古以来就是商贾往来之道。古道沿途经过田野、村庄、河道、山林，古树参天、景色宜人。目前，古道残存施善村灰山至余村冷水洞部分石阶，它的长度约为800米。

接着我们往回走，放眼望去前方出现一座高高的水塔，它叫余村水塔，建于1986年，塔高17米，是当地村民饮用水储存增压的重要设施。当年矿山、水泥厂兴盛之时水源紧张，该塔是主要供水水源地之一，它也见证了余村的发展变迁。

好了，我们今天的游览到此结束。感谢各位领导的到来！希望大家以后能再次光临我们美丽的余村。这次的讲解若有什么不足之处，希望各位领导能直言不讳，我一定会好好学习加以改正，也是我这次讲解的一种收获。

【知识储备】

根据政务团的特点和乡村旅游的特殊性，小王经过查阅相关资料，深入了解乡村旅游实地讲解要领。

一、结构内容

开头——因为是政务团，因此用简明扼要的语言对游客表示欢迎，预告接下来的游览景点并预祝旅途愉快，开门见山切入主题。

正文——先讲了余村的今昔对比以及绿色发展理念"绿水青山就是金山银山"，实践证明这条路是对的，经济发展不能以破坏生态为代价，生态本身就是经济，保护生态就是发展生产力。然后边走边讲，参观了"两山"成果，进行今昔对比，如今的美景很难让人想象过去的余村环境有多恶劣，让人心中不禁感慨，引起共鸣。

结尾——致以感谢，表达歉意，希望多提意见，并表示对再次到来的欢迎，体现真诚和好客。

二、导游词编撰与讲解技巧

（一）乡村旅游实地讲解技能

导游讲解是导游的重要职责，导游讲解水平也是判断导游综合水平的重要内容之一。要想成为一名优秀的导游，就应该不断提高自己的导游讲解水平，掌握导游讲解的方法与要领。

讲解前的准备工作如下：

1. 注重日常知识积累

如果没有导游日常的知识积累，前面章节中提到的言之有物、言之有理、言之有据等导游讲解要求，概述法、分段讲解法、突出重点法等导游讲解技法，就很难做到运用自如，导游讲解也很难满足游客的求知需求。要提高导游讲解水平，知识积累是重要基础。

2. 做好接到任务后的准备

虽然平时的积累非常重要，但是"临阵磨枪"也是做好导游讲解工作的要领之一。因为导游只有在接到讲解任务、确切了解游客情况以及游览线路和景点后，才能有针对性地做好讲解前的准备。

（1）分析游客信息，厘清讲解重点

如果旅游团成员的年龄偏长，可多准备一些民间传说、历史上的奇闻逸事、革命历史故事及人物介绍等内容；如果旅游团成员多为年轻人，对他们关心的购物及娱乐方面的情况就要用心收集，在讲解内容上要突出城市的新亮点、新变化。

以讲解清东陵为例，如果接待的是以休闲为目的的老年游客，可结合影视剧题材为"因下嫁小叔子多尔衮而无颜葬入皇家陵寝"的孝庄皇后正名，为"砍去丽妃手脚装入瓦罐"的慈禧平反；如果接待的是机关公务人员，则应以讲解正史为主，讲康熙皇帝的廉洁治吏，评雍正王朝的功过是非。

当然，以某一个方面为重点并非其他的方面就一点都不涉及，技巧在于讲解内容的组合，主次分明，主题突出。

（2）温习"旧内容"，构思"新创意"

导游在讲解前要注意"温故知新"。"温故"指的是对于自己不是特别熟悉或曾经出过错的讲解内容，需要再次温习，以免出错，特别是自己不大熟悉的重要的历史年代、建筑物的长度或高度等数据；"知新"指的是在讲解前有意识地去寻找自己未曾讲解过的知识点和内容，力争使自己的讲解每次都有新信息、新创意。

（3）养精蓄锐，做好身体准备

导游讲解也是一项"体力活"，边走边讲，眼观六路，耳听八方，因此导游在讲解前要养精蓄锐，保护好嗓子。

讲解过程中的要领如下：

导游讲解过程中，有可能受到其他因素的影响，如天气变化、行程变更、游客兴趣等。因此，即使做了大量的前期准备工作，如果没有当场随机应变、灵活应对，也可能达不到理想的讲解效果。因此，在导游讲解过程中要学会吸引游客的耳朵，也就是"讲游客最想听的"。

1. 在旅游车上讲解时应掌握的要领

①与司机商量确定行车线路时，在合理而可能的原则下尽量不要错过城市的重要景观。

②在经过重要的景点或标志性建筑时，要及时向游客指示景物的方向，讲解的内容要及时与车外的景物相呼应。

③要学会使用"触景生情法"，在讲解城市的交通、气候、地理特点等概况时，可与游客看到的景象结合并借题发挥。譬如，通过提醒游客观察出租车的车型讲上海的汽车产业；看到玉兰树时及时介绍上海的市花市树。

④在讲解的过程中，要注意观察游客的反应，如果大部分人的关注点在车外或频繁地互相交流，导游要注意调整讲解内容，通过指示游客观看车外的某个景物或现象将其注意力吸引回来，并及时运用"问答法"与游客进行互动交流。

⑤在快要到达将要游览的景区时，使用"突出重点法"将景区的最重要的价值及最独特之处向游客进行讲解，以激发游客对该景区的游览兴趣。同时要注意强调景区游览时的注意事项及集合的时间、地点。

2. 在景区讲解时应掌握的要领

①在景区的游览指示图前向游客说明游览线路、重要景点、洗手间及吸烟区的位置。

②要做好景区的讲解，需要确定讲解主题，以主题为线条将每一个小景点串联起来，引导游客去发现景区最独特之处。

③在讲解每个小景点时可以用"突出重点法"来讲解该景点的独特之处，用"触景生情

法"延伸讲解与此有关的景区背景及历史，用"妙用数字法"来讲解其历史、建筑特点等，有些还需要用"类比法"将该景点与游客家乡或熟知的景点联系起来以加深游客的印象。

④导游在讲解自己熟悉或擅长的内容时，不要过于张扬卖弄，避免过多使用"你们知不知道……""让我来告诉你……"等语言，同时注意控制节奏，给游客缓冲、消化知识内容的时间。

讲解后的导游服务如下：

1. 巧妙回答游客的提问

在导游讲解结束后，游客有可能提出各种各样的问题。如果问题与游览有关，而且导游也知道如何回答，可以在回答问题的同时进行深入讲解，往往会有好的效果，能增强游客对自己的信任；如果问题与游览无关，就要学会巧妙地回避。当遇到自己不清楚的问题时切忌胡乱回答，以免被当面指出，贻笑大方，从而失去游客对自己的信任；如果自己知道确切答案，但游客有另一种说法时，要注意不要当众争执，不要直接指出对方的错误，要学会回避矛盾、找出共同点，给对方找台阶，及时转换话题。

2. 引导游客"换位欣赏"

导游在讲解结束后，要善于引导游客用眼睛去发现美、从不同角度去欣赏美、从不同层面去感受美。譬如，在某个角度拍照效果最好、从某个地方远眺风景最美等。

3. 告知游客相关注意事项

导游在讲解结束后，要向游客说明自由活动的注意事项，针对他们值得去的地方及线路给出建议，再次强调集合的时间和地点，并告诉游客如果需要帮助可以在什么地方找到导游等。

每个导游在实地导游讲解中都会自觉或不自觉地运用各种方法技巧，只要善于总结和提炼，往往就能成为导游讲解中的要领。

（二）乡村旅游导游词的撰写技巧

乡村旅游作为一种新兴的旅游形式，包括观光农业旅游、休闲农业旅游和生态农业旅游。它是指以农业（包括乡村文化）资源为对象的观光、度假、娱乐、康乐、民俗、科考访祖等复合型旅游活动。在乡村振兴的大背景下，旅游业的发展日益受到重视。乡村旅游导游词作为引导游客了解乡村文化、历史和风土人情的重要工具，其撰写与讲解技巧至关重要。一篇好的导游词，能够让游客深入体验乡村的魅力，促进乡村文化的传播，进而推动乡村经济的发展。图4-2-1为乡村美景。

①深入挖掘乡村文化：凸显"四乡"，即乡土、乡情、乡俗、乡风。在撰写导游词时，应深入挖掘乡村的历史、传统、风俗、人物等文化元素，使游客能够全面了解乡村的文化底蕴。

②突出乡村特色：每个乡村都有其独特的文化和景观，导游词应突出这些特色，使游客能够留下深刻的印象。

图 4-2-1　乡村美景

③注重叙事性：导游词应采用生动的语言，讲述乡村的故事，使游客在听故事的过程中了解乡村的文化和历史。

④适应市场需求：针对不同需求的游客群体，撰写不同风格的导游词，以满足市场的多样性需求。

最后，作为导游，我们要善于发掘乡村旅游的魅力，通过实地讲解让游客们感受到乡村的自然风光、民俗风情、历史文化以及乡村振兴的成果。同时，我们还要不断丰富自己的知识储备，提高讲解技巧，为游客提供高质量的旅游体验，让乡村旅游的魅力得以充分展现。在我国乡村振兴战略的推动下，相信乡村旅游的明天会更加美好。

【思考与实践】

一、讨论分析 ≫

请同学们以导游讲解的方式朗读导游词案例，说一说乡村旅游导游词的篇章结构、主要内容以及编撰与讲解特色。

二、模拟实训 ≫

1. 写：根据所学知识，撰写一篇关于乡村旅游的导游词，自选景点，通过讲解导游词，让游客了解乡村的独特魅力。

2. 讲：请扫二维码，跟着视频学讲解。学习内容为《江门市开平碉楼与村落——自力村碉楼群》。

3. 评：对各小组提交的导游词进行评分（50分），选拔优秀作品并进行讲解交流（50分）。评分过程包括小组自评、小组互评、教师评价及企业评价。最后，将撰写作品得分与讲解分数相加，得出总成绩，并将其划分为4个等级：A——95分以上；B——85分至95分；C——75分至85分；D——75分以下。请参照撰写要求与讲解要求评分表（本题共100分）。

江门市开平碉楼
与村落——自力
村碉楼群

【内容拓展】

一、乡村旅游

　　尽管传统的观光旅游早已涉足乡野田园，现代的城市居民到城郊远足或借到农村探亲会友之机游览田园风光的休闲活动也不乏其例，但是，这与现代乡村旅游却有本质上的区别。前者仅是以现成的乡村田园风貌为对象的一种自发式、自助式的休闲活动，而后者的消费对象却是旅游经营者集农业生产、农民生活和生态环境三者为一体，精心策划和开发出来的更具有明确主题并提供全程服务的乡村旅游产品。乡村旅游是传统农业经济在现代化进程中新出现的一种独立的经济形式。

二、乡村旅游小贴士

　　①交通：游客可以选择自驾或乘坐长途客车前往目的地。到达目的地后，可以选择步行或乘坐当地的交通工具（如自行车、电动车等）游览各个景点。

　　②住宿：乡村有许多民宿供游客选择，各民宿风格各异，价格合理。游客可以根据自己的喜好和预算选择合适的住宿。

　　③餐饮：乡村的美食丰富多样，游客可以品尝到地道的农家菜和特色小吃。同时，乡村的食材新鲜且有利于健康。

　　④活动：游客可以在乡村参加各种活动，如采摘水果、体验农耕、亲子游等。此外，还可以参加篝火晚会、民间艺术表演等文娱活动。

专题三　沉浸式体验旅游导游词

【情景导入】

　　互联网时代的到来，数智化旅游的兴起，助推沉浸式旅游的发展。从"看景"到"入景"，沉浸式文旅正改变我们的旅行体验。从各地的沉浸式演艺、夜游、展览到街区，我们被目的地文化、历史和生活方式所深深吸引。这种新型旅游形式不仅丰富、深化了我们的旅行体验，更成为旅游业的新潮流。对于导游来说，这既是一个机遇也是一个挑战。他们需要提供沉浸式的讲解，帮助游客更深入地了解和体验目的地的文化和历史。

【导游词案例】

夜游锦江导游词

　　大家好！欢迎来到有"成都版清明上河图"之称的锦里民俗一条街。这条街与三国文化圣地武侯祠相连，武侯祠英雄众多、高手云集，旁边的这一位也不甘示弱呀。大家请看，大门上"锦里"二字就是里面这一位"英雄"的名号。那为什么要叫"锦里"呢？大家不禁要问了，不要急，请听我细细道来。

　　所谓"锦里"，有人说是"锦上添花，里有乾坤"之意，其实大谬不然。《华阳国志·蜀志》记载："锦江，织锦濯其中，则鲜明；濯他江，则不好；故命曰锦里也。"口说无凭、耳听为虚，现在我们来看看这里货真价实的解释吧，墙上这一块石碑，写了锦里得名的由来。好了，明白了锦里的得名，我们就开始打探打探这位英雄的内功修炼如何吧。顺便提一下，我们的这位英雄是有洁癖的喔，请大家尊重一下英雄的癖好，爱护环境哈。

　　"锦里"由成都市武侯祠博物馆创建，投入资金上千万，耗时三年。锦里所处位置上原来是一排破烂的旧民房，影响观瞻，还给仅一墙之隔的武侯祠博物馆带来潜在的安全隐患。同时，由于武侯祠作为国家级文物保护单位，具有只能向游客作静态展示的弱势，难以满足现代游客体验式、休闲式、互动式的旅游方式。于是以蜀文化为内涵的锦里一条街应运而生。

　　2004年10月31日，成都锦里民俗一条街正式开市，老街、宅邸、府第、民居、客栈、商铺、万年台坐落其间，青瓦错落有致，青石板路蜿蜒前行，让人恍若时空倒流。川茶、川菜、川酒、川戏和蜀锦等古蜀文化如清风扑面而来。这条在武侯祠东侧出现的老街，全长350米，采用清末民初的四川古镇建筑风格，与武侯祠博物馆现存清代建筑的风格相融，二者之间又以水为隔。游人在短短350米的距离内，就能享尽原汁原味的四川滋味。如果游人在"锦里"的古色中流连忘返，还可以住进高挂着丝绸灯笼的客栈，在彻夜辉煌的灯火中感受时空变幻的神奇。在锦里，川西好吃的、好玩的都为您一网打尽。

我们先看一下锦里的住宿，锦里客栈以清末民初建筑为主，由客栈、隐庐、芙蓉三座风格各异的建筑群组成。庭院内有廊坊、天井、花园，房前屋后，假山耸立，绿树成荫，流水潺潺，环境清幽，结构完整，布局合理。客房内部装修古朴典雅，配套仿古红木家具、现代高级卫浴、网络光纤、中央空调。 客栈不仅装修经典，服务更是细微体贴，让您享受到安逸、闲适、幽静之感，体验到浓郁的川西民俗文化特色。住的问题得到答案了，接下来见识锦里的"玩"。古戏台将定期上演川戏的经典剧目，戏台前会定期放映坝坝电影、以特色小摊的方式举行民间艺人的展演（如糖画、捏泥人、剪纸表演、皮影表演、西洋镜等）；街上有趣味十足的民间婚礼展示，游人可参与其中，乐在其中，而情侣们甚至还可以将自己的婚礼仪式搬来锦里举行，体会一种独特的、传统的婚庆方式；民间音乐及戏剧表演、民俗服装秀更是长年不断，花样百出。其他诸如夜晚打更、采用花轿和滑竿等传统交通工具等多种古韵十足的特色项目，让锦里重现昔日川西古镇的生活原貌。虽然锦里是一条仿古风格的街道，但是里面也不失时尚，咖啡屋、酒吧、皮影表演等颇具吸引力。可以说锦里是古典与时尚的完美结合。

继续往前走，街道左右两边的商店也颇具特色，三国文化纪念品、地方特产等风格迥异。前面是锦里的"好吃街"，锦里"好吃街"其实是成都市民间小吃的缩影。成都人"尚滋味""好辛香"，小吃讲究调味，常见味型有麻辣、红油、椒麻、家常、咸鲜、蒜泥、芥末、糖醋、咸甜、香甜、怪味等。这里有许多在成都市区很难买到的附近郊县的特产。张飞牛肉，产于四川阆中，外表呈黑色，不大好看，内呈牛肉本色，用上等牛肉拌以特制香料制成，味道独特。汤麻饼，产于四川崇州。好了，我的讲解到此结束。请大家自行游玩，再次提醒一下，注意安全、爱护环境、保护好随身携带物品。谢谢大家！祝大家游玩愉快！

【知识储备】

伴随着社会经济的持续进步，我国民众的生活品质得以提升，旅游业逐渐崛起，成为我国经济增长的重要推动力。在多元化的旅游方式中，沉浸式旅游作为一种新兴业态，正逐步崭露头角，吸引了众多游客前来体验。这对于导游人员而言，既是机遇，亦是挑战。为了确保高品质的沉浸式解说服务，小王深入探究了沉浸式旅游的相关知识，旨在为游客带来更为丰富的旅游体验。

一、结构内容

开头——简单的欢迎后导游设下疑问，为什么叫"锦里"呢？吸引游客的兴趣，为下边的讲解做铺垫。

正文——先讲了锦里名字的由来，又讲了为什么搞沉浸式旅游，讲了锦里一条街吃、玩、住、用一应俱全，锦里一条街沉浸式夜游，通过亲身体验和虚拟灯光秀等形式让游客们深度体验。

结尾——提醒游客注意安全、爱护环境、保护好随身携带物品，表示感谢并祝游玩愉快。

二、导游词编撰与讲解技巧

（一）沉浸式旅游定义

沉浸式旅游是指利用先进的科学技术和新型视听设备等，打造全景式、全感官式交互场景，为游客提供身临其境的独特旅游体验，具有突出的情景互动、艺术格调、专属体验等优势，能够满足人们日益增长的体验需求，是旅游行业重要的业态发展趋势，同时也为文化产业和旅游产业融合发展提供了全新的机遇。沉浸式旅游以具有特色的体验形式为吸引点，以丰富的文化内涵为核心，向游客呈现具有审美价值、精神慰藉、趣味性的生活和文化内容，旨在从内容参与性、叙事开放性、空间包裹感、场景交互性及环境虚拟性等方面为游客提供独特的旅游文化体验，使其获得高质量的文化与精神享受，侧重强调旅游活动的体验形式与价值。沉浸式旅游的核心价值是利用沉浸式体验形式赋能传统旅游模式。

近年来，国家也发布了一系列文件，指导景区景点、文化文物单位、园区街区等利用自身文化资源打造沉浸式旅游体验项目，为沉浸式旅游发展提供了有力的产业政策支持，使沉浸式旅游逐渐成为旅游行业发展的新范式。在政策、产业、消费、技术等多方面因素的影响下，沉浸式旅游市场发展迅猛，涌现出一大批沉浸式景区、展览、实景演艺、文化街区等具有代表性的"沉浸＋旅游＋文化"消费业态，逐渐成为文化旅游领域的核心竞争力。

（二）沉浸式旅游游客体验概述

一方面，在沉浸式旅游过程中，游客能够深度体验历史民俗文化。目前很多景区已经开始打造数字化和立体化的沉浸式演出，利用灯光、舞台环境等营造真实的环境和故事情节，游客甚至可以扮演故事角色参与演出，大大提高了游客的参与度和体验热情。此类沉浸式演出利用角色扮演、故事模拟和环境仿真等互动性体验方式，有效增强了游客在演出过程中的融入性，同时也大大缩短了游客与地方民俗历史文化的距离，发挥了相应的文化传承推广作用。另一方面，沉浸式旅游能够满足游客的文化需求。青年群体是旅游消费的主力，而青年群体乐于接受新鲜事物，思维活跃度高，大多具有较高的艺术审美要求。沉浸式旅游项目则能够结合地方特色文化和社会文化发展趋势，为游客呈现独特的视听盛宴，满足游客精神文化需求，促进游客旅游消费。

》》（三）沉浸式旅游导游词撰写技巧

沉浸式旅游，一种将旅游体验者完全融入景点的全新旅游方式，正逐渐受到广大旅游爱好者的青睐。它不仅强调景点的自然美景，更注重通过各种互动和感官刺激，使游客深入体验旅游目的地的文化、历史和生活方式。为了实现这一目标，导游词的撰写显得尤为重要。本文将探讨如何撰写高质量的沉浸式旅游导游词，以及掌握哪些技巧可以使导游词更加生动、有趣。

（1）深入挖掘景点文化内涵

在撰写导游词时，应深入挖掘景点的文化内涵，包括历史背景、传说故事、民间习俗等。通过将这些文化元素融入导游词，可以丰富游客的旅游体验，使其更加深入地了解景点背后的故事。

（2）注重感官体验的描述

沉浸式旅游强调通过各种感官刺激，使游客身临其境。因此，在撰写导游词时，应注重对景点视觉、听觉、嗅觉、味觉和触觉的描述。通过调动游客的感官，使其更加全面地感受景点带来的愉悦。

（3）引入互动环节

为了增强游客的参与感，导游词中可以引入互动环节，如设计一些有趣的互动游戏、组织游客参与当地的民俗活动等。这些互动环节不仅可以提高游客的参与度，还能加深其对旅游目的地的印象。

（4）生动形象的语言表达

在撰写导游词时，应使用生动形象的语言表达，避免过于晦涩难懂的词汇。通过运用比喻、拟人等修辞手法，使导游词更加富有感染力，激发游客的兴趣。

（5）合理安排讲解节奏

导游词的讲解节奏应张弛有度，根据景点的特点和游客的兴趣点进行合理安排。在重点部分可以适当增加讲解时间，而在非重点部分则可以简略带过，使游客在有限的时间内获得最佳的旅游体验。

（6）结合实际情况

在撰写导游词时，应结合实际情况，根据景点的特色和游客的需求进行有针对性的讲解。同时，也要注意导游词的时代性，及时更新内容，以反映景点最新的发展和变化。

（7）考虑不同受众需求

由于游客的年龄、兴趣和知识水平存在差异，导游词应尽可能考虑不同受众的需求。针对不同游客群体，可以设计不同版本的导游词，以满足其个性化需求。

（四）沉浸式文旅案例

2023 年，文化和旅游部发布 20 个沉浸式文旅新业态示范案例，从夜游锦江、大唐不夜城，到《又见平遥》《知音号》《遇见大庸》等经典演出，各种类型的沉浸式项目成为文旅业态创新的标杆。

示范案例涵盖沉浸式演艺、沉浸式夜游、沉浸式展览展示、沉浸式街区 / 主题娱乐等领域，用沉浸式的表达，充分发掘文化旅游资源，让优秀传统文化在新时代焕发新生机、呈现新风貌。5G、超高清、增强现实、虚拟现实、人工智能、元宇宙等前沿技术深度应用，不断丰富沉浸式体验型文旅产品与内容。

《又见平遥》是印象团队在演艺创新取得新突破的原创性项目，实现了从室外实景演出走向室内情境体验模式创新。项目充分运用现代化声光电技术，采用戏剧、舞蹈、音响、音乐制造奇特空间，将山西的根文化、大院文化、面食文化整体贯穿于剧中，观众步行穿过若干不同形态的主题空间，表演者也在观剧人群中往来穿梭，并与观众对话，使观演者感受跨越时空的穿越感。

《重庆·1949》以 1949 年重庆解放前夕为历史背景，用创新的艺术手法和先进技术手段，在同一时间内，多维度展现出不同的叙事场景，每分每秒，眼前的景物都在变化，观众置身在变换空间，同一时间里，不同的角度，不同的场景，用 360 度旋转式舞台营造沉浸式体验，展现了先烈们坚定的信仰、不惜牺牲的斗志和对未来的希望。

《知音号》是湖北省推动旅游发展的重点创新文旅项目，也是武汉市重点文化项目、武汉市长江主轴文化轴亮点项目。作为长江上的首部漂移式多维体验剧，自公演以来，已成为武汉城市文化旅游新名片和新地标。《知音号》以知音文化为灵魂，以大汉口长江文化为背景，在演出中使用了倒叙、插叙及人景互动等电影表现手法，用电影的方式打造互动体验剧，生动展现了大武汉的当年文化。

《遇见大庸》是一台多空间沉浸式体验剧，是湖南大庸古城核心业态之一，项目运用全息技术、舞美造景、机械开合、特效演绎等多种方式，采用全新的移动式沉浸观演骑乘装置系统，将张家界大庸古代文明与明清鼎盛的市井乡情重构成连续的情境空间，打破传统演艺项目中演员与观众之间的"第三堵墙"，实现沉浸式的演出体验效果，是旅游展演多空间沉浸式情境互动体验的创新。

《寻梦牡丹亭》结合全息数字影像技术、巨型圆环装置投影等，创新设计沉浸交互表演场景，还原了《牡丹亭》中的亭、台、楼、阁等梦幻景致，以《游园惊梦》《魂游寻梦》《三生圆梦》三景篇幅，演绎杜丽娘与柳梦梅生死梦幻的爱情故事，演出用以简驭繁、抽象写意的美学手法，让游客获得真善美的浪漫体验。

《天酿》使用全景多声道、全息技术、AR / MR 等虚拟现实技术配合多重机械装置，以超尺度环幕、天幕、地屏、纱幕等为媒介，在茅台源地的山水空间中打造出重度沉浸、虚实相生的旅游演艺产品，用创新的新媒体叙事方式演绎茅台酒文化的历史变迁，将独特的酿酒工艺与茅台酒文化内涵相融合，以科技手段赋能文艺演出，改变了传统旅游演艺大量真人表演的模式，实现技术集成创新的商业模式创新。

西安大唐不夜城以大雁塔为文化地标，以唐风元素为主线，融合现代流行元素，充分挖掘城市文化底蕴，构建了"一轴·两市·三核·四区·五内街"总体布局。项目以科技赋能，深入实践沉浸式文旅融合新产品，推出"盛唐幻境"AR游，升级落位"篁唐楼""机空间"等文化科技沉浸式体验空间，建立智慧文旅新场景，通过"商业+""活动+""演艺+""智慧+"等形式，创新打造文旅经济模式，已成为西安夜间经济主阵地和文化旅游标志性名片。

夜游锦江以成都母亲河——锦江的千年故事卷轴为主线，运用"游船载体+媒体装置+戏剧场景+建筑群体"的方式，创新天府文化再现景观，运用数字光影技术在建筑立面、堤岸、叠水景观呈现多维空间场景秀，复原东门码头的繁华景象，串联都市休闲、东门市集、锦官古驿等大片区，打造"夜市、夜食、夜展、夜秀、夜节、夜宿"六大主题场景，绘制出老成都、蜀都味、国际范的生活美学地图，成为成都夜间文旅的新地标。

扬州中国大运河博物馆以"5G大运河沉浸式体验馆"为核心，通过裸眼3D的形式，以5G+VR 720°全景视角、千亿级像素的超高清视觉、多媒体互动、增强现实等高科技互动技术，以真实比例和故事背景还原体验空间，营造沉浸氛围，运用当代媒体技术呈现古代历史文化，穿越17座运河城市，数字化、可视化地呈现了千年运河的历史风貌和文化底蕴，为观众从全流域、全时段、全方位视角展示大运河文化。

"花山世界·花山谜窟"主题园区以谜窟历史为文化内核，以松鼠"花仔"为形象IP，以主题夜游为特色，紧扣窟、江、林、田、村的资源禀赋，充分应用互动投影、5G、AR/VR、全息、多媒体等高科技手段，巧妙将文化、科技、艺术与自然山水、千年谜窟进行融合，精准构建展、演、水秀、互动、活动、二次消费项目、景观等有机的空间序列，是集主题化、休闲化、科技化于一体的沉浸式智慧旅游园区，成为新兴消费群体黄山游的重要选项。

沈阳中街步行街位于沈阳古城的中心地区，已有近400年历史，有"东北第一街"的美誉，主街长度1 360米，是沈阳规模最大、形成最早、遗存最多的历史文化街区。项目将历史符号与现代时尚元素相结合，服务功能与智慧管理相结合，通过路面重新铺装、建筑立面改造、空间亮化，打造出火树银花、流光溢彩的中街夜景。

沉浸式旅游的兴起，对导游行业提出了新的要求。传统的导游方式已经无法满足游客对于深度体验的需求，导游们需要创新自己的服务方式，提供更丰富、更具深度的沉浸式讲解。这意味着导游需要对目的地的文化、历史、地理等各方面知识有更深入的了解，同时还要具备较高的沟通表达能力和创新思维。

总之，沉浸式旅游的兴起，为导游行业带来了新的机遇和挑战。导游们需要不断提升自己的专业素养和技能，适应新时代旅游发展的需求。同时，我国旅游业也需要不断创新，抓住沉浸式旅游这一新的发展机遇，推动旅游业的转型升级。在这个过程中，政府、企业、导游和游客等各方都需要共同努力，携手共创美好的沉浸式旅游未来。

【思考与实践】

一、讨论分析 ▶▶

请同学们以导游讲解的方式朗读导游词案例，说一说沉浸式旅游导游词的篇章结构、主要内容以及编撰与讲解特色。

二、模拟实训 ▶▶

1. 写：根据所学知识，撰写一篇关于沉浸式旅游的导游词，自选景点，通过讲解导游词，让游客真实体验，提升旅游乐趣。

2. 讲：请扫二维码，跟着视频学讲解。学习内容为《皇城相府》。

3. 评：对各小组提交的导游词进行评分（50分），选拔优秀作品并进行讲解交流（50分）。评分过程包括小组自评、小组互评、教师评价及企业评价。最后，将撰写作品得分与讲解分数相加，得出总成绩，并将其划分为4个等级：A——95分以上；B——85分至95分；C——75分至85分；D——75分以下。请参照撰写要求与讲解要求评分表（本题共100分）。

皇城相府

【内容拓展】

沉浸式旅游是一种将虚拟现实、增强现实等技术融入旅游体验的全新方式。这种旅游形式使用先进的技术来提供独特的旅游体验，使游客感到身临其境，更加深入地了解和体验目的地。以下是一些沉浸式旅游的案例：

①虚拟现实旅游：游客可以通过头戴式VR设备体验虚拟现实中的旅游景点。这种方式可以让游客在家中就能游览世界各地的著名景点，提供身临其境的感觉（见图4-3-1）。

②增强现实导览：通过手机或平板电脑的AR功能，导游或旅游App可以为游客提供更丰富、更立体的导览服务。AR导览可以帮助游客了解景点的历史背景、建筑特点以及相关的文化信息，提供更深入的旅游体验。

③全息投影旅游：全息投影技术可以再现历史人物或场景，为游客提供沉浸式的体验。例如，在博物馆或历史遗址，全息投影可以展示古代的生活场景、历史事件等，使游客能够更直观地了解历史。

④交互式旅游体验：通过与景点的互动，游客可以更深入地了解当地的文化和历史。例

如，在某些景点，游客可以通过触摸屏幕或参与互动游戏来了解景点的故事和文化背景。

⑤主题公园和演艺体验：主题公园和演艺节目也可以提供沉浸式的旅游体验。例如，迪士尼乐园、环球影城等主题公园通过逼真的布景、表演和科技手段为游客带来丰富多彩的娱乐体验。

图 4-3-1　沉浸式体验

模块五

导游词中的文化内涵

学习目标 →

【素养目标】

1.学生通过学习和讲解导游词，可以深入了解历史、艺术、民俗等各方面的文化知识，从而增强对传统文化的认同感和自豪感；

2.学生通过学习和讲解不同地域、不同文化的导游词，可以了解不同文化的特点和价值观，提高跨文化交流的能力；

3.培养学生导游词和文化内涵融合的能力，让学生更好地了解和传承本民族和国家的文化，提高跨文化交流的能力，增强语言表达能力、团队协作与沟通能力，以及创新思维与解决问题的能力。

【知识目标】

1.了解导游词中的民族文化；

2.了解导游词中的饮食文化；

3.了解导游词中的非遗文化；

4.了解导游词中的中国文学知识。

【技能目标】

1.能结合导游词中的文化内涵进行导游词创作撰写；

2.能融合导游词中的文化内涵进行讲解；

3.结合工作实际进行文旅融合灵活讲解。

导游词中的文化内涵

导游词中的民族文化　　导游词中的饮食文化　　导游词中的非遗文化　　导游词中的中国文学知识

专题一　导游词中的民族文化

【情景导入】

　　作为一名导游，对于民族文化的了解和掌握是非常重要的。在导游词创作撰写和讲解过程中，需要结合具体的民族文化背景，让游客更加深入地了解和体验民族文化的魅力。今天导游小郭要带领大家游览的是新疆伊犁最美的草原——那拉提草原，就让我们跟随小郭的脚步去感受民族文化的融合与创新。

【导游词案例】

塞外江南那拉提，民族融合新篇章

　　各位游客大家好！欢迎来到新疆伊犁最美的草原——那拉提草原。"那拉提"在蒙语里是"有太阳"的意思，相传当年成吉思汗西征时，咱们眼前这云开日出、繁花似锦的莽莽草原为远征军驱走了天山中的寒风、大雪，给他们带来了希望。而如今，那拉提草原已经发展成为"塞外江南"，是世界四大草原之一，更是民族融合的象征地。

　　游客朋友们，走过这片群山环绕、绿草如茵的大草原，现在展现在我们眼前的是一片密叶杨，传说它们生而一千年不死，死而一千年不倒，倒而一千年不朽，就好像天山脚下、草原之上的人民一样，固守着这一方土地，将自己的一切奉献给这片草原，密叶杨是"沙漠的英雄树"，那拉提草原上的人民也是"英雄的人民"。穿过密叶杨，大家右手边的那一片白色毡房，就是哈萨克族大营。哈萨克族大营占地面积130亩，依山傍水，空气清新，环境幽雅，大营内共可搭建70多顶哈萨克族特色毡房，值得一提的是这些毡房都是由当地农牧民自己搭建的，原汁原味地反映了哈萨克民族人文特色、民俗风情。毡房方便携带，是哈萨克族人民为了适应游牧生活而创造的"移动的宫殿"。正是这一座座白色毡房谱写了哈萨克族人民勤劳繁衍的历史，也见证了那拉提草原的发展与变化。下面就请大家随我一起走进毡房，深切感受哈萨克民俗风情。

　　现在出现在我们眼前的这个大帐就是乌孙首领的大帐，也被称为金鼎大帐。它的上部是圆弧形，下部是圆柱形，再覆盖上活动的毡子，既防风保暖又美观大方，我们现在看到的国王大帐，高13米，直径17米，可以同时容纳68位客人用餐，是古代乌孙首领议事之地。您瞧，大帐的四周挂有弓箭、野兽皮毛等，体现了哈萨克族男子的勇猛豪放，您再看脚下，这些绣有各种花卉植物的精美地毯也体现了哈萨克族女子的勤劳善良。遥想当年，解忧公主远嫁乌孙，队伍浩浩荡荡一路前行，历时三年终于到达，乌孙国的首领就是在这里接待了来

自汉王朝的使者与公主，他们的到来为新疆人民带来了先进的生产方式，游牧文明与农耕文明、西域文化与中原文化开始不断融合，民族融合也在这里悄然发生。

欸，这位大哥说，听见了一阵悠扬的歌声，这其实是咱们哈萨克族的兄弟姐妹们在自弹自唱呢，他们弹着冬不拉，用悠扬的歌声把草原的故事与精神世代传递，这也是草原牧民最重要的文化娱乐项目。曾经的草原哺育了不同的民族，他们一起生活，相互融合，共同发展，如今的草原，在与现代文明的不断接轨中，将古代丝绸之路与"一带一路"精神相融合。那拉提草原，必将不断演绎着民族发展与团结的史诗！

【知识储备】

一、结构内容

开头——用简短的欢迎词和开门见山的形式直接切入主题，古今对比，点明讲解的主题是塞外江南那拉提。

正文——先讲了密叶杨，传说它们生而一千年不死，死而一千年不倒，倒而一千年不朽，将密叶杨拟人化，就像草原之上的人民一样，固守着这一方土地，将自己的一切奉献给这片草原，密叶杨是"沙漠的英雄树"，那拉提草原上的人民也是"英雄的人民"。然后穿过密叶杨讲了哈萨克族大营，大营原汁原味地反映了哈萨克民族人文特色、民俗风情，是哈萨克族人民为了适应游牧生活而创造的"移动的宫殿"。进入大帐，用数字说明法讲了它高 13 米、直径 17 米，可以同时容纳 68 位客人用餐，是古代乌孙首领议事之地。最后用虚实结合法讲了解忧公主远嫁乌孙的历史故事，为民族融合带来了希望。

结尾——哈萨克族的兄弟姐妹们在弹着冬不拉歌曲，用歌声作为结束语，用悠扬的歌声把草原的故事与精神世代传递，最后升华。如今的草原，在与现代文明的不断接轨中，将古代丝绸之路与"一带一路"精神相融合。那拉提草原，必将不断演绎着民族发展与团结的史诗！

二、导游词中的民族文化

（一）民族的概念

"民族"有狭义和广义两种概念。狭义上的民族，是指人们在一定的历史发展阶段形成的具有共同语言、共同地域、共同经济生活以及表现于共同文化上的共同心理素质的稳定的共同体，如汉族、壮族等；广义上的民族，是指处于不同社会发展阶段的各种人的共同体，如古代民族、现代民族，或者用以指一个国家或一个地区的各种人的共同体，如中华民族是中国境内 56 个民族的总体。

（二）中华民族的族称

民族的名称，简称为族称。我国汉族是人数最多的民族，其他55个民族为壮族、满族、回族、苗族、维吾尔族、彝族、土家族、蒙古族、藏族、布依族、侗族、瑶族、朝鲜族、白族、哈尼族、哈萨克族、黎族、傣族、畲族、傈僳族、仡佬族、拉祜族、东乡族、佤族、水族、纳西族、羌族、土族、锡伯族、仫佬族、柯尔克孜族、达斡尔族、景颇族、撒拉族、布朗族、毛南族、塔吉克族、普米族、阿昌族、怒族、鄂温克族、京族、基诺族、德昂族、乌孜别克族、俄罗斯族、裕固族、保安族、门巴族、鄂伦春族、独龙族、塔塔尔族、赫哲族、高山族和珞巴族。

（三）中华民族的分布特点

中国人口的分布呈现东南密、西北疏的特点。汉族多聚居在人口稠密的东南部，少数民族多居住在人口稀疏的边疆地区，但两者之间并无明显界限。在少数民族聚居区，一般都有一定数量的汉族居民，从而形成了以汉族为主体的大杂居、小聚居、交错居住的格局。我国少数民族人口所占的比例虽小，但分布地区很广，占全国总面积的60%以上。这种居住格局决定了中国各民族之间，特别是汉族和少数民族之间，在政治、经济、文化等方面相互依赖的密切关系。

（四）汉族的基本概况

汉族是世界上文明发达最早的民族之一，主要源于炎黄、东夷等部落联盟，同时吸取了周围的部分荆蛮、百越、戎狄等部落联盟的成分而逐渐形成。其先民经夏、商、周三代，至春秋战国时已形成以"华""夏"单称或"华夏"联称的族体，以与周边各族相区别。汉代以后，周边的各族即以"汉人"称呼中原人。逐渐地，汉族成为中国主体民族百世不易的族称。汉族是以先秦华夏为核心，在秦汉时形成的统一的、稳定的民族，又经秦汉以来2 000余年的繁衍生息，并不断吸收其他民族的血统与文化，得以发展成为拥有灿烂的古代文明、众多人口的民族。汉族不仅是中国，也是全世界人口最多的民族。

历史上，汉族是典型的以家庭种植和养殖为主的农业民族，形成了悠久的农耕文化。汉族聚居的全国广大地区，资源众多，物产丰饶。

汉族的语言简称汉语，属汉藏语系，是世界上历史最悠久、最丰富的语言之一。汉字是记录汉语的符号，属表意文字。

天命崇拜、祖先崇拜是汉族宗教信仰的传统观念。汉族对各种宗教采取兼容并蓄的态度，道教是中国土生土长、具有汉民族特色的宗教，域外传入的佛教、基督教、伊斯兰教等，也能在汉文化的土壤中植根发展、广为传布。

汉族的饮食结构以粮食作物为主食，以鱼、肉、蔬菜为副食。南方和北方种植稻米的地区以米饭为主，种植小麦的地区则以面食为主。此外，其他的粮食作物如玉米、高粱、谷类、薯类等杂粮也都成为不同地区主食的组成部分。汉族的菜肴极其丰富，因气候条件、地理环境、地方特产、生活方式、烹调方法、审美爱好等的差异，形成了众多的地方菜系。汉族的饮食文化讲究色、香、味、形、器、意的完美结合，在世界上享有盛誉，酒文化和茶文化内涵深厚、独树一帜。

汉族的服饰文化源远流长，据有迹可循的考古发现，迄今至少已有上万年的历史。在这一过程中，纺织技术的发展，审美观念的变化，外族服饰的冲击，诱发和促进了汉族服饰的演进与更新。汉族的服饰在式样上主要有上衣下裳和衣裳相连两种基本的形式，大襟右衽是其服装始终保留的鲜明特点。汉族的染织工艺以其历史悠久、技术先进、制作精美而独步世界。民居是人们的生活空间。汉族人数众多、分布广泛，由于受各自所处的特殊地域环境的限制，呈现出不同的民居式样。北方以北京的四合院为主要代表，黄土高原上是错落有致的窑洞，南方以天井式瓦房居多，闽赣粤地区的客家人则是居住大围楼，另有徽派建筑、江南的水乡民居、上海的石库门等，都具有鲜明的地域文化特征。长期以来，对汉族民居影响最大的莫过于"风水术"定下的范式。"风水术"为中国之独创，其核心内容是人们对居住环境进行的选择和处理，体现了中华民族崇尚的人与自然和谐统一的传统理念。

【思考与实践】

一、讨论分析

1. 请同学们以导游讲解的方式朗读导游词案例，说一说本篇导游词的篇章结构、主要内容以及融入了哪些民族文化。

2. 你还了解哪些民族文化？

二、模拟实训

1. 写：撰写一篇关于苗族文化的导游词，在导游词中融合苗族的传统文化和习俗，通过讲解导游词，让游客了解苗族文化的独特魅力。

2. 讲：请扫二维码，跟着视频学讲解。学习内容为《湖南土家族习俗文化导游词》。

3. 评：将各小组写好的导游词进行作品评分（50分），由全班学生和教师进行评议打分后，提出修改意见，当堂修改好并上交，最后由教师打分，并加上学生打分给出本次作品的撰写成绩。各小组评选出优秀作品进行讲解交流，由教师和全体学生进行打分（50分），加上撰写作品分，算出总成绩，分为3个等级：A——95分以上；B——85分至95分；C——85分及以下。请参照撰写要求与讲解要求评分表（本题共100分）。

湖南土家族习俗
文化导游词

【内容拓展】

苗族：传统与现代的交融 》》

苗族，一个拥有数千年历史的民族，其文化和习俗独具特色，是中国多元文化宝库中的璀璨明珠。

谈及苗族的传统服饰和银饰，人们往往会首先想到那华丽的绣片、精细的图纹以及银光闪闪的首饰。这些服饰和银饰不仅仅是物质的象征，更是苗族人民世代相传的技艺和审美的体现。每一件服饰、每一个饰品都蕴含着丰富的历史、传说和故事，如《苗族古歌》中所描述的那般，它们是苗族文化的活化石。

除了服饰和银饰，苗族的传统节日和活动也充满了浓厚的文化气息。例如，龙舟节期间，苗族人民会举行盛大的龙舟比赛，歌声、鼓声此起彼伏，人们沉浸在欢乐的海洋中。而苗歌节则是苗族音乐的盛宴，人们用歌声传递情感、表达敬意，歌声婉转动听，令人陶醉。

在建筑方面，苗族的智慧和创造力更是令人叹为观止。吊脚楼、石板房等建筑风格独具特色，与自然环境和谐相融。这些建筑不仅满足了居住的需求，更是成为苗族文化的重要载体。每一个角落、每一块石头都承载着苗族的历史和文化记忆。图5-1-1和图5-1-2为西江千户苗寨。

图 5-1-1　西江千户苗寨 1　　　　　　　　图 5-1-2　西江千户苗寨 2

然而，在现代社会的冲击下，苗族的传统和文化面临着一系列的挑战。许多年轻人对传统文化的了解和认同逐渐淡化，一些传统技艺也面临着失传的风险。为了保护和传承苗族的文化和习俗，社会各界应该共同努力，通过教育、宣传等方式提高人们对传统文化的认识和重视。同时，鼓励年轻一代参与到传统文化的传承和创新中来，让苗族的文化在新的时代背景下焕发出更加璀璨的光芒。

专题二　导游词中的饮食文化

【情景导入】

在中国的旅游文化中，饮食文化是一个不可或缺的重要组成部分。每个地区都有其独特的饮食习惯和风味小吃，这些美食不仅满足了游客的口腹之欲，更让他们体验到了当地的文化和生活方式。作为一名导游，了解和掌握相关的饮食文化知识是非常必要的。在导游词创作撰写和讲解过程中，需要结合具体的饮食文化背景，让游客更加深入地了解和体验中国饮食文化的魅力。

【导游词案例】

吐鲁番葡萄沟

各位朋友，唐代诗人刘禹锡这样描写葡萄："珍果出西域，移根到北方。昔年随汉使，今日寄梁王。"从他的诗句中，我们可以了解到，新疆是葡萄的故乡，而最为传神的地方，就是今天我们即将前往的——吐鲁番葡萄沟景区。

葡萄沟位于吐鲁番市东北约13千米处的火焰山沟谷当中。南北长约8千米，东西最宽处可达2千米，从空中俯瞰就像一块碧绿的和田玉，镶嵌在红色的火焰山当中；炎炎夏日，天山博格达峰冰雪融水汇聚成河，穿过火焰山，顺着人民渠，流进清凉的葡萄沟，演绎着"冰火两重天"的完美世界，如果说吐鲁番是火洲的话，那么葡萄沟就是火洲中的"桃花源"了。

全世界大约有3 500多种葡萄，而吐鲁番就有600多种，大多数种类都集中在葡萄沟，真可谓是中国"葡萄博物馆"和"世界葡萄植物园"了；在这里种植的葡萄大约有400公顷，品种繁多，数不胜数，有的鲜艳似玛瑙，有的碧绿若翡翠。最有名的当数无核白葡萄，因为这里日照时间长，无霜期达280多天，造就了无核白皮薄肉脆、汁多味甜、鲜艳碧绿、晶莹剔透的特点，无核白成为世界上最甜的葡萄，又称"中国绿珍珠"。而刘禹锡诗中更是这样描写马奶子和赤霞珠葡萄："鱼鳞含宿润，马乳带残霜。染指铅粉腻，满喉甘露香。酿成十日酒，味敌五云浆。"

葡萄全身都是宝，除了可用来鲜食之外，还可以用来酿酒，制成葡萄干。葡萄根部可以入药防治心血管疾病和癌症，葡萄叶子可以治疗婴幼儿腹泻，而葡萄籽更是抗氧化美容上品，葡萄的好处和辅助功效实在太多太多。瞧！这葡萄架上，一颗颗晶莹剔透，一串串挂满枝头，一片片铺满沟谷，预示着丰收的喜庆、成熟的韵味和团结的幸福。它满足了来到这里的人们对美好生活和人间美景的所有期望。

从 1990 年开始，吐鲁番市每年 8 月底都要举办中国丝绸之路吐鲁番葡萄节。在这时候，走在葡萄架下，听着当年那曲"吐鲁番的葡萄熟了，阿娜尔罕的心儿醉了"的歌声，去品尝葡萄的美味，感受沟谷的清凉，去寻找阿娜尔罕那甜蜜的歌声和婀娜的舞姿，一定会让人沉醉于此，久久不愿离去。

葡萄沟深受党和国家领导人的关怀，在这里留有邓小平、江泽民、朱镕基等国家领导人的亲切身影，而"葡萄沟"三个字就是 1988 年 3 月时任全国人大常委会委员长彭真的亲笔题书。在党的领导下，吐鲁番葡萄沟已经成为中国"一带一路"上，新疆旅游文化对外交流的一个重要平台和桥梁。在党的领导下，吐鲁番葡萄沟的甜蜜事业，蒸蒸日上，蓬勃发展。

忆往昔已千年，品佳酿在今朝。最后，祝朋友们的事业像火焰山一样红红火火，祝朋友们的生活像葡萄沟里的葡萄一样，甜甜蜜蜜！

【知识储备】

一、结构内容

开头——引用刘禹锡的诗句点明接下来游览的是吐鲁番葡萄沟景区。

正文——首先用数字说明法和比喻、对比修辞手法对景区的概况进行了一个介绍，南北长约 8 千米，东西最宽处可达 2 千米，将其比喻为碧绿的和田玉，把吐鲁番和葡萄沟做了对比，吐鲁番是火洲的话，葡萄沟就是火洲中的"桃花源"，体现出"冰火两重天"，对比鲜明，引人入胜。接下来讲了葡萄的品种特点，色香味俱全，让人不禁想尝一尝。然后写了葡萄的功效，全身是宝，以及预示着丰收、喜悦、团结、对美好生活的期望。最后升华到丝绸之路，在党和领导的关怀下，吐鲁番葡萄沟已经成为中国"一带一路"上，新疆旅游文化对外交流的一个重要平台和桥梁。在党的领导下，吐鲁番葡萄沟的甜蜜事业，蒸蒸日上，蓬勃发展。

结尾——"忆往昔已千年，品佳酿在今朝"，用诗句结尾，有文化韵味，最后表达祝愿。

二、导游词中的饮食文化

（一）中国菜系的划分

菜系，是指在选料、切配、烹饪等技艺方面，经长期演变而自成体系，具有鲜明的地方风味特色，并为社会所公认的中国的菜肴流派。

早在明清时期，我国就形成了鲁、苏（淮扬）、粤、川"四大菜系"。那时人们称为"帮口"或"帮口菜"。后来，在"四大菜系"的基础上又增加了徽（安徽）、浙（浙江）、闽

（福建）、湘（湖南）四个菜系，形成了"八大菜系"；此后又增加了京（北京）、沪（上海）菜系，称为"十大菜系"；增加豫（河南）、秦（陕西）菜系后，称为"十二大菜系"

（二）中国四大菜系简介

1. 鲁菜

鲁菜即山东菜，是我国北方历史悠久、影响最大的一个菜系，有北方代表菜之称。鲁菜源远流长，其菜系的形成可以追溯到春秋战国时期。南北朝时已初具规模。到唐宋时期，山东菜已经成为北方地区菜肴的主要代表，并流传到全国各地。元、明、清各代，山东菜进入宫廷，并成为御膳支柱。现代北京的仿膳菜仍具有鲁菜特色。

鲁菜的主要特点是：讲究调味醇正，口味偏于咸鲜，具有鲜、嫩、香、脆的特色。烹调技法以爆、扒技法独特而见长，颇具特色的是善用酱、葱、蒜调味和用清汤、奶汤增鲜。鲁菜以其风味独特、制作精细享誉海内外，对其他菜系的产生有重要的影响。鲁菜由济南菜（齐鲁风味）、青岛菜（胶辽风味）组成，孔府菜也自成体系。

鲁菜的代表名菜有九转大肠（见图 5-2-1）、糖醋鲤鱼（见图 5-2-2）、德州扒鸡、油爆双脆、葱烧海参、清蒸加吉鱼、清汤燕菜、炸蛎黄、油爆海螺、原壳鲍鱼、海米珍珠笋、燕窝四大件等。

图 5-2-1　九转大肠　　　　　　　　图 5-2-2　糖醋鲤鱼

2. 苏菜

苏菜又称淮扬菜。江苏省地理位置优越，气候寒暖适宜，素有"鱼米之乡"之称。"春有刀鲚夏有鲥，秋有肥鸭冬有蔬"，一年四季水产畜禽蔬菜连续上市，为烹饪技术发展提供了优越的物质条件。

苏菜的主要特点是：用料广泛，以江河湖海水鲜为主；刀工精细，烹调方法多样，擅长炖、焖、煨、焐；追求本味，清鲜平和，适应性强；菜品风格雅丽、形质均美。苏菜由淮扬菜（扬州、淮安）、江宁菜（南京、镇江）、苏锡菜（苏州、无锡）等几部分组成，以淮扬菜为代表。

苏菜的代表名菜有松鼠鳜鱼、碧螺虾仁、响油鳝糊、叫花鸡、太湖银鱼、清炖蟹粉狮子头、大煮干丝、三套鸭、水晶肴肉、盐水鸭、霸王别姬、羊方藏鱼等。

3. 粤菜

粤菜的形成和发展有着悠久的历史。由于广州地处珠江三角洲，水陆交通四通八达，所以很早便是岭南政治、经济、文化中心，饮食文化比较发达。同时，广东是我国最早对外通商的口岸之一，在长期与西方经济往来和文化交流中，汲取了外来的各种烹饪原料和烹饪技艺，使粤菜日渐完善。加之旅居海外的华侨把欧美、东南亚的烹调技术传回家乡，丰富了粤菜菜谱的内容，促进了粤菜的发展。

粤菜历来以选料广博奇杂、菜肴新颖奇异而闻名全国。广东各地对鱼虾、禽畜、野味烹制均有专长，尤其对"蛇"的制作有独到之处。同时，广东属亚热带，天气炎热，这也给食俗带来很大的影响，其口味清淡，重汤菜。粤菜由广府（以广州菜为代表）、客家（又称东江风味，以惠州菜为代表）、潮汕（以潮州菜为代表）三种风味组成，以广府风味为代表。

粤菜的代表名菜有白灼海虾、脆皮乳猪、白云猪手、太爷鸡、香芋扣肉、黄埔炒蛋、炖禾虫、五彩炒蛇丝、东江盐焗鸡、爽口牛丸、油泡鲜虾仁等。

4. 川菜

川菜起源于古代的巴国和蜀国，历史悠久。从秦朝到三国时期，成都逐渐成为四川政治、经济、文化中心，使川菜得到不断发展，逐渐成为我国一个主要地方菜系，蜚声海内外，有"食在中国，味在四川"之说。

川菜发展至今，已具有用料广博、味道多样、菜肴适应面广三个特征，其中尤以味型多样、变化巧妙而著称。川菜调味多用三椒（辣椒、花椒、胡椒）和鲜姜、豆瓣酱等，不同的配比，化出了麻辣、酸辣、椒麻、麻酱、蒜泥、芥末、红油、糖醋、鱼香、怪味等各种味型，无不厚实醇浓，具有"一菜一格""百菜百味"的特殊风味。川菜包括重庆、成都和乐山、内江、自贡等地方菜，主要分为蓉派（成都、乐山）、渝派（重庆、达州）和盐帮（自贡、内江）菜三类。

川菜的代表名菜有鱼香肉丝、宫保鸡丁（见图5-2-3）、夫妻肺片、麻婆豆腐（见图5-2-4）、回锅肉、灯影牛肉、樟茶鸭子、干煸牛肉丝、水煮鱼、怪味鸡等。

图 5-2-3　宫保鸡丁　　　　　　　　　　图 5-2-4　麻婆豆腐

（三）名茶与名酒

1. 名茶

中国是茶树的原产地，又是最早发现茶叶功效、栽培茶树和制成茶叶的国家。唐代茶圣陆羽的《茶经》是中国也是世界第一部茶叶科学专著。它记述了茶的起源、品质、种植方法、产地、采制、烹饮及器具等。茶叶、咖啡与可可现已成为世界三大饮料。

茶叶是以茶树新梢上的芽叶嫩梢为原料加工制成的产品。茶叶按初加工方式可以分为绿茶、红茶、青茶（乌龙茶）、黑茶、黄茶、白茶六大类毛茶。再加工茶类有压制成型的紧压茶和鲜花窨制的花茶。紧压茶主要以黑茶或红茶或绿茶为原料，经过蒸压处理，加工成茶块，深受西北、西南少数民族的喜爱，也称边销茶；花茶出现于宋代，以精制后的茶叶和鲜花为原料，经过窨花工艺制成，尤其受我国北方人民的喜爱。

2. 名酒

（1）白酒类名酒

白酒也称"烧酒"，是中国特有的一种蒸馏酒，它以酒曲、酵母为糖化发酵剂，利用淀粉质原料，经发酵蒸馏而成。白酒中的名酒是按香型评定的，分为酱香型、浓香型、米香型、清香型、兼香型等。

①酱香型酒。所谓酱香，就是有一股类似豆类发酵时发出的酱香味。这种酒的特征是酱香突出，幽雅细腻，酒体丰富醇厚，回味悠长，香而不艳，低而不淡。贵州茅台酒是此类酒的典型代表。茅台酒在历次国家名酒评选中都荣获名酒称号。茅台酒还是许多重大外事活动的见证者，因而被誉为"国酒""外交酒"。

②浓香型酒。主要特征是窖香浓郁，绵甜甘洌，香味协调，尾净余长。泸州老窖特曲、五粮液酒为此类酒的代表。泸州老窖特曲酒作为浓香型大曲酒的典型代表，以"醇香浓郁，清洌甘爽，饮后尤香，回味悠长"的独特风格闻名于世。五粮液酒，喷香浓郁，醇厚甘美，回味悠长，以优质糯米、大米、高粱、小麦、玉米5种粮食为原料酿制而得名。此外，贵阳大曲、习水大曲、洋河大曲等都属于浓香型白酒。

③米香型酒。主要特征是蜜香清雅，入口柔绵，落口爽洌，回味悠长。桂林三花酒属于此类白酒的代表。三花酒采用清澈澄碧的漓江水、优质大米和精选的酒曲酿造。酒酿成后，一般要装入陶瓷缸内，存放在石山岩洞中，过一两年，让它变成陈酿，使酒质更加醇和、芳香，然后才分装出厂。桂林冬暖夏凉的岩洞所构成的特有的储存条件，使酒质愈加醇和芳香。

④清香型酒。主要特征是清香醇正，诸味协调，醇甜柔和，余味爽净，甘润爽口，具有传统的老白干风格。山西杏花村汾酒是这类香型的代表。汾酒产于山西省汾阳杏花村汾酒（集团）公司。作为我国白酒类的名酒，山西汾酒可以说是我国历史上最早的名酒，素以入口绵、落口甜、饮后余香、回味悠长的特色而著称。

⑤兼香型酒。指具有两种以上主体香型的白酒，具有一酒多香的风格，又称为复香型和混合香型酒。以贵州遵义董酒、陕西西凤酒为代表。董酒香气幽雅舒适，既有大曲酒的浓郁芳香，又有小曲酒的柔绵、醇和、回甜，还有淡雅舒适的药香和爽口的微酸，入口醇和浓郁，饮后甘爽味长。由于酒质芳香奇特，被人们誉为其他香型白酒中独树一帜的"药香型"或"董香型"的典型代表。西凤酒是以大麦、豌豆制曲，优质高粱为原料，配以天赋甘美的柳林井水，采用高温焙曲，土暗窖发酵，续渣混蒸混烧而得的新酒，需储存三年，再经精心调制而成。西凤酒醇香芬芳，清而不淡，浓而不艳，集清香、浓香之优点于一体，风格独特。

（2）黄酒类名酒

黄酒，又称米酒，以稻米、黍米、玉米、小麦等为主要原料，经蒸煮，拌以麦曲、米曲或酒药，进行糖化和发酵酿造而成。黄酒酒精含量一般在16%~18%，因酒色黄亮或黄中带红而得名。

①绍兴加饭酒。古称"山阴甜酒""越酒"，距今已有2300多年的酿造历史。具有色泽橙黄清澈、香气芬芳浓郁、滋味鲜甜醇厚、越陈越香、久藏不坏的特点。

②福建龙岩沉缸酒。历史悠久，是一种特甜型酒，酒度在14%~16%，总糖在22.5%~25%。龙岩沉缸酒的酿法集我国黄酒酿造的各项传统精湛技术于一身。

（3）啤酒类名酒

啤酒是一种含有多种氨基酸、维生素、蛋白质和二氧化碳的饮料酒。它具有营养丰富、高热量、低酒度的特点，素有"液体面包"的美称。

啤酒主要有三种分类方式：按其色泽，可分为黄啤酒（淡色啤酒或浅色啤酒）和黑啤酒（浓色啤酒或绿色啤酒）。按其加工时是否经过均衡程序及杀菌，可分为生啤酒和熟啤酒。按其麦芽汁的浓度，可分为低浓度啤酒（原麦汁浓度6°~8°，酒精含量2%左右）、中浓度啤酒（原麦汁浓度10°~12°，酒精含量3.1%~3.8%）和高浓度啤酒（原麦汁浓度14°~20°，酒精含量4.9%~5.6%）。

中国最著名的啤酒是青岛啤酒，系山东青岛啤酒厂出品。酒度3.5%，麦芽浓度12°。酒色呈米黄、淡而透亮、沫洁白细腻，具有显著的酒花、麦芽的清香和特有的苦味，口感柔和、清爽纯净。

（4）果酒类名酒

果酒是用水果本身的糖分被酵母菌发酵而成的酒，如李子酒、葡萄酒、苹果酒等。尤以葡萄酒最为著名。葡萄酒是以新鲜葡萄或葡萄汁为原料，经酵母发酵酿制而成的各类酒的总称。按酒的色泽，葡萄酒分为红葡萄酒、白葡萄酒、桃红葡萄酒三大类。根据葡萄酒的含糖量，分为干红葡萄酒、半干红葡萄酒、半甜红葡萄酒和甜红葡萄酒。

葡萄酒原产于西亚地区，汉代经"丝绸之路"传入中原。被评为国家名酒的葡萄酒有张裕公司的红葡萄酒、金奖白兰地等。

【思考与实践】

一、讨论分析 ≫

1. 请同学们以导游讲解的方式朗读导游词案例，说一说本篇导游词的篇章结构、主要内容以及编撰与讲解特色。

2. 你还了解哪些饮食文化？

二、模拟实训 ≫

1. 写：撰写一篇关于饮食文化的导游词，通过讲解导游词，美食自选，让游客了解饮食文化的独特魅力。

2. 讲：请扫二维码，跟着视频学讲解。学习内容为《孔府菜》。

3. 评：对各小组提交的导游词进行评分（50分），选拔优秀作品并进行讲解交流（50分）。评分过程包括小组自评、小组互评、教师评价及企业评价。最后，将撰写作品得分与讲解分数相加，得出总成绩，并将其划分为4个等级：A——95分以上；B——85至95分；C——75至85分；D——75分以下。请参照撰写要求与讲解要求评分表（本题共100分）。

孔府菜

【内容拓展】

东坡肉是一道具有丰富文化内涵和历史背景的名菜。它的故事始于北宋时期的文学家苏东坡。苏东坡在澧州（现湖南常德）任官时，非常喜欢当地的猪肉，尤其是将猪肉切成大块后煮制，使得肉块入味鲜嫩。他还喜欢在肉块表面刻上字，以增添装饰效果。

据说一次苏东坡在宴会上亲自下厨，他将猪肉煮制后，偶然间发现锅中并没有剩下太多的汤汁，而肉质却十分入味。于是，他想到用盐、酱油和其他调料将猪肉重新炖煮，使得肉质更加鲜嫩可口。这道煮至入味的猪肉被苏东坡命名为"东坡肉"。

随着时间的推移，东坡肉逐渐流传开来，成为一道备受追捧的名菜。尤其是在南方地区，东坡肉成为宴会上的招牌菜之一。南方的烹饪风格大多以糖、酱油、花椒等调料为主，这与东坡肉的独特口味非常契合。此外，苏东坡本人在中国文学史上有着崇高的地位，他的作品至今广泛流传。在他的诗词中，多次提到东坡肉，使得东坡肉成为与他并驾齐驱的美食代表。东坡肉的特点是色泽红亮、香气扑鼻、肥而不腻、瘦而不柴。它的独特口感和美味令人难以抵挡。有人说，真正的东坡肉应该是"一肥二瘦三皮"，这就是指猪肉应该有一层肥肉、两层瘦肉和一层皮。

东坡肉作为中国历史上的名菜之一，有着丰富的文化背景和历史来源。它不仅代表着苏东坡的文学成就，也成了中国烹饪技巧的瑰宝之一。东坡肉的美味和独特口感让人们对它爱不释手，也让它成为中国美食文化中的重要组成部分。无论是在家庭聚会还是在正式宴会上，东坡肉都能为人们带来愉悦和满足的美食体验。

专题三　导游词中的非遗文化

【情景导入】

作为中国传统文化的重要组成部分，非物质文化遗产（简称"非遗"）在导游词中占有举足轻重的地位。它不仅承载着中华民族悠久的历史记忆，更是民间智慧与民族精神的结晶。非遗文化在导游词中具有重要意义。作为一名导游，深入研究和传承非遗文化，将其融入导游词中，有助于提升游客对中华民族传统文化的认识和欣赏，实现文化传承与旅游业的共同发展。在本文中，我们将探讨导游词中的非遗文化的讲解技巧，让王导带领大家领略其独特魅力。

【导游词案例】

昆曲

有人说，中国的昆曲和中国的瓷器一样美。只是一种是动态的美，一种是静态的美。昆曲的动态美在中国著名作家白先勇集众多艺术家共同制作的青春版昆曲剧目《牡丹亭》中展现得淋漓尽致。在美国、英国、希腊等地巡回演出的成功就证明了昆曲的巨大魅力。海外观众非常喜爱《牡丹亭》，说它非常美，美到让人无法抗拒。

它到底有多美，为什么能得到世界各地观众的喜爱？今天我们就带着大家来了解以《牡丹亭》为代表的中国现存最古老的剧种之一——昆曲。

昆曲是如此的美妙！2001年5月18日，联合国教科文组织颁发证书，授予昆曲"人类口述遗产和非物质遗产代表作"的称号。申报书这样指出，"昆曲是中国现存古老的剧种之一。它在艺术、文学、历史方面都有无可替代的价值"，"中国戏曲共有三百多个剧种，昆曲是现存戏曲剧种中历史最悠久、最能体现民族戏剧特色、影响最为深远的一个剧种"。曾经沉默很久的昆曲，重新引起社会各界的关注，人们也纷纷议论着这朵艺术百花园中的"兰花"。

昆曲，发源于中国苏州的昆山一带，明朝时通称为昆山腔或昆腔。昆山腔开始只是民间的清曲、小唱。苏州一带的地方话很轻柔，很清丽，就像江南的小桥流水一样，我们叫它"吴侬软语"，流行在这儿的昆山腔也是这样的婉转轻柔。明代中期的苏州，和现在一样是在经济、文化等方面都遥遥领先的鱼米之乡，是中国有名的大都会，而昆山，是一个海运便捷、很繁华很热闹的地方。很多有才华的音乐家、剧作家都聚在这里。当时，中国有一个士大夫阶层，就是读书人，家里挺富裕，不像现代人一样整天忙于工作。他们很喜欢聚会，喜欢当时流行在昆山一带的地方小戏，有的还蓄养戏班子，甚至亲自参加演出，自己创作昆曲。昆曲就这样渐渐地繁盛起来。明代万历以后，由于这些文人雅士推崇备至，昆曲在整个社会迅速普及，上至最高统治者，下至走街串巷的小商小贩，都陶醉在昆曲中，昆曲成为当时人们的共同爱好。

这一共同的爱好成就了两百年之久的苏州虎丘中秋曲会的盛况。这是一年一度的全民性的戏曲比赛盛会，以演唱昆曲为主。每年中秋节那天，苏州城的老百姓倾城而出，浩浩荡荡来到虎丘，外地唱曲家也从四面八方赶来。先是万人齐唱，然后比出优胜者数十人，接着再唱再比，最后决出一名演唱水平最高者，在一片宁静中登场演出。

明代文学家袁宏道在《虎丘记》详细描绘过中秋曲会盛况，还写了水平最高者的演唱："一夫登场、四座屏息，音若细发，响彻云际，每度一字，几尽一刻，飞鸟为之徘徊，壮士听而下泪矣。"意思是说，一个演员上台开始演出了，台下的观众都安静地听着，演员的声音很细，但很悠远，唱一个字，声音拉得很长，曲折婉转，连鸟儿听了都不愿意离开，粗壮的男子听了也会落下眼泪！

当代中国学者余秋雨曾说，虎丘中秋曲会中铺天盖地的全民性痴迷成了昆曲艺术生存的浓烈氛围，使人联想到古希腊圆形剧场中万众向悲剧演员欢呼的场面。的确，虎丘中秋曲会，不仅是普通意义上的戏曲赛会，也是苏州民众几乎用全部身心投入的盛大而庄严的生命仪式。

欣赏昆曲，你有时候可能很困惑，因为你可能听不懂演员们唱的是什么，即使配有字幕，你也弄不明白是什么意思。这一点儿也不奇怪！因为，昆曲保留了比较原始的样子，使用的是当时作家创作的语言，而且引用了很多典故。你想想，600年前社会的样子，肯定和我们现在的生活差距很大。但是，听不懂昆曲并不影响欣赏它。大多数中国人对外国歌剧也听不太懂，不是还有很多人用心去欣赏吗？音乐是没有国界的。昆曲是一个美丽、害羞、聪慧、多情的妙龄少女，你可以听不懂她的语言，但她那妙不可言的美好会给你留下深刻的印象！

【知识储备】

一、结构内容

开头——把昆曲和中国的瓷器做对比，体现出动态美，又举了《牡丹亭》的例子，说明了昆曲的魅力。

正文——先讲了昆曲的地位和价值，历史悠久，有无可替代的价值，足以见得昆曲的地位之重；又讲了昆曲的发源，当时产生的历史背景和原因，举出明代文学家袁宏道在《虎丘记》详细描绘过中秋曲会盛况，可见当时的人们有多么地热爱昆曲。

结尾——最后，探讨一下昆曲的魅力。尽管我们可能无法完全听懂这种已有 600 年历史的古老艺术形式，但这并不妨碍我们欣赏它。昆曲采用了拟人手法，形象生动，富有诗意。它将传统的中国文化内涵与音乐、舞蹈、戏剧等艺术形式完美地融合在一起，展现了一幅绚丽的艺术画卷。

与此同时，我们可以将昆曲与外国歌剧进行对比。虽然两者分属不同的文化和艺术体系，但它们在表现人类情感和审美方面有着异曲同工之妙。音乐作为一种无国界的艺术形式，可以跨越语言和文化的障碍，直击人心。

将昆曲比作一位妙龄少女，她美好而多情，即使我们无法听懂她的言语，但仅仅是欣赏她的风貌，也能感受到其中所蕴含的深厚历史底蕴和美好情感。在这个快节奏的时代，昆曲以其独特的韵味和魅力，为我们提供了一个静下心来欣赏传统艺术的理由。

二、导游词中的非遗文化

1997 年，联合国教科文组织通过并建立了《人类口头与非物质文化遗产代表作》；2003 年 10 月 17 日通过了《保护非物质文化遗产公约》。2005 年 3 月 26 日，中国国务院发布了《关于加强我国非物质文化遗产保护工作的意见》，2011 年 6 月 1 日又颁布施行了《中华人民共和国非物质文化遗产法》，全面启动了中国非物质文化遗产保护工作。

（一）熟悉世界和中国非遗名录类别

申报世界非遗项目必须具备三个条件：首先有艺术价值，其次处于濒危状况，最后要有完整的保护措施。申报后，联合国教科文组织会进行考察评判，通过后进入名录。

中国非遗是一个地域、一个民族具有风俗特色、建筑风格、表演艺术以及传统工艺的文化遗产，是民族的符号，是我们的中国魂。随着现代化的发展，一些民俗和传统文化逐渐消失，这警示我们必须重视非遗、保护非遗，培养人才继承非遗，保护和弘扬中国传统文化。

中国的非物质文化遗产一览如表 5-3-1 所示。

表 5-3-1　中国的非物质文化遗产一览

非物质文化遗产	类型	项目代表
中国的世界非遗 2001—2013 年（共 37 项）	表演艺术类	中国昆曲、古琴艺术、中国京剧、广东粤剧、西安鼓乐、皮影戏、蒙古族长调民歌、蒙古族呼麦歌唱艺术、朝鲜族农乐舞、新疆维吾尔木卡姆艺术、南音、热贡艺术、花儿、玛纳斯、格萨尔、贵州侗族大歌、藏戏
	传统手工艺类	中国桑蚕丝织技艺、南京云锦、安徽宣纸、浙江龙泉青瓷、传统木结构营造技艺、雕版印刷
	传统节日类	端午节、妈祖信俗
	表现形式技艺类	中国珠算、中国书法、中国篆刻、中国剪纸、中医针灸
	急需保护的非物质文化遗产	羌年、黎族传统纺染织绣技艺、中国木拱桥传统营造技术、新疆麦西热甫、福建水密隔舱福船营造技艺、中国活字印刷术、赫哲族伊玛堪说唱
中国非遗 2006—2014 年分四批名录（共 1372 项）	传统口头文学以及作为其载体的语言类	白蛇传传说、梁祝传说、畲族小说歌、牛郎织女传说、屈原传说、王昭君传说、木兰传说等
	传统美术、书法、音乐、舞蹈、戏剧、曲艺和杂技（竞技）类	桑植民歌、陕北民歌、阿里郎、信阳民歌、大别山民歌、鼓舞、麒麟舞、灯舞、昆曲、京剧、越剧、沪剧、淮剧、锡剧、甬剧、苏州评弹、相声、京韵大鼓、吴桥杂技、围棋、象棋等
	传统技艺、医药和历法类	剪纸、面人、草编、木雕、玉雕、木版年画、金山农民画、顾绣、苏绣、湘绣、蜀绣、唐三彩烧制、中式服装制作技艺（龙凤旗袍手工制作技艺）、北京四合院传统营造技艺、石库门里弄建筑营造技艺、中医、中药等
	传统礼仪、节庆等民俗类	春节、清明、端午、七夕、中秋、重阳、京族哈节、傣族泼水节、黎族三月三节、瑞云畲族牛歇节、苗族鼓藏节、侗族萨玛节等
	传统体育和游艺类	峨眉武术、天桥摔跤、鲸鲵拳、精武武术、里山武术、梅山武术、意拳、绵拳等

　　非遗文化的传承需要政府支持，需要培养专业人才，也需要导游讲解和宣传。下面对几个不同的非遗项目从不同非遗文化角度，运用不同的讲解方法和讲解技巧进行分析，让我们一起走进非遗，了解非遗。

（二）中国非遗文化的讲解内容

　　中国非遗文化的讲解内容主要包括非遗项目的历史沿革和地位价值，重点突出工艺技术流程的传承、继承人以及目前的发展情况。

1. 突出非遗项目历史沿革

非物质文化遗产，又称无形文化遗产，它与自然和物质文化遗产的固态不同，其特征是"活态流变"。非物质文化遗产是指以人为本，以技艺为主，以经验取胜的动态文化遗产，它既有声、像、形、技等表现形式，更多的是口口相传、技艺相教。非物质文化遗产传承的本质是传承人的培养。

2001 年，联合国教科文组织将中国的昆曲列为人类口头与非物质文化遗产，从而开创了中国非遗入选世界名录的先河。中国的非物质文化遗产是指各族人民世代相传并视其为文化遗产组成部分的各种传统文化表现形式，以及与传统文化表现形式相关的实物和场所。如：昆曲、京剧列入世界非遗表演艺术门类；北京四合院传统营造技艺、上海石库门弄堂营造技艺列入中国非遗传统技艺中的营造艺术门类；中国旗袍列入中国非遗手工制作技艺门类等。

2. 突出非遗的地位和价值

文化遗产是一个国家和民族历史文化成就的重要标志，它在研究历史、保护民族文化中具有重要价值，在研究中国文明的各个阶段中具有重要意义，在研究世界文化中也有十分独特的作用。中国的非物质文化遗产是人类共同的文化财富。

例如：北京四合院的营造蕴含着丰富的文化理念。院落的进深、开合及大门、影壁、屋饰等细节上，均鲜明地反映了古代民居的等级色彩。家庭成员及仆佣分别住在正房耳房、厢房、倒座房，通过建筑的位置、朝向、宽窄、高低不同体现着地位和等级的差别，各向房屋又连接为统一的整体，尊卑有序，折射出传统社会家庭组织的伦理内涵，具有重要的社会学意义。北京四合院的灰墙灰瓦构成了北京城的基本城市色彩，形成了京城特有的民居文化情调。

北京四合院建筑木结构的制作和使用，不但具有实用性、科学性，更具有很高的艺术性。观赏那些青砖磨缝、雕梁画栋的四合院建筑制造工艺，处处都有一种诱人的魅力。

北京四合院承载着老北京的风土人情，进入这个庭院，琳琅满目的文化符号，使人好像步入了一座中国传统文化的殿堂。四合院的装饰、彩绘、雕刻乃至花草树木，处处表达着人们对幸福生活的追求。老胡同更是北京四合院的一部分，也是其文化的象征，老胡同里总是传来几声："豆汁儿，焦圈儿，小豆冰棍儿——"让人听着那么顺耳，所以现在崇尚中国文化的外国人也十分想买一套洋溢着中国味儿的四合院和家人一同居住。

北京四合院的地位非常特殊，因为它是一种不可再生的资源。与其说它是一套房子，倒不如说它是国家级文物。

3. 突出非遗技艺传承

顾绣、苏绣、湘绣、蜀绣、剪纸、面人、草编、木雕、玉雕、木版年画、金山农民画、唐三彩烧制、中式服装制作技艺（龙凤旗袍手工制作技艺）等都被列入了中国非遗名录。导游员在讲解这类非遗时，不仅要突出其技艺的精湛，更要介绍技能的精髓，使游客由衷感叹中国非遗技艺的伟大和技艺传承的不易。下面以苏绣的工艺流程讲解为例。

①选稿。绣稿的来源大体有两种。一种是专为刺绣而作的画稿。另一种是选自名家的作品（包括国画，油画，照片等）。选稿的标准：第一，要看何种画稿适用于刺绣，由于刺绣品分日用品和艺术欣赏品两种，所以还要看何种画稿适用于何种绣品；第二，要计算画稿的简繁及所需的绣作时间。

②上稿。上稿前先要审查拟用的画稿，根据画稿的内容和题材考虑绣种、针法，确定用哪一种质地的底料。一般多以绣种决定所用底料：单面绣以绫、绸缎为绣底，双面绣以真丝塔夫绸、真丝绡、尼龙绡等薄的底料为绣底。上稿有着色和不着色两种。着色的，是把画稿全部线条色彩一一画上绣底，不着色的仅描画其轮廓线在绣底上，由绣者在绣的时候对准画稿用针配色。苏绣现在多用不着色的上稿方法。上稿最重要的是细心，轮廓要精确，勾线不能有丝毫差错。尤其是肖像与动物，其光线明暗部分都需要一一勾出。

③操作。刺绣是一种长时间坐着操作的安静的劳动，又是一种艺术性的劳动，要求刺绣者具备一定的艺术修养，懂得一些基本画理，同时还要耐心细致、一丝不苟、持之以恒、刻苦钻研。

④成品。绣品完成后，可以用熨斗熨平，使其服帖。刺绣成品要妥善收藏，切不可放于潮湿处，以防绣品霉变。

下面是龙凤旗袍的工艺流程的讲解：

旗袍制作工艺十分复杂，顾客预订一件纯手工制作的旗袍，仅首道量身工序，就非常烦琐，得量全身 36 个部位。运用现代工艺制作的，量身环节略减，但也需要量 16 个部位。裁剪工序分成裁剪纸型和裁剪表布，按照尺寸裁剪纸型，然后根据纸型才能裁剪布面，不能有丝毫差错。接着经过绳边、开线、喷水、定型、裁剪、修整做工、归拔、试样、整烫面料等数十道工序，旗袍制作初步完成。第二大部分是在旗袍上融入镶、嵌、滚、宕、绣、绘、镂、雕、盘等工艺。这些工艺主要是对旗袍进一步美化加工，使其具有独特的工艺品价值和观赏价值。旗袍是精工细活，精雕细琢，来不得半点马虎。一件旗袍完成复杂的盘扣需要 7 天时间，从量身开始直至完成制衣一般都要 20~30 天。龙凤旗袍的制作过程是中国传统工艺和西方测量裁剪技术完美结合综合运用的过程。"龙凤旗袍制作技艺"具有独特的设计思想和精妙的制作技艺，是海派旗袍制作技艺的代表，更是中国传统服饰工艺的精华所在。

非遗传承重在技艺的传承，普通百姓的审美往往局限在美的享受上，对于美的产生和历史积淀形成的工艺、规范、流程大多一无所知，一名优秀的导游员不能泛泛而谈，而要引导观众审美。在非遗作品技艺讲解中，需要把百年流传至今又濒临失传的操作技艺一一讲清楚，说古论今，将来之不易的传统技艺结晶通过导游讲解说出来并发扬光大。

4. 突出非遗项目的传承人

非物质文化遗产和自然文化遗产、历史文化遗产最重要的区别在于，后两者是固态遗产，而非遗是活态流变遗产，依靠人进行传承。

例如：旗袍由满族妇女的长袍演变而来。因满族人被称为"旗人"，故将其所穿长袍称为"旗袍"。20世纪20年代，旗袍被定为中国女性的国服，发展至今已近百年。旗袍按传统分为京派（京式）、海派（龙凤）、苏式和粤式（港式）4类，并又衍生出许多新生代。其本质相同，风格独创，各有千秋。

龙凤旗袍制作技艺的第一代传人朱林清，从20世纪30年代末，就在上海著名的广帮裁缝铺拜师学艺，勤奋的他掌握了各道裁剪缝制工序，并创办了"朱顺兴"中式服装铺，成为缝制海派旗袍的创始人。1949以后，"朱顺兴"等5家服装铺合并成立了上海龙凤中式服装店。20世纪50年代是上海旗袍的鼎盛期，女性旗袍风靡大上海。20世纪60年代，女性开始摒弃旗袍换上裙装。那个时期，上海龙凤旗袍渐行渐退，直至消失殆尽。

20世纪80年代，电视剧中各种旗袍绚丽多彩，受其影响，旗袍热在国内再次兴起，年逾百岁的海派名师褚宏生就是龙凤旗袍的第二代传承人，所有旗袍的经典款式，都深深印在他的脑海中。他制作的旗袍成为上海的经典文化之一。面对不同身材和气质的女性，褚宏生一眼就可判断其适合穿丝绒旗袍、绿底大花旗袍、素色条纹旗袍，还是贴身短打旗袍……

徐永良在上海龙凤中式服装店已经工作了30多年，制作出300多种特色盘扣，将传统的龙、凤、孔雀、福、禄、寿、喜、吉祥如意图案融入特色盘扣中，形成新工艺，成为龙凤旗袍的第三代传人。

龙凤旗袍第四代传人焦义刚，也是一位在店中做了三十余年旗袍的大师。为了让龙凤旗袍后继有人，他们开始和上海的职业学校合作办学。焦义刚着手培养人才梯队，兢兢业业地传授技艺。随着学生对工匠精神的认可和社会观念的转变，龙凤旗袍有了"旗袍制作专业毕业生"，燃起了龙凤旗袍制作的新希望。

2011年，"龙凤旗袍手工制作技艺"被列入国家级非物质文化遗产名录，其第五代传承人是平均年龄只有25岁的年轻人，他们齐心协力完成了一批旗袍艺术作品，并走出国门，在法国卢浮宫展出。

龙凤旗袍第六代传承人吴雨婷是一位20岁出头的姑娘，她志在承上启下，和同学边学习边实践。她们深知旗袍制作是一门有血有肉的艺术，每个师傅都有各自的绝活，通过一对一带教，循序渐进地传承龙凤旗袍的制作工艺，使龙凤旗袍制作后继有人。

旗袍的制作历史源于清代，20世纪20年代开始风靡，20世纪60年代出现断层，20世纪80年代开始创新。这段历史的维系和发展得益于传承人口口相传、手把手相教。导游员宣传非遗的重点就是要突出非遗传承重在对人的培养。

《（三）中国非遗文化的讲解方法

在导游讲解方法中有概述法、类比法、情景法、重点法、数字法、虚实法、问答法、悬念法等，在讲解非遗时都能用上，但必须运用合理才能相得益彰。

例如，讲解非遗历史概况时，导游员可以按照历史顺序或按照非遗发展的进程运用概述法进行讲解。在讲述过程中有详有略，讲解时要融入情感，配合肢体语言，使游客没有枯燥乏味的感觉。

又如，在讲解非遗技艺类玉雕工艺时，导游员可以运用类比法，把游客熟悉的现代普通玉雕品和非遗类玉雕艺术品进行比较，比出何为相同，何为相异，接着运用渗透法道出精湛的非遗玉雕技艺，使游客理解和认同非遗就是技艺的传承这一观点。

再如，任何一项非遗都有它的特点，导游员应突出重点、突出与众不同，突出技艺和人的传承，让游客由衷赞叹并感受到"非遗必须世代相传"。

下面，将对用虚实法以传说故事讲解"非遗"和用数字法介绍"非遗"的两个案例进行分析。

蒙自过桥米线的讲解：

过桥米线的传说最初起源于滇南的蒙自市。据说有个书生在湖心的小岛读书准备科考，但因为埋头用功，常常忘记吃妻子送去的饭菜，等到吃的时候饭菜都凉了。由于进食不规律，天长日久，书生日渐消瘦，贤妻十分心疼。

有一次，妻子杀了一只肥母鸡，用砂锅炖好后，放入当地人喜欢吃的米线和其他辅料，不但味道鲜美，而且很长时间保持温热，书生很喜欢吃，贤惠的妻子就常常做。后来，书生金榜题名，但他念念不忘妻子的盛情，戏说是吃了妻子送的鸡汤米线才考中的。因为他妻子送米线到岛上要经过一段曲径小桥，书生便把这种做法的米线叫作"过桥米线"。过桥米线的传说一时成为美谈。

蒙自过桥米线分为米线、高汤、拼盘三个主要部分。米线是基础，高汤是灵魂，而拼盘辅料则是米线的生命。过桥米线的拼盘辅料主要由各种优质肉类和新鲜蔬菜组成，是构成过桥米线的基本元素，为过桥米线的制作提供了丰富而优质的原材料。

分析：一种"非遗"美食就是一个故事，她浓缩了一群人、一座城市的民风民俗和生活习惯，导游用虚实法讲解传说和"非遗"美食，有虚有实，以实为主，带着人间烟火，饱含其独特的历史味道。2014年，蒙自过桥米线制作技艺被外人第四批国家级非物质文化遗产保护项目名录。

南翔小笼包的讲解：

经过几代"笼"人的传承和创新，南翔小笼包的制作日益规范：和、压、揉、搓掐、擀、捏、蒸，各道工序的时间节点控制得非常严格。用料精确到克，成品24克/只（8克面和16克馅）。和面工序中500克面粉加300克水，必须冷水和面并保证搅拌时间，才可以使皮子薄得能见汤。包子皮的制作工艺是关键。捏小笼包的褶子完全是指尖上的艺术，每只包子要捏出十八道纹路分明的精细褶子，收口好像铆鱼张嘴十分漂亮。捏褶子成为南翔小笼包独特手工技艺的精华。南翔小笼包制作工艺的第二个关键是制馅，最难掌握的技艺是熬皮冻，一份猪皮加两份水加葱姜和花雕酒，第一次熬3~4小时后放到绞肉机里搅碎，然后继续熬化，熬好后冷冻成胶状，第二天加入馅料搅拌在一起。小笼包加热后，皮冻就会化作汤汁。熬冻是制作小笼包最关键的工艺。

将包好的小笼包码放进笼屉蒸熟，整个过程只需 5 分钟。小笼包要趁热快吃，冷后再加热，汤汁被肉馅吸收会消失殆尽。一屉小笼包的最佳赏味期非常短，仅仅 10 分钟左右。刚上桌的小笼包用筷子提起时，造型如塔尖，玲珑剔透，皮子下坠，沉沉地垂到极限却又滴汁不漏，待咬破皮子，流出的汤汁盛满一勺，这样的小笼包才算合格，入口鲜而糯，韧而筋道。

分析：导游员在讲解小笼包制作技艺时，妙用数字述说小笼包制作的时间节点数量配比等，使游客感叹看似简单的美食却有如此严格、规范的技术流程，充分展现出"非遗"项目和一般项目的迥然不同，更加凸显传承"非遗"的必要性。

【思考与实践】

一、讨论分析

1. 讲述非遗背后的故事。每一个非遗项目都有其独特的历史渊源和传承故事，自选项目，通过讲述这些故事，让游客更加深入地了解非遗的文化内涵。

2. 作为青年一代，我们应该如何继承发扬传统文化，保护非遗文化？

导游员讲解非遗专题有较大的难度，因为非遗涉及全国各省市自治区及各行各业，名目繁多。导游员是民间大使，宣传中国文化责无旁贷。导游员不仅要了解中国的历史文化和自然景观，更要了解中国的非遗项目，研究探讨各类非遗的特点、技艺传承和接班人的传承，弘扬中国元素，成为名副其实的中国文化传播者。

如何讲好非遗专题，对于导游员而言具有很大的挑战性。请小组合作完成下面的题目，看看能不能挑战成功。

（1）非物质文化遗产又称（　　）。与物质文化遗产不同，其特征是（　　），本质是（　　）。

（2）2001 年联合国教科文组织将中国的（　　）列为《人类口头与非物质文化遗产》，从而开创了中国非遗入选世界名录的先河。

（3）传统中国营造技术列入中国非遗名录的有北京的（　　）和上海的（　　）。

（4）中国传统工艺制作中，女性的（　　）列入了中国非遗名录。

（5）表现形式技艺类项目入选世界非遗的有（　　）。

二、模拟实训

1. 写：请选择当地的非遗文化，撰写一篇导游词，要求生动形象，让人产生探究的兴趣。

2. 讲：请扫二维码，跟着视频学讲解。学习内容为《中国剪纸》。

3. 评：对各小组提交的导游词进行评分（50分），选拔优秀作品并进行讲解交流（50分）。评分过程包括小组自评、小组互评、教师评价及企业评价。最后，将撰写作品得分与讲解分数相加，得出总成绩，并将其划分为4个等级：A——95分以上；B——85分至95分；C——75分至85分；D——75分以下。请参照撰写要求与讲解要求评分表（本题共100分）。

中国剪纸

【内容拓展】

南京云锦的讲解

各位游客，您现在所见的，是南京云锦——一种拥有1 600多年历史的传统手工艺，它以其精细的织造技艺和绚丽的图案色彩，被誉为"东方瑰宝"，是中华民族文化宝库中的璀璨明珠。

您可能会问，南京云锦为何能历经千年而愈发珍贵？这不仅因为其工艺的独特性和复杂性，更因为它代表了一种文化的传承与发展。每一件云锦作品都是工匠心血的结晶，每一幅图案都蕴含着深厚的文化意义和美好的寓意。

云锦的织造需要拽花工和织手两人相互配合，这种工艺至今仍无法用机器替代，体现了极高的技术和工艺要求。在云锦的织面上，一幅78厘米宽的锦缎就有14 000根丝线，所有花朵图案的组成都要在这14 000根线上穿梭，显示了云锦工艺的精细和复杂性。云锦使用的材料包括金线、银线、铜线及蚕丝、绢丝，甚至各种鸟兽羽毛，如孔雀羽毛，使得云锦效果华丽独特。云锦在色彩运用上极为丰富，采用"色晕"和色彩调和的处理手法，形成了庄重、典丽的主调，与宫廷气氛非常协调。云锦的图案设计善于运用生产制作条件，采用"四方连续、八面接章"的构成方法，使得纹样色彩变化丰富，具有美感。

云锦的主要特点是逐花异色，即根据实际需要在纬向同一梭道内织上彩色的纬线，这种手工彩织技术至今无法被现代机器取代。妆花是云锦中织造工艺最复杂的品种，采用挖花技法在丝织物上织出彩色纬花图案，用色浓艳对比，常以金线勾边或金银线装饰花纹。云锦在继承传统工艺的基础上，也不断创新品种，如雨花锦、敦煌锦、金银妆、菱锦、装饰锦等，展示了云锦工艺的活力与发展。

【情景导入】

当你作为导游带领游客参观名胜古迹时，经常会涉及古代文学的引用或故事。因此，具备一定的中国文学知识是非常必要的。在本专题的学习中，我们将一起探讨如何在导游词中融入中国文学知识，使游客在欣赏风景的同时，也能感受到中国文化的深厚底蕴。

【导游词案例】

稼轩悠韵

"千古江山，英雄无觅孙仲谋处。舞榭歌台，风流总被雨打风吹去。"没错，下面我们要去的就是纪念伟大词人辛弃疾的稼轩园。辛弃疾，字幼安，号稼轩，济南历城人。因其"醉里挑灯看剑"的英雄气概，"把栏杆拍遍"的爱国情怀和"天下英雄谁敌手"的豪放词风为世人所称道。"词中之龙"的爱国词人已然离世千余载，而多情的济南人却用大明湖畔这座三进院落的古建筑将他永远存于人们的心中，从而也形成了新明湖八景之一的"稼轩悠韵"。

朋友们，我们现在来到的就是稼轩园，稼轩园始建于清光绪三十年（1904 年），原为李鸿章所建的祠堂，称为李公祠。1961 年改建为辛稼轩纪念祠（图 5-4-1）。稼轩祠为传统的官署型三进院落，院内曲廊环绕，古木参天，内有辛祠碑廊、稼轩词社、历代名人题赋书画展室及辛弃疾军旅生涯文化展等内容。

图 5-4-1　辛稼轩纪念祠

大家请看，现在映入我们眼帘的就是辛稼轩纪念祠，传诵最广的当数大厅抱柱上郭沫若题写的这副楹联"铁板铜琶，继东坡高唱大江东去；美芹悲黍，冀南宋莫随鸿雁南飞"，其词风之豪迈与辛词如出一辙。上联说辛弃疾继承了苏轼的豪放词风；下联则表达了他忧国忧民、壮志难酬的爱国情怀和"男儿到死心如铁"的政治决心。

大家请随我进来，堂内中央安放着青铜色的辛弃疾塑像，令人肃然起敬。在中国历史上由行伍出身，以武起事，而最终以文为业，成为大诗词作家的只有一人，这就是辛弃疾。他出生时，北方就已沦陷于金人之手。他目睹了汉人在金人统治下所受的屈辱与痛苦，在青少年时代就立下了恢复中原、报国雪耻的志向，养成了齐鲁英雄的侠义之气。他曾在22岁就拉起千人义军对抗金兵，也曾率50骑兵闯5万金兵大营活捉叛徒张安国。他曾洋洋洒洒写下《美芹十论》分析抗金形势与策略，也曾组织飞虎军镇压流寇，雄震一方。然而朝廷腐败，一心求和，南归之后的辛弃疾失去了钢刀利剑，就只剩下一支羊毫软笔，他再也没有机会奔走沙场，血溅战袍，而只能归隐田园，笔走龙蛇，泪洒宣纸，为历史留下一声声悲壮的呼喊、遗憾的叹息和无奈的自嘲。他北人南去，文武兼备，形成了刚柔并济、豪迈雄奇的词风。在他的词中既有"金戈铁马，气吞万里如虎"的雄壮，"风流总被雨打风吹去"的悲凉，也有"少年不识愁滋味""又把愁来做个天"的愁肠柔情。他将苏轼所开创的豪放词风推向了顶峰，后世评他与苏轼齐名，并称"苏辛"。

从"沙场秋点兵"到"天凉好个秋"，从决心为国弃疾去病，到最后掰开嚼碎，识得辛字含义，再到自号"稼轩"，同盟鸥鹭，辛弃疾走过了一个爱国志士、爱国诗人的成熟过程。英雄已经远去，但那拳拳报国之心，豪迈奔放的情怀，明快而激励的词风将流传百世，永不消逝。

【知识储备】

一、结构内容

开头——以辛弃疾的词"千古江山，英雄无觅孙仲谋处。舞榭歌台，风流总被雨打风吹去"为开头引出讲解内容稼轩园。

正文——先讲了稼轩园的整体概况和布局构造，然后重点讲了郭沫若题写的楹联和辛弃疾的人生历程，讲述了为什么他的词中既有"金戈铁马，气吞万里如虎"的雄壮，"风流总被雨打风吹去"的悲凉，也有"少年不识愁滋味""又把愁来做个天"的愁肠柔情，了解他的人生经历便会懂得他的词风。

结尾——升华。辛弃疾走过了一个爱国志士、爱国诗人的成熟过程，英雄虽已远去，但那拳拳报国之心，豪迈奔放的情怀，明快而激励的词风将流传百世，永不消逝。

二、导游词中的中国文学知识

（一）上古秦汉文学重要知识及主要作家作品

1. 文学作品的产生

早在文字出现以前，人们就开始创作文学作品。这些作品篇幅短小，最初口耳相传，后来才用文字记载下来。最早的口头文学主要有两种形式：原始歌谣和原始神话。

原始歌谣是原始人的集体口头创作。大多以简短朴实的语言反映当时的生活内容，传达出生活的节奏和旋律。如《吴越春秋》卷九所载的《弹歌》："断竹，续竹，飞土，逐宍。"

原始神话是远古时代人们对世界起源、自然现象及社会生活充满奇幻想象的故事和传说。如"黄帝游乎赤水之北，登乎昆仑之丘而南望。还归，遗其玄珠""炎帝少女（精卫）游东海，溺而不返""大禹巡省南土，疏导河水"等，具有一定的故事情节，富有奇幻绚丽的色彩和抒情的韵味，是我国浪漫主义文学的源头。其他比较著名的还有《女娲补天》《夸父逐日》《精卫填海》《后羿射日》《鲧禹治水》《嫦娥奔月》等，这些神话大多保存在先秦诸子散文及《楚辞》《山海经》《淮南子》等著作中。

2. 春秋战国时期文学

这一时期文学的主要形式是诗歌和散文。我国第一部诗歌总集《诗经》产生于春秋时期。《诗经》按音乐的特点分为风、雅、颂三部分。风是民间歌谣，由于汇集了 15 个地区的民歌，又称"十五国风"。雅分为大雅、小雅两部分，为周王朝京都地区宫廷宴会或朝会时的乐歌。颂分为周颂、鲁颂、商颂三部分，为宗庙祭祀时用的乐歌。《诗经》反映了当时社会政治、经济、战争、农事、阶级矛盾等情况，其中不少诗反映了人民的爱情婚姻生活，表达了人民的美好愿望。有些诗还揭露了统治阶级的荒淫残暴，奠定了中国文学的现实主义传统。《诗经》的表现手法归纳为赋、比、兴。赋是铺陈其事而直言之。比是以彼物比此物，即比喻。兴是感物起情，即先说别的事物，以别的事物引发出所咏唱的情意。这种赋、比、兴的艺术手法，给后世文学以深远的影响。

在诗歌创作方面，战国时期楚国诗人屈原具有崇高地位。屈原是我国第一个伟大的诗人，他在楚地民歌的基础上汲取了中原文化而创造出楚辞，创作出《离骚》《九歌》《九章》《天问》等作品。其中《离骚》中诗句"路漫漫其修远兮，吾将上下而求索"在中国家喻户晓。

春秋战国时期的散文，主要有《尚书》《春秋》《左传》等历史散文和诸子百家政论性散文。诸子散文主要作品有《论语》《墨子》《老子》《孟子》《庄子》《荀子》《韩非子》等。其中，《论语》为语录体散文集，由孔子门人编撰而成，主要记载孔子及其弟子的言行，文约旨博，语言概括性强，有不少脍炙人口的名言警句，如"智者乐水，仁者乐山""三人行，必有我师焉"等。

3. 秦代文学

这一时期文学作家作品不多，值得一提的唯有李斯的《谏逐客书》和一些石刻碑文。《谏逐客书》写于秦王统一六国之前，李斯反复论证秦王逐客之错，用铺陈排比的手法，辞气慷慨，议论精辟，显示出散文辞赋化的倾向。李斯碑文刻写于秦统一之后，李斯随秦始皇巡行天下，所到之处，如泰山、琅琊、芝罘、会稽等地皆刻写碑文，以歌功颂德。

4. 汉代文学

汉代的政论性散文从思想内容到艺术形式都比先秦散文有明显进步。如贾谊的《过秦论》《陈政事疏》，晁错的《论贵粟疏》《言兵事疏》等，都具有切中时弊、敢于揭露问题、现实针对性强的特点，对唐宋散文有明显的影响。汉代的历史散文主要有司马迁的《史记》和班固的《汉书》。

汉代文学最引人注目的是汉赋和汉乐府。汉赋是继承楚辞而创造出来的文学新体裁。主要作家作品有贾谊的《吊屈原赋》，枚乘的《七发》，司马相如的《子虚赋》《上林赋》，张衡的《归田赋》，班固的《两都赋》，扬雄的《羽猎赋》《长杨赋》等。汉赋的特点有铺陈夸张、想象丰富、辞藻华美、描写细致、用词典雅、散韵结合。

汉代诗歌是在《诗经》《楚辞》和秦、汉民歌的基础上发展起来的，以两汉乐府民歌和东汉后期无名氏文人创作的五言古诗成就最高。乐府诗多来自民间，从多方面反映了劳动人民的生产生活和思想感情，具有独特的艺术感染力。名篇如《战城南》《十五从军行》《有所思》《陌上桑》等。在我国诗歌发展史上，汉乐府诗是继《诗经》、楚辞之后的第三个重要发展阶段。

（二）魏晋南北朝文学重要知识及主要作家作品

1. 建安文学

魏晋南北朝文学以汉末建安年间的文学为其光辉开端。建安是汉献帝（196—220年）年号。建安文学中的重要作家有"曹氏父子"（曹操、曹丕、曹植）和"建安七子"（孔融、陈琳、王粲、徐干、阮瑀、应玚、刘桢）。建安文学家敢于揭露现实，在感情上常表现为慷慨不平，在语言上多率真不讳，形成慷慨悲凉的特色，这就是后人称许的"建安风骨"。

"建安七子"中成就最高的是王粲，与曹植并称为"曹王"，其主要代表作是《七哀诗》和《登楼赋》。

2. 西晋文学

魏晋之际，天下多变，文人学士变"建安风骨"文风为标榜老庄、崇尚清谈。代表人物有西晋时的嵇康、阮籍、向秀、刘伶、阮咸、王戎、山涛，时人称为"竹林七贤"。"竹林七贤"性格桀骜不驯，行为放荡不羁，文学创作注重理想人格的塑造与内在性灵的拓展，析理抒情，高洁幽远，其名篇有阮籍的《咏怀诗》、嵇康的《与山巨源绝交书》、向秀的《思旧赋》等。至西晋时期，文人攀附权贵甚至有"望尘而拜"的行为，因此多歌功颂德的文学作品，虽然辞藻艳丽，但没有思想性，缺乏生命力。

3. 东晋南朝文学

东晋南朝偏安江南，门阀贵族精神空虚，形成吟咏山水美景、崇尚田园生活的文学特点。名家名作有王羲之的《兰亭集序》，陶渊明的《桃花源记》《归去来兮辞》《饮酒诗》等。南朝时期的谢灵运和谢朓都爱山水，善诗文，世称谢灵运为"大谢"，谢朓为"小谢"。梁武帝尤其喜欢谢朓诗，曾说"不读谢诗三日，便觉口臭"。

南朝时期著名的文学作品还有刘勰的《文心雕龙》，这是我国第一部文学理论专著，讨论了作品文体、创作和批评等诸多话题，可惜用骈体文写成，晦涩难懂。

4. 北朝文学

北朝是少数民族政权，汉文化水平不高，但由南朝入北的庾信填补了空白，成为当时最著名的文人。庾信在南朝时经历了侯景之乱，被派使北方，最后被迫滞留北朝。他的作品描写"乡关之思"和屈仕北朝的悲痛，内容真切充实，形式上长于用典，讲究对仗，注重音律。其诗歌有些已暗合唐代律诗和绝句的格律，为唐诗的发展开了先路。杜甫评价道："庾信平生最萧瑟，暮年诗赋动江关。"庾信代表作《哀江南赋并序》，哀叹国家败亡，抒发故国之思。序文骈偶对仗工整，使事用典精巧贴切，是历来公认的骈体文名篇。

5. 南朝民歌

南朝民歌主要有出自江东的"吴歌曲辞"和出自荆郢的"西曲歌"。其名篇如《子夜吴歌》"春风动春心，流目瞩山林"；《西州曲》"忆梅下西州，折枝寄江北""南风知我意，吹梦到西州"等。北朝民歌名篇有《敕勒歌》和《木兰辞》。其中《木兰辞》描写花木兰替父从军的故事，反映了北方兵役的沉重。它与建安年间产生的《孔雀东南飞》，被誉为魏晋南北朝民间长篇叙事诗的双璧。

（三）唐代文学重要知识及主要作家作品

唐代是我国历史上最强大的朝代之一，政治、经济、文化全面繁荣。其文学体裁主要有诗歌、散文、传奇小说和词，其中诗歌成就最高。唐诗的发展分为以下几个阶段：

1. 初唐时期

从唐朝建立（618 年）到玄宗开元初（713 年）为初唐。这一时期诗歌的题材开始打破六朝时期以贵族生活为主的局限，表现更加广阔的社会内容；诗歌的风格逐步克服六朝浮靡艳丽、缺少思想内涵的弊端，建立起积极向上、刚健有力的新诗风，代表诗人有"初唐四杰"（王勃、杨炯、卢照邻、骆宾王）和陈子昂。其中，王勃的代表作有《滕王阁序》和《送杜少府之任蜀州》，留下"落霞与孤鹜齐飞，秋水共长天一色""海内存知己，天涯若比邻"等名句。陈子昂代表作《登幽州台歌》，留下"前不见古人，后不见来者"的感叹。

2. 盛唐时期

从玄宗开元初（713 年）至代宗大历初（766 年）为盛唐。这一时期的诗歌经过唐代近百年的发展达到高峰，出现一批才华横溢、风格各异的大诗人，代表了唐诗创作的最高成就。如以王维、孟浩然为代表的山水田园派，以高适、岑参、王昌龄、李颀为代表的边塞诗派，以李白为代表的浪漫主义诗派，以杜甫为代表的现实主义诗派。

其中，李白和杜甫被誉为诗史上的"双子星座"，合称"李杜"。李白的诗歌雄奇俏丽、豪放飘逸，凝聚着盛唐的时代精神，世人称其为"诗仙"。代表作有《蜀道难》《将进酒》《行路难》《望庐山瀑布》等。杜甫的诗歌深刻地反映了安史之乱前后唐代的社会现实和战乱带给人民的巨大伤痛，有"诗史"之誉。代表作有"三吏三别"（《新安吏》《石壕吏》《潼关吏》《新婚别》《无家别》《垂老别》）及《春望》《闻官军收河南河北》《蜀相》《登楼》《春夜喜雨》《绝句》等。杜甫还有"诗圣"之称。

这一时期的诗人中还有人称"唐人七言律诗第一"的崔颢，他在武汉黄鹤楼留有"昔人已乘黄鹤去，此地空余黄鹤楼"的名句。传说李白读了崔颢《黄鹤楼》诗亦大为佩服，感慨"眼前有景道不得，崔颢题诗在上头"。

3. 中唐时期

从代宗大历元年（766年）到文宗太和九年（835年）为中唐时期。诗歌成就最突出的是新乐府诗。所谓新乐府是与古乐府相对而言的，其基本精神是继承并发扬诗歌创作中的现实主义传统，但具有自创新题、表现现实、不必入乐的特点。新乐府诗的创作实践在杜甫身上就有体现，杜甫的"三吏三别"《兵车行》等皆是自命新题、抒写现实。新乐府的名称是白居易首先标举的，他提出"文章合为时而著，诗歌合为事而作"的创作理论，主张用诗歌反映社会现实，著有《新乐府五十首》《卖炭翁》等作品，并在当时形成了影响很大的诗歌运动，文学史上称为"新乐府运动"。

中唐时期散文大家韩愈、柳宗元倡导了反对因袭、反对骈文的古文运动。所谓"古文"是指先秦两汉传统的散文，与六朝以来风行的骈文相对。韩愈名篇有《师说》《进学解》等。此外，这一时期山水诗、边塞诗继续繁荣，知名诗人有韦应物、孟郊、崔护、刘禹锡、张继等。

4. 晚唐时期

从文宗开成元年（836年）到唐末（907年）为晚唐。晚唐诗风衰颓，但在艺术表现手法和技巧上仍有开拓创新，代表诗人是杜牧和李商隐。杜牧擅长七绝，李商隐工于七律，后世将二人合称为"小李杜"。

（四）宋元文学重要知识及主要作家作品

宋代文学以词著称，元代则以杂剧创作成就最高。

1. 宋词

词在唐代形成后，经过唐晚期的发展，在五代时期形成西蜀和南唐两个中心。西蜀派赵崇祚编成中国第一部词集《花间集》，而南唐派词人李煜（南唐后主）大量脍炙人口的词作家喻户晓，尤其是他亡国之后的作品哀婉凄凉、意境深远，极富艺术感染力。李煜的代表作有《虞美人（春花秋月何时了）》《浪淘沙（帘外雨潺潺）》《相见欢（林花谢了春红）》《相见欢（无言独上西楼）》等。

宋代词的创作达到顶峰，成为主要的文学形式，不仅文人大量写词，而且词在思想内容上也打破了"诗言志，词言情"的狭隘分界，人们言志抒情、指陈国事均可写词，词与诗具有同等的功能。宋词流派有以柳永、李清照为代表的婉约派，以苏轼、辛弃疾为代表的豪放派。宋词名篇有柳永的《望海潮》，王安石的《桂枝香·金陵怀古》，苏轼的《水调歌头（明月几时有）》和《念奴娇·赤壁怀古》，李清照的《如梦令（昨夜雨疏风骤）》，辛弃疾的《永遇乐·京口北固亭怀古》和传说岳飞创作的《满江红》等。

2. 宋代散文

宋代散文也取得了极高的成就。唐宋八大家（韩愈、柳宗元、欧阳修、王安石、苏洵、苏轼、苏辙、曾巩）中宋代名家占其六。宋代散文名家名篇有欧阳修《醉翁亭记》、王安石《游褒禅山记》、苏轼《前赤壁赋》、范仲淹《岳阳楼记》、周敦颐《爱莲说》等。

3. 元代戏曲创作

元曲分为散曲与杂剧两部分。散曲产生于辽、金而流行于全国，是在当时已很发达的说唱艺术的影响下逐渐形成的一种文艺形式，有单曲独唱的小令与数曲连唱的套数之分。散曲名篇如马致远的《天净沙·秋思》"枯藤老树昏鸦，小桥流水人家"，张养浩的《山坡羊·潼关怀古》"峰峦如聚，波涛如怒，山河表里潼关路"等。元杂剧是一种折子剧，元代出现关汉卿、白朴、马致远、郑光祖、王实甫等一大批剧作家和大量的传世佳作，成为中华民族宝贵的文化遗产。

《（五）明清文学重要知识及主要作家作品

1. 明代小说

明代小说空前繁荣。著名长篇小说有罗贯中的《三国演义》，施耐庵的《水浒传》，吴承恩的《西游记》，兰陵笑笑生的《金瓶梅》等；著名短篇小说有冯梦龙的"三言"（《喻世明言》《警世通言》《醒世恒言》）和凌濛初的"两拍"（《初刻拍案惊奇》《二刻拍案惊奇》），内容多为爱情婚姻、因果报应等市民生活题材。

2. 明代传奇戏曲创作

传奇戏曲的前身是南戏，产生在浙江温州一带，明时成为主要的戏曲形式，其唱腔因地域不同而各具地方特色，主要有"弋阳腔""余姚腔""海盐腔""昆山腔"之分，其中昆山腔影响较大。明代最杰出的传奇剧本作家是汤显祖，代表作有《紫钗记》《牡丹亭》《邯郸记》和《南柯梦》，世称"临川四梦"。

3. 清代小说

清代是中国古典小说的黄金时代，著名作家作品有蒲松龄的《聊斋志异》、吴敬梓的

《儒林外传》、曹雪芹的《红楼梦》。其中《红楼梦》与《水浒传》《三国演义》《西游记》合称中国古典长篇小说"四大名著"。

此外，清代传奇戏曲创作领域产生了洪昇的《长生殿》和孔尚任的《桃花扇》两部优秀戏曲作品。

《（六）近现当代文学重要知识及主要作家作品

1. 近代文学

近代文学指 1840 年鸦片战争至 1919 年五四运动前夕的文学。这一时期的文学创作充满强烈的忧患意识和抗御外敌的爱国精神，能深刻地反映当时严重的社会问题和民族危机，抒写作者愤世伤时和忧国忧民的思想，反映了中国社会危机和民族危机不断加深背景下部分知识分子的觉醒。

首开风气的是龚自珍、魏源、林则徐。龚自珍的《己亥杂诗》"九州生气恃风雷，万马齐喑究可哀。我劝天公重抖擞，不拘一格降人才"，主张推进社会改革；魏源的《寰海》诗"欲师夷技收夷用，上策惟当选节旄"，主张学习西方先进科学技术，"师夷长技以制夷"；林则徐的《赴戍登程口占示家人》诗"苟利国家生死以，岂因祸福避趋之"，充满爱国情怀。

戊戌变法前后，文学界提出以旧风格含新意境的"诗界革命"，以白话为维新之本，进行崇白话而废文言的"文界革命"，重视小说对改良社会的作用，提出写政治小说的"小说界革命"主张。主要代表人物有梁启超、黄遵宪、谭嗣同。辛亥革命时期，陈天华的《猛回头》《警世钟》，邹容的《革命军》和秋瑾的诗文以强烈的反帝爱国情怀大声呐喊，鼓舞人民群众的革命斗志。

近代还流行谴责小说，李伯元的《官场现形记》、吴趼人的《二十年目睹之怪现状》、刘鹗的《老残游记》和曾朴的《孽海花》被誉为"清末四大谴责小说"。

近代戏剧创作出现地方戏进一步成熟与昆曲日渐衰落的趋势，京剧逐渐从地方戏剧中脱颖而出，成为全国性大剧种。在外国戏剧的影响下，早期话剧（又称"文明戏"）在我国萌芽。

2. 现代文学

中国现代文学开始于五四运动前后的新文化运动，结束于 1949 年中华人民共和国成立。

（1）诗歌与散文

1917 年年初，胡适、陈独秀先后在《新青年》上发表了《文学改良刍议》《文学革命论》等文章，提倡新文学，反对旧文学，提倡文学观念、文学思想内容与语言形式的全面更新。受此影响，大批新文学作家、作品和新文学社团脱颖而出。率先破土而出的是"白话新诗"。它以白话语言反映现实生活，表现科学与民主的革命内容。胡适是写白话新诗的第一人，他在 1920 年出版了第一部白话新诗集《尝试集》，1921 年郭沫若也出版诗集《女神》。

白话新诗渐成主流后，新诗社团、新诗流派相继建立，其中有以茅盾、叶圣陶、朱自清、冰心等为主要成员的"文学研究会"主张文学为人生，倾向于现实主义；以郭沫若、郁达夫、田汉等为主要成员的"创作社"倾向于浪漫主义；以蒋光慈、殷夫为主要成员的"普罗诗派"趋向于革命现实主义；以李金发、穆木天为主要成员的"象征诗派"崇尚朦胧、象征诗风。各社团、各流派在 1930 年结成"中国左翼作家联盟"（简称"左联"），培养了一大批文学骨干。

这一时期最重要的作家是鲁迅（1881—1936 年），原名周树人，被誉为"中国现代文学的伟大奠基人"之一。鲁迅有散文诗集《野草》，散文集《朝花夕拾》，杂文集《热风》《坟》《华盖集》《而已集》等十余部。鲁迅诗文思想深刻，语言犀利，富有战斗精神，被广为传诵。同时期的名家名作还有朱自清的《荷塘月色》《背影》，冰心的《往事》《寄小读者》，殷夫的《别了，哥哥》，闻一多的《死水》，徐志摩的《再别康桥》《雪花的快乐》等。

1931 年"九一八事变"后，中国人民抗日战争正式开始，救亡图存成为文学创作的主流意识。尤其 1937 年"卢沟桥事变"后，日本全面侵华，中国人民全面抗战，沦陷区、国统区和抗日民主根据地的文学创作呈现不同的风貌。其中，上海、北京等沦陷区的作品，主要表现人民的苦难和抗争，以艺术的形式记载日寇、汉奸的罪行，歌颂人民的不屈斗争；国统区的作品，一部分表现爱国军民的奋起抵抗，较多的则表现暴露腐败统治的黑暗内幕；抗日民主根据地以赵树理、孙犁等为代表，热烈讴歌中国共产党领导下抗日军民的英勇斗争，生动地描述民主根据地的新生活、新气象。这一时期的名诗有艾青的《雪落在中国的土地上》《我爱这土地》，臧克家的《老马》、戴望舒的《雨巷》以及鲁迅的杂文等。

解放战争时期，国统区和解放区文学走上不同的道路。国统区仍以现实主义和现代主义为主，代表作家作品有艾青诗作《向太阳》，穆旦诗作《赞美》《春》，梁实秋散文《雅舍小品》。解放区则于 1942 年 5 月在延安召开文艺座谈会，毛泽东在会上发表了《在延安文艺座谈会上的讲话》，指明了文艺要为工农兵服务的方向。这一时期的作品有李季叙事诗《王贵与李香香》，茅盾散文《风景谈》《白杨礼赞》等。

（2）小说

新文化运动期间，鲁迅于 1918 年在《新青年》上发表第一篇白话小说《狂人日记》，被视为中国文学史上现代白话小说的开山之作。之后他接连出版短篇小说集《呐喊》《彷徨》等，其中包括《阿 Q 正传》《祝福》《药》《故乡》《伤逝》等名篇，反映了从辛亥革命到第一次国内革命战争前夕的社会现状，塑造了阿 Q、祥林嫂、华老栓、闰土、子君等一系列艺术形象，体现了彻底反传统的战斗精神，奠定了中国现代小说的基础。同时代小说还有郁达夫的《沉沦》、许地山的《缀网劳蛛》等。

抗战前期，反映社会现实的小说较多。巴金于 1929 年发表第一部长篇小说《灭亡》，随后有长篇小说"爱情三部曲"（《雾》《雨》《电》）和"激流三部曲"（《家》《春》《秋》）；夏衍有报告文学《包身工》；茅盾著有小说集《蚀》（包括《幻灭》《动摇》《追求》）和长篇小说《子夜》、短篇小说《林家铺子》《春蚕》等。此外，老舍的《骆驼祥子》、沈从文的《边城》都是广为称道的佳作。抗战后期和解放战争时期，国统区以揭露社会现实为主题的小说较多，著名作品有巴金的《寒夜》、茅盾的《腐蚀》《霜叶红于二月花》，萧红的《生死场》《呼兰河传》，钱锺书的《围城》，张爱玲的《倾城之恋》《金锁记》等。解放区小说以讴歌新政权和新鲜事物的较多，代表作有赵树理的《小二黑结婚》《李有才板话》，孙犁的《荷花淀》，丁玲的《太阳照在桑干河上》，周立波的《暴风骤雨》。

（3）戏剧戏曲

清末民初，西方话剧表演形式传入中国。1919 年 3 月，胡适在《新青年》发表话剧剧本《终身大事》，是中国最早的话剧作品之一。1924 年田汉创作《获虎之夜》，1926 年郭沫若出版《三个叛逆的女性》，都是早期反封建题材的话剧作品。

1934 年 7 月，曹禺发表第一部话剧作品《雷雨》，接着几年内相继创作出《日出》《原野》《蜕变》和《北京人》等作品，标志着现代话剧创作艺术的成熟，也奠定了他在中国戏剧史上不可替代的地位。

抗日战争全面爆发后，中国剧作者协会和上海戏剧救亡协会集体编导了抗日话剧《保卫卢沟桥》、街头剧《放下你的鞭子》，曾多次演出，深入人心。曹禺在川南，也以大后方伤兵医院为素材，创作了四幕剧《蜕变》，表现出"我们民族在抗战中一种蜕旧变新的气象"。郭沫若完成了《屈原》《虎符》等大型历史剧，借古讽今，呼吁团结抗日。贺敬之等执笔、延安鲁迅艺术学院集体创作的歌剧《白毛女》成为一部具有深远历史影响的优秀文艺作品。

【思考与实践】

一、讨论分析

请同学们分享自己作为导游，如何在实践中将中国文学知识融入导游词的体会和经验。可以从以下几个方面展开讨论：

1. 如何在导游讲解中引用古代诗词？
2. 如何将文学作品中的故事情节与景点相结合？
3. 怎样选择合适的文学素材以适应不同游客的兴趣？
4. 在讲解过程中，如何把握文学知识的比例与游客的接受程度？

二、模拟实训

1. 写：请选择一个你熟悉的景点，撰写一篇融入了中国文学知识的导游词。注意将文学作品中的情节、人物与景点相呼应，使游客在游览过程中能够感受到浓厚的文化氛围。

2. 讲：请扫二维码，跟着视频学讲解。学习内容为《黄鹤楼华年壁画》。

3. 评：对各小组提交的导游词进行评分（50分），选拔优秀作品并进行讲解交流（50分）。评分过程包括小组自评、小组互评、教师评价及企业评价。最后，将撰写作品得分与讲解分数相加，得出总成绩，并将其划分为4个等级：A——95分以上；B——85分至95分；C——75分至85分；D——75分以下。请参照撰写要求与讲解要求评分表（本题共100分）。

黄鹤楼华年壁画

【内容拓展】

对联、楹联常识

对联又称对子或联语，以其上下两联对偶而得称。对联通常张贴于楹柱上，故又称楹联。在我国众多的名胜古迹之中，楹联随处可见，它既是一种装饰之物，又与景点的历史背景、人情风物有着密切的联系，是极富景观意义的文学创作。

对偶的修辞手法在我国古代文学创作中被广泛运用。我国最早的诗集《诗经》，就有许多对偶形式的句子。如"昔我往矣，杨柳依依；今我来思，雨雪霏霏"。汉魏六朝出现的骈文常常通篇都用对偶句，唐代格律诗中更要讲究对仗。对联就是从这些文学体裁中脱胎出来的。

《全唐诗话》载李义山谓曰"近得一联，句云：'远比赵公，三十六年宰辅'，未得偶句。"温（庭筠）曰："何不云'近同郭令，二十四考中书'。"像这类属对，在晚唐还有一些，从中可以看出晚唐时对联已开始从诗词、赋体中脱胎出来，走向独立。但是把对联贴在大门两旁作为春联，是五代时的事。

据载，我国古代有挂桃符的风俗，在岁末迎新之际，用桃木板刻画神荼、郁垒二神像为符，挂于大门两旁以压邪。后来发展到在桃符上写一些除祸祈福的吉祥话。五代时又于桃符上题联语，此联语用于春日，故叫春联。最早的春联始于五代后蜀孟昶（chǎng）。《宋史》载："初，昶在蜀专务奢靡，为七宝溺器，他物称是。每岁除，命学士为词，题桃符，置寝门左右。末年，学士辛寅逊撰词，昶以其非工，自命笔题云'新年纳余庆，嘉节号长春'。"这副对联是我国最早的春联。

模块六

导游词中的历史背景

学习目标

【素养目标】

1. 通过了解历史背景，学生可以更好地理解历史事件、人物和文化，培养历史素养；

2. 导游词中的历史背景涉及许多文化遗产、传统和习俗，学生可以通过了解这些文化背景，培养文化素养；

3. 导游词中的历史背景不仅涉及历史学科，还可能涉及地理、文学、艺术等多个学科领域，学生可以通过学习这些跨学科知识，培养跨学科素养。

【知识目标】

1. 了解导游词中的中国古代历史；

2. 了解导游词中的中国近现代历史。

【技能目标】

1. 能结合导游词中的历史背景进行导游词创作撰写；

2. 能融合导游词中的历史背景进行讲解；

3. 会结合工作实际把历史背景融入导游词中进行灵活讲解。

专题一　导游词中的中国古代历史

【情景导入】

历史文化知识作为导游从业者的必备专业素养，具有不可或缺的重要性。正如名言所言："为了和平，收藏战争；为了未来，收藏历史。"研究历史文化不仅是对过去的追溯，更是为未来提供宝贵的借鉴和启示。在王导的精心引领下，我们将深入探访圆明园，通过导游的详尽讲解，全面提升自身对历史文化知识的理解和文化素养的积淀。

【导游词案例】

圆明园

作为举世闻名的清代皇家园林，圆明园历经几代帝王一百多年的精心打造才最终形成。它不仅仅是清代皇室的离宫御苑，更是一座有着超高造诣的巨型园林艺术品。法国著名作家雨果曾将圆明园描述为"人类幻想中的仙境"，说它是"如同月宫的城堡"。同时圆明园也是一座历史文化的宝库，在它的砖石下隐藏的是清代皇室的宫廷密码与整个王朝的兴衰荣辱。圆明园遗址如图6-1-1所示。

图6-1-1　圆明园遗址

1860年这美好的一切付之一炬，给后人留下了巨大的遗憾。那么今天就让我带您走入过往岁月，咱们一同了解这座皇家园林的前世今生。

历史上的圆明园是由圆明园、长春园、绮春园三园组成，整座园林占地5 280余亩，比颐和园的面积还要大近千亩。它的建成历经了六任皇帝，集中了大批财力物力，役使了无数能工巧匠，倾注了千百万劳动人民的血汗。清帝每年大部分时间会在这里居住、游玩、处理政事，这也让圆明园成了除紫禁城之外的另一个政治中心。在皇帝的眼中，圆明园是一切造园艺术的典范，它不仅以园林建筑艺术著称于世，而且还是一座珍藏了无数珍宝、历史典籍和丰富历史文物的皇家博物馆，因此他也被皇帝称为御园。

走过了三园交界处，矗立在您眼前的这个酷似门洞的建筑就是当时西洋楼建筑群中最大的喷泉——大水法（外国称水法，中国叫喷泉）。请您看一下我手中的这张照片。您看，当时上面有一个口中往外喷水的大狮子头，狮子口下是7级水盘形成的瀑布。这里是个椭圆形菊花池，池中央有一只青铜梅花鹿，鹿的东西两侧有10只奔跑着的猎狗，猎狗的口中喷水，直射鹿身，溅起层层水花，十分壮观，俗称十狗逐鹿，寓意逐鹿中原，一统天下。在大水法的东西两侧分别有一个海棠式喷水池，池中有座13层高塔，塔的顶部有铜质蒺藜16角，喷出的水柱成曲线落入池中，在塔的周围还有44根铜管一起喷水，当喷泉全部开放时，犹如山洪暴发，声传数里，气势恢宏。一些目睹过西洋楼盛况的西洋人曾这样描述：圆明园欧式宫殿可以说是集美景佳趣于一处，凡是人们所能幻想的奇特的喷泉，这里应有尽有，大水法可以和凡尔赛宫及圣克劳教堂的喷泉并驾齐驱。

此刻，不知道各位游客对比过图片中的昔日圆明园的景象后，再看到眼前的残垣断壁有着怎样的心情？

历史不容假设，但我们可以以史为鉴，从1840年开始的百年救亡，到1949年的百年复兴，中华民族的命运已经发生了并且正在发生着何等波澜壮阔的变化，这是一代又一代的中国人流血牺牲奋斗而来的结果！今天在追求"两个一百年"奋斗目标的时候，我们回首过往，展望未来，中华民族的伟大复兴正在进行。

参观的最后，我祝各位游客平安喜乐，也祝我们的祖国繁荣富强，期待与您的下一次相聚，谢谢大家！

【知识储备】

一、结构内容 》》

开头——因为是讲解过程中的导游词，因此没有欢迎词，直接介绍圆明园的地位。

正文——讲了历史上圆明园的造园艺术和地位，它不仅以园林建筑艺术著称于世，而且还是一座珍藏了无数珍宝、历史典籍和丰富历史文物的皇家博物馆，因此也被皇帝称为御园。

结尾——表达祝愿。

二、导游词中的中国古代历史

（一）中国原始社会

中华民族与世界其他民族一样，在进入文明社会之前，都曾经历过漫长的原始社会。原始社会是人类的童年，尚未产生成熟的文字，历史缺乏明确记载，因此称为史前史，即成文历史以前的历史。近代史学主要通过考古学来揭开原始社会朦胧的面纱。由于原始社会人类使用的工具主要是石器，因此考古界称之为"石器时代"，并根据石器制作水平，把最初的简单打制而成的石器叫旧石器，使用旧石器的时代叫作旧石器时代；把后来经过磨光、钻孔技术精细加工而成的石器叫新石器，使用新石器的时代叫作新石器时代。旧石器时代人类以原始群的方式生存，新石器时代人类出现氏族组织，前期是母系氏族，后期发展为父系氏族。

（二）夏商西周时期

夏商西周历史开始于公元前 21 世纪的夏朝，结束于西周灭亡。

（1）夏朝

传说是中国历史上第一个王朝，伴随着夏奴隶制国家政权的建立，人类脱离了蒙昧时代和野蛮时代，正式进入文明社会。考古发现的河南偃师"二里头文化"遗址和河南登封郜城遗址，高度疑似夏文化遗址，但尚未得到明确证明。夏统治近 500 年，夏桀时被商朝首领汤消灭，史称"成汤灭夏"。

（2）商朝

商是黄河中下游兴起的古老部落，统治中原 500 多年。商朝王位继承最初是兄终弟及制，至武丁之后才确立起嫡长子继承制。商朝前期都城屡迁，原因不详，至中期商王盘庚将都城迁到殷（今河南安阳"殷墟"），商朝统治才稳定下来，殷成为商朝后期 273 年的政治中心，也是后来商朝甲骨文、宗庙宫殿遗址和商王陵墓的主要发现地，这些发现使商朝的历史得到证实。

（3）西周

周是渭水中游黄土高原上兴起的农耕部落，原为商的方国，周文王教子民礼仪，出现"文王之治"，其子武王趁势发动"牧野之战"灭商并建立周朝。西周中期爆发"国人暴动"，国人赶走"专利"（垄断山林川泽收益）、"作威"（禁止庶民议政）的周厉王，由周定公、召穆公"共和行政"。

（三）春秋战国时期

西周灭亡后，周平王迁都洛阳，史称东周，包括春秋和战国两个时期。春秋时期周天子地位衰微，诸侯坐大，出现齐桓公、晋文公、楚庄王、吴王阖闾和越王勾践等霸主；战国时期，出现韩、赵、魏、楚、燕、齐、秦等强国的对峙，其中韩、赵、魏由春秋时期的晋国分裂而来，史称"三家分晋"。为了争霸战争的需要，春秋时期吴开凿邗沟，沟通了长江和淮河，战国时期魏开凿鸿沟，沟通了黄河和淮河。这两大工程打通了长江到黄河的水上交通航道，促进了中国南北方交通的发展，并成为隋代大运河的雏形。此外，秦在关中修建郑国渠，在蜀郡修建都江堰，主要用于农业灌溉，使关中平原和成都平原成为沃野。其中由秦蜀郡守李冰主持修建的都江堰，通过修建分水堤的方式将凶猛的岷江水一分为二，既减缓了水势，实现了防洪的目的，又引内江水灌溉了成都平原。两千多年来一直发挥着巨大作用，使成都平原从此"水旱从人，不知饥馑"，成为天府之国。2000年，都江堰水利工程被联合国教科文组织列入《世界文化遗产名录》。

春秋战国时期铁器和牛耕大量用于农业生产，使荒地开垦、私田增加、经济发展，并导致井田破坏、旧贵族衰落、新兴地主兴起，各国变法不断，社会发生剧烈演变，诸子百家思想应运而生。

春秋战国是民族融合的伟大时期。内地上百个诸侯小国被消灭，四夷（蛮、夷、戎、狄）等边疆居民内迁，在黄河和长江流域逐步形成了具有统一语言、文化和风俗习惯的核心民族华夏族（汉朝以后又称汉族）。秦统一全国，民族融合的成果得以固化。

⋙（四）秦汉魏晋南北朝时期

秦汉魏晋南北朝是中国统一的中央集权王朝建立和初步发展时期，是秦汉政治制度向隋唐政治制度转型时期。中国北方先后有匈奴、鲜卑、羯、氐、羌"五胡"进入中原，实现了与汉民族的互相融合；中国南方由于北方人口大规模向南迁徙，使其经济持续发展，为唐宋以后中国经济中心的南移奠定了坚实的基础。

（1）秦

公元前221年秦始皇统一六国而建立秦，是中国第一个高度集权的封建专制王朝。为了维护大一统局面，秦始皇在政治上实行皇帝制度、三公九卿制度、郡县制度和思想专制制度，统一了刑律，制造了"焚书坑儒"事件；在经济上统一了度量衡、货币、文字；在军事上北伐匈奴并修建万里长城，南征岭南并开凿灵渠，促进了民族融合和区域经济发展，但秦由于暴政二世而亡。秦始皇在世时，为自己修建了庞大的骊山陵墓，即著名的秦始皇陵。1974年3月，在秦始皇陵东侧15公里处意外发现秦始皇陵的陪葬俑坑。俑坑一共三个，分别称为一号坑、二号坑和三号坑。坑内有真人、真马大小的陶俑、陶马近8000件，有骑兵、步兵、车兵等不同兵种，有军士俑也有将军俑。陶俑形象各异，神态生动，具有极高的艺术价值。秦始皇陵兵马俑被誉为"世界第八大奇迹"，1987年与秦始皇陵一起被联合国教科文组织列入《世界文化遗产名录》。

（2）西汉

秦灭亡后，楚王项羽和汉王刘邦展开了长达4年的"楚汉相争"，最终刘邦获胜，建立起西汉政权，建都长安。汉承秦制，但治国思想从法家改为道家，主张无为而治。至汉武帝时经济恢复，才"罢黜百家，独尊儒术"。

汉初，一方面分封皇室子弟为王，叫同姓王，另一方面分封韩信等将领为王，叫异姓王。王国势力强大，曾发动七国之乱。汉朝采取废除叛乱王国、削弱王国领地、剥夺王国行政权和军权等方式削弱王国势力，强化了国力，汉武帝时出现极盛景象。汉武帝趁势发动了反击匈奴的战争，大将卫青、霍去病深入沙漠腹地千余里，迫使匈奴向北向西迁徙，取得了反击匈奴的决定性胜利。与此同时，汉武帝派张骞出使西域，开通了陆上丝绸之路。史载张骞到达西域后，竟然发现西域出售中国巴蜀地区所产"蜀布"和"邛杖"。其来源应当是缅甸、斯里兰卡，也就是南方丝绸之路，证明南方丝绸之路同样是古代中外交流的重要通道。

西汉后期，土地兼并日趋严重，大量失地农民沦为奴婢或流民，社会动荡不定，最终被外戚王莽篡位而亡。

（3）东汉

东汉由西汉王室刘秀创建，建都洛阳。东汉仍然没有解决土地两极分化问题，致使地主庄园遍地开花，向国家纳税的编户相应减少，削弱了中央实力；东汉吏治腐败，外戚与宦官轮流执政，农民起义频繁。汉末，朝政被曹操控制。曹操虽败于赤壁，但统一了北方并牢牢挟制着汉献帝。

（4）魏、西晋

公元220年汉献帝被迫禅位于曹操之子曹丕，魏国建立。次年，刘备在成都建汉，史称蜀汉。229年孙权称吴帝，建都建业（今南京），三国鼎立局面正式形成。自曹操起，魏在经济上实行屯田制，政治上实行唯才是举的选官制度，经济逐步恢复，人才大量聚集，越来越强大。蜀在诸葛亮治理下吏治清明，人怀自励，但人才匮乏，尤其五次北伐导致国力衰退，最后灭于曹魏。吴鼎足江东，坐观成败，但称帝51年后（280年）被西晋统一。西晋是魏国权臣司马懿及其子司马师、司马昭和孙子司马炎建立的政权。西晋时期，选官注重门第，诸王拥兵内讧，名士清谈玄学，加上北方少数民族内迁等引发诸多矛盾，最终短命而亡。

（5）东晋南朝

西晋灭亡后，琅琊士族王导、王敦在建康拥立西晋皇室司马睿建立东晋，二王掌控实权，"王与马，共天下"。除琅琊王氏外，东晋还有颍川庾氏、谯国桓氏、陈郡谢氏等豪门先后掌权。谢安曾经取得淝水大战胜利，保全了东晋。公元420年，东晋被北府兵统帅刘裕取代，此后南方经历宋、齐、梁、陈四朝，史称南朝。南朝在梁武帝时被东魏大将侯景攻破，经济严重破坏，从此由盛转衰，直至被隋朝统一。江南豪门也随之衰落，寒门庶人开始兴起。

（6）十六国北朝

与东晋南朝相对应，北方是少数民族内迁形成的十六国北朝政权。北方少数民族内迁始于东汉，公元46年，蒙古草原遭遇特大旱灾，加上东汉政府不断反击，居住在蒙古草原的匈奴人发生分化，一部分匈奴人西迁，一部分南下投降汉朝，被安置在长城周边。蒙古草原成为真空地带，兴起于东北大兴安岭的少数民族鲜卑族乘虚而入，迫使长城周边的少数民族进一步南下，山西、河北和关中地区出现"胡汉杂居"现象。公元304年，氐人李特的儿子李雄在成都称成都王，匈奴人刘渊在山西离石称汉王，北方开始成为匈奴、鲜卑、羯、氐、羌"五胡"角逐的战场，此后北方及巴蜀地区先后建立20多个地方政权，史称十六国时期。公元386年，鲜卑拓跋部建立北魏。439年北魏统一北方，北方进入北朝时期。北魏孝文帝一方面推行均田制和租调制度，另一方面在政治上推行汉化改革，迁都洛阳，倡导鲜卑贵族改汉姓、穿汉服、说汉话，促进了民族融合。北魏后来分裂为东魏—北齐和西魏—北周，最后由北周完成了对北方的统一。

魏晋南北朝时期北方地区长期战乱导致北人大批南迁，形成中国历史上规模最大、持续时间最长、对南方文化影响最深的一次民族大迁徙运动，促进了南方的开发，为中国经济重心从北方黄河流域向南方长江流域转移奠定了坚实的基础。北方少数民族的内迁，客观上促进了民族大融合。

（五）隋唐五代

（1）隋朝

隋朝是北周外戚杨坚建立的政权，建都洛阳。隋朝统治时间不长（581—617年），但它结束了魏晋南北朝以来300多年南北方长期分裂的局面，创立了三省六部制度和科举制度，修建了以洛阳为中心的大运河，沟通了南北交通，对后代政治制度和经济发展影响巨大。

（2）唐朝及五代

唐朝是隋太原留守李渊于公元618年建立的政权，定都长安。前期大力推行均田制和租庸调制，加上唐太宗、武则天时期政治安定、经济繁荣，最终在唐玄宗开元年间出现盛世景象，史称"开元盛世"。安史之乱是唐朝由盛到衰的转折点，安史之乱后唐朝出现藩镇割据、宦官专权、农民起义三大痼疾，直到公元907年被节度使朱温取代。此后北方经过后梁、后唐、后晋、后汉、后周五代，南方先后建立吴、楚、闽、吴越、前蜀、后蜀、南汉、南唐、南平（荆南）九个割据政权，加上山西地区建立的北汉政权，统称十国。五代十国本质上是唐朝藩镇割据局面的继续。

隋唐五代是中国思想文化大发展时期，也是中国经济重心向南方转移的关键时期，安史之乱后"扬一益二"局面的出现，预示着长江流域已经成为社会经济发展和政府赋税征收新的中心。

（六）宋元明清

（1）宋朝

960年，后周禁军统帅赵匡胤发动"陈桥驿兵变"，被部下黄袍加身，建立北宋政权，定都开封。北宋初年推行中央集权制度改革，将兵权与财政权集中于中央，对官员权力进行稀释，虽然避免了唐后期藩镇割据的乱象，但也导致官僚机构膨胀、人浮于事，国家积贫积弱，在与辽国、西夏和金国的战争中屡屡失利。北宋中期范仲淹、王安石先后变法，但收效甚微。北宋末年山东爆发宋江起义，安徽爆发方腊起义。1127年（靖康二年），北宋被金国灭亡。

（2）元朝

元朝是蒙古族建立的政权，其前身是成吉思汗所建立的大蒙古国。建国后成吉思汗及孙子拔都、旭烈兀三次西征，最远抵达西亚和东欧，建立了横跨欧亚大陆的蒙古帝国。但因为缺乏民族和文化认同、缺乏共同的经济基础，这个建立在军事征服基础上的庞大帝国很快就名存实亡了。

元朝正式建立于1271年，以蒙古帝国第五任大汗、成吉思汗孙子忽必烈改国号为元，定都大都（今北京）为标志。元朝共统治97年，曾长期实行民族四等级制，将蒙古人定为第一等，色目人（主要是西域人）定为第二等，第三等是汉人（北方的汉人），第四等是南人（南方的汉人），目的是维护蒙古贵族的特权统治。民族四等级制引发汉人不满，产生大量反元秘密结社。但元朝结束了自唐末以来300多年国家分裂的局面，实现了全国的统一；元朝将以洛阳为中心的大运河改为以北京为中心，先后挖通了北京到通县（今北京市通州区）的通惠河、山东临清到东平的会通河、东平到济宁的济州河，形成京杭大运河，比隋代大运河缩短900多千米；元朝开始有效治理云南、台湾、西藏，并强化了蒙古、汉、藏、契丹、女真、维吾尔等各民族间的友好关系，维护了民族团结和国家统一，宋元明清时期因此成为中国历史上第三个民族融合的伟大时期。

（3）明朝

明朝由元末农民起义军将领朱元璋于1368年创建，初期定都南京，明成祖时迁都北京。明朝废除了丞相，实行内阁制度，并设立东厂、西厂和锦衣卫等特务组织以加强中央集权，明朝中后期党争不断，宦官专权，加上蒙古人频繁南侵和连绵的农民起义，明朝统治危机四伏。1644年，明朝被李自成的大顺政权灭亡。

明朝手工业和商品经济繁荣，大量商业资本转化为产业资本，出现了商业集镇和资本主义萌芽。

（4）清朝

清朝是满洲人建立的政权。满洲人原称女真，1616年努尔哈赤统一女真各部，建立后金政权。1636年皇太极称帝，改国号为大清，改女真族为满族。1644年清军趁李自成起义军占领北京立足未稳的机会，勾结吴三桂进入山海关，迅速占领北京，开始了清朝统治。

【思考与实践】

一、讨论分析

1. 请同学们以导游讲解的方式朗读导游词案例，说一说本篇导游词的篇章结构、主要内容以及编撰与讲解特色。

2. 你觉得本篇导游词怎么样？还可以融入哪些历史文化？

二、模拟实训

1. 写：根据所学知识，自选景点，针对老年团撰写一篇包含中国古代史内容的导游词，由学生以小组的形式，恰当运用多种讲解方法。

2. 讲：请扫二维码，跟着视频学讲解。学习内容为《元上都》。

3. 评：对各小组提交的导游词进行评分（50 分），选拔优秀作品并进行讲解交流（50 分）。评分过程包括小组自评、小组互评、教师评价及企业评价。最后，将撰写作品得分与讲解分数相加，得出总成绩，并将其划分为 4 个等级：A——95 分以上；B——85 分至 95 分；C——75 分至 85 分；D——75 分以下。请参照撰写要求与讲解要求评分表（本题共 100 分）。

元上都

【内容拓展】

儒学

儒学，指儒家学说，是汉武帝"罢黜百家、独尊儒术"后长期占据统治地位的哲学思想，对中国传统伦理思想和人文心态影响至深。这里大致分 4 个阶段介绍儒学。

（1）先秦儒学

先秦是儒学创立时期，以孔子和孟子为代表，他们周游列国、游说诸侯，但各国统治者忙于富国强兵，并不重视儒学，儒学一直处于在野的状态。

儒学创始人是孔子，名丘，字仲尼，春秋时期鲁国陬邑（今山东曲阜）人。孔子出身贵族家庭，但幼年丧父，家道中衰。中年时做过鲁国司寇，管刑狱，非其所愿，三个月后辞职。孔子曾周游列国但不被重用，毕生主要精力是教授学生并整理古代文献，经他整理的古代文献《诗》《书》《礼》《易》和他撰写的鲁国编年体史书《春秋》被后世奉为经典，称"五经"。孔子死后，其生前的言论被弟子辑录成书，叫《论语》。

（2）汉代儒学

汉代是儒学从破坏走向恢复、从低谷走向辉煌的时代。秦朝"焚书坑儒"，儒学遭受灭顶之灾。汉初开始恢复儒学，因为距秦朝时间很近，伏生等老儒生尚在，于是采用汉代通行的隶书把儒经默写下来，成为最早恢复的一批儒家经典，叫今文经。汉武帝以后，民间先后找到一批秦焚书前隐匿的经书，由于是用先秦古文字书写，被称为古文经。同一部经书，今文经与古文经在篇目、文字上略有差异，但两派最大差别还在于学风不同，今文经视经书为政治蓝本，主张"微言大义"，用经书来治国平天下，而古文经重点研究古文字的形、音、义，把经书当作研究古代历史学、文字学的资料。

（3）宋代儒学

从汉至唐，儒学均重视"五经"。北宋以后，一方面儒学界出现超越"五经"、还原圣人思想的风气，更加重视《论语》《孟子》和从《礼记》中抽出的《大学》《中庸》，合称"四书"；另一方面儒学受到佛教和道教的影响，最终形成新的流派，即理学，又称"道学"，其代表人物是北宋程颢和程颐，南宋朱熹，史称"程朱理学"。朱熹著有《朱子语类》《四书集注》等书，是著名的理学著作，尤其《四书集注》后来成为科举考试标准的范本，答案不能背离朱子的注解。

（4）清代儒学

清代受文字狱的影响，儒学脱离政治，重视考证经书的音韵、文字、训诂并延伸到古籍的校勘、辑佚、辨伪，形成考据学派。因其不尚空谈，又称朴学。又因其在乾隆、嘉庆两朝达到极盛，还被称为乾嘉学派。清代考据学派肇始于顾炎武，后来形成以惠栋为代表的吴派和以戴震为代表的皖派。吴派主张"凡古必真""凡汉皆好""唯汉是信"，皖派主张以语言文字作为治经的途径。考据学派从"疑古"开始，通过实证和逻辑推理，证实了很多儒学经典为前人伪作，在文化上的贡献极大，而且也在学术界形成了"严谨治学"的文化氛围。

专题二　导游词中的中国近现代历史

【情景导入】

导游词不仅是带领游客了解景点的工具，也是传播历史文化的媒介。在导游词中融入中国近现代历史，可以让游客更加深入地了解中国的历史变迁和社会发展。

【导游词案例】

满洲里国门

尊敬的游客朋友们大家好！欢迎大家来到"东亚之窗"满洲里，参观满洲里中俄边境旅游区！"雄伟国门映江山，威严矗立九州安"，呈现在大家面前的就是国家领土主权的标志——满洲里国门。

横贯于国门下的东清铁路，见证了周恩来、瞿秋白、李立三等中国共产党早期革命领导人一次次冒着生命危险前往苏联捧回革命圣火；目送着一批批革命党人穿越国境线，确保关系到中国革命命运的中共六大会议胜利召开。

大家现在看到的满洲里国门是第五代国门，建成于2008年，总长105米，高43.7米，约为15层楼那么高。国门的外部镶嵌着2 000多块青灰色花岗岩石板，上方镌刻着"中华人民共和国"七个红色大字，字上悬挂着闪闪发光的国徽。这里的每一砖每一字都体现着庄严与肃穆。

满洲里国门始建于清朝末年，历经了百年的风雨洗礼，数十年的开放磨砺，其间进行了五次重建变迁，是中俄两国革命友谊和经济交流发展的缩影。

大家看一下，这是当时苏联设立的第一代国门——双头铁鸟木桩，以及第二代国门——木制的刻有"中苏门"的拱形门。由于政治经济等多方面因素影响，第一、第二代国门的形制非常简陋，但它们记录了中国革命许多光荣的历史瞬间。

1968年，中苏两国协商在满洲里共建了第三代国门，这是一座横跨东清铁路的"门"字形铁架"栈桥"。上面的政治标语"全世界无产者联合起来"是苏联国徽上的格言，反映了那个时期中苏共同的政治理念。

1989年，钢筋混凝土建筑的第四代国门替代了简陋的铁架桥，化身为一座开放之门矗立在中俄边境之上，注视着一列列满载商品的列车往返于中俄两国，见证着中国对外贸易的快速发展。

随着中俄两国经贸关系不断升温，国门的经济作用逐渐重要起来。于是，中国陆路口岸最大的国门——第五代满洲里国门于2008年6月18日正式落成并投入使用。总建筑面积5 905.51平方米，比第四代国门大3倍。国门下的东清铁路上每天都上演着火车"换装""换轮"的壮观景象。大家可能很好奇：火车还能换装、换轮子吗？我来解答大家的疑惑：中俄两国火车道的宽窄是不一样的。中国的是标准轨道，称为"准轨"，俄罗斯的是"宽轨"，两者相差85毫米，也就是一个拳头的距离。中俄两国的火车如果要进入对方国家，必须要在这里更换成对方国家的火车轮，以适应对方的火车轨道。换装后的火车奔赴世界各地，将中国与欧亚大陆紧紧地连接在一起！

也许，我们的满洲里国门没有故宫博物院的磅礴气势，也没有桂林山水的旖旎风光，但它的庄严与神圣却是任何景观都无法企及的。庄严肃穆的国门，记录了中国共产党人寻求革命真理的身影，讲述了中俄人民共谋发展的百年历程。

国门巍峨，国力强盛，国富则民安，民安则足远。各位亲爱的游客朋友，不知道站在这里的您是否有一种油然而生的自豪感呢？衷心希望满洲里国门之旅，能够让我们铭记历史，感怀现在！

【知识储备】

一、结构内容

开头——简单的欢迎，直接进入主题。"雄伟国门映江山，威严矗立九州安"，呈现在大家面前的就是国家领土主权的标志满洲里国门。

正文——先讲了横贯于国门下的东清铁路，见证了周恩来、瞿秋白、李立三等中国共产党早期革命领导人一次次冒着生命危险前往苏联捧回革命圣火，目送着一批批革命党人穿越国境线，确保关系到中国革命命运的中共六大会议胜利召开。然后又讲了满洲里国门的整体结构大小以及从第一代国门到第五代国门的历史见证，庄严肃穆的国门，记录了中国共产党人寻求革命真理的身影，讲述了中俄人民共谋发展的百年历程。

结尾——情感表达。衷心希望满洲里国门之旅，能够让我们铭记历史，感怀现在！传达爱国之情。

二、导游词中的中国近现代历史

中国近现代史，就其主流和本质来说，是中国一代又一代的人民群众和仁人志士为救国存亡而英勇奋斗、艰苦探索的历史；是中国各族人民进行伟大而艰苦的斗争，经过新民主主义革命，赢得民族独立和人民解放的历史；是中国各族人民在中国共产党的领导下，经过社会主义革命、建设和改革，把一个极度贫弱的旧中国逐步变成一个初步繁荣昌盛、充满生机和活力的社会主义新中国的历史。

从鸦片战争到五四运动前夕是中国由封建社会逐步沦为半殖民地半封建社会的历史，也是中国人民进行反帝反封建斗争的旧民主主义革命的历史。为了打开中国市场，1840年，英国发动鸦片战争，清朝失败。1842年清朝签订中国近代史上第一个不平等条约《南京条约》，被迫割让香港岛，向英国赔款，开放广州、福州、厦门、宁波、上海五处为通商口岸，并丧失关税自主权。鸦片战争是中国近代史的开端，中国逐步沦为半殖民地半封建社会。

为了维护清朝统治，解除内忧外患，清朝掀起了以富国强兵为目标的洋务运动，企图"师夷长技以制夷"。洋务派大规模引进西方先进的科学技术、兴办近代军事工业和民用企业。但1894年甲午战争中清朝北洋海军全军覆没，这标志着洋务运动失败。

洋务运动失败后，人们发现中国不仅科技落后，而且政治制度更应该变革，于是以康有为、梁启超为代表的维新派在光绪皇帝支持下开始戊戌变法，主张改革政治、提倡科学。变法历时103天，因慈禧太后发动戊戌政变而失败，光绪皇帝被囚禁，维新派谭嗣同等"六君子"英勇就义，康、梁等被迫出逃。

19世纪末，山东爆发义和团运动，口号是"扶清灭洋"。运动得到清廷的支持。1900年，日本、美国、奥匈帝国、英国、法国、德国、意大利和俄国组成八国联军攻入北京，慈禧太后带着光绪皇帝西逃。次年是辛丑年，清政府被迫与11国签订《辛丑条约》。

为了结束君主专制制度，建立共和政体，1905年，孙中山、黄兴等在日本东京成立中国同盟会，确定了"驱除鞑虏，恢复中华，创立民国，平均地权"的16字纲领。孙中山在中国同盟会机关报《民报》发刊词中，首次提出以"民族、民权、民生"为核心内容的三民主义思想。

1912年1月1日，中华民国临时政府在南京正式成立，孙中山就任中华民国临时大总统。1912年2月12日，清廷发布退位诏书，清朝正式灭亡，统治中国两千多年的封建帝制宣告结束。

（一）革命时期

中国现代史分为两个历史时期：从五四运动到中华人民共和国成立，为新民主主义革命时期。新民主主义革命时期又分为四个阶段：北伐战争（1924—1927年）时期，又称国民大革命时期或者第一次国内革命战争时期；土地革命战争（1927—1937年）时期，又称国共十年对峙或者第二次国内革命战争时期；抗日战争（1937—1945年）时期和全国解放战争（1945—1949年）时期，又称第三次国内革命战争时期。抗日战争时期，中国共产党与国民党合作共同抗击侵略者，赢得了抗战胜利。但1945年，国民党发动内战，中国共产党经过三年解放战争，最终于1949年推翻了国民党政府。从中华人民共和国成立以来，为社会主义革命和社会主义建设时期。在新民主主义革命时期，中国共产党领导中国各族人民，推翻了帝国主义、封建主义和官僚资本主义的黑暗统治，建立了人民民主专政的中华人民共和国。

（二）建设时期

1949年10月1日，北京30万群众汇集天安门广场举行开国大典，中央人民政府主席毛泽东庄严宣告：中华人民共和国正式成立。

中华人民共和国成立之初，中国政府成功在占中国农业人口总数90%以上的地区完成了土地改革，3亿农民分得了约4 700万公顷的土地。1953—1957年实施的第一个五年计划取得巨大成就：国民收入年均增长率达8.9%以上；建立起一批国家工业化所必需而过去没有的基础工业，包括飞机和汽车制造业、重型和精密机器制造业、发电设备制造业、冶金和矿山设备制造业及高级合金钢和有色金属冶炼等。从 1957—1966 年，是中国开展大规模社会主义建设时期。以 1966 年同 1956 年相比，中国工业固定资产按原价计算增长 3 倍，国民收入按可比价格计算增长 58%；主要工业产品的产量都有几倍乃至十几倍的增长；农业基本建设和技术改造大规模展开。1966 年 5 月至 1976 年 10 月是"文化大革命"的十年，国家和人民遭受了中华人民共和国成立以来最严重的挫折和损失。

1976 年 10 月，江青反革命集团被粉碎，"文化大革命"结束，中国进入新的历史时期。邓小平同志重新复出，自 1979 年起推行改革开放政策，把工作重点放到现代化建设上。通过改革经济体制、政治体制，逐步确立了一条具有中国特色的社会主义现代化建设道路。改革开放以来，中国的面貌发生了深刻变化，经济突飞猛进，人民生活水平显著提高，是中华人民共和国成立后形势最好的时期。

江泽民同志于 1989 年担任中共中央总书记，1993 年担任国家主席，率领中国第三代领导集体，坚持与继承邓小平倡导的改革开放国策，中国呈现出政局稳定、经济高速发展、外交活跃的鼎盛局面。

2002 年 11 月，在中国共产党十六届一中全会上，胡锦涛同志当选为中共中央总书记；2003 年 3 月，在十届中国人大一次会议上，胡锦涛同志当选为国家主席。

2012 年 11 月党的十八大召开，选举习近平同志为中共中央总书记，2013 年 3 月，在十二届中国人大一次会议上，习近平同志当选为国家主席，并提出中国梦。

【思考与实践】

一、讨论分析

请同学们以导游讲解的方式朗读导游词案例，说一说本篇导游词的篇章结构、主要内容以及编撰与讲解特色。

二、模拟实训

1. 写：自选景点，撰写一篇包含中国近现代史内容的导游词，自选景点，通过讲解导游词，让游客了解景点与中国近现代史的关系。

2. 讲：请扫二维码，跟着视频学讲解。学习内容为《北京颐和园益寿堂——中国共产党"进京赶考"之路第一站》。

3. 评：对各小组提交的导游词进行评分（50 分），选拔优秀作品并进行讲解交流（50 分）。评分过程包括小组自评、小组互评、教师评价及企业评价。最后，将撰写作品得分与讲解分数相加，得出总成绩，并将其划分为 4 个等

北京颐和园益寿堂——中国共产党"进京赶考"之路第一站

级：A——95分以上；B——85分至95分；C——75分至85分；D——75分以下。请参照撰写要求与讲解要求评分表（本题共100分）。

【内容拓展】

中国近现代史是指中国从1840年鸦片战争开始到1949年中华人民共和国成立的历史。这段历史是中国逐渐沦为半殖民地半封建社会的历史，也是中国人民追求国家独立和民族复兴的历史。

在1840—1919年的旧民主主义革命阶段，中国面临的问题是反对外国侵略和本国封建统治，主要是农民阶级、资产阶级改良派和革命派等不同力量进行的反抗斗争。这些斗争在政治、经济、文化等方面展开，最终目标是实现民族独立和人民解放。

从1919—1949年的新民主主义革命阶段，中国面临的问题是继续反对外国侵略和本国封建统治，同时也要解决国内深层次的问题，如官僚资本主义和帝国主义在中国的势力等问题。这个阶段，中国无产阶级开始领导中国的革命事业，成为推动历史进步的重要力量。

在中华人民共和国成立后，中国历史进入了一个新的时期。中国共产党领导下的中国，开始了国家建设和现代化进程。这个时期的历史任务是实现国家的工业化、现代化，推进国家的民主化和法治化，提高人民的生活水平和社会福利等。这个时期的主题也是中华民族的伟大复兴。

总的来说，中国近现代史是一个复杂多变的历史时期，既有外国的侵略和压迫，也有本国的落后和封闭，同时也有中国人民的抗争和探索。这段历史既充满了苦难和挫折，也充满了希望和机遇。

模块七

导游的素质和能力要求

学习目标 →

【素养目标】

1. 导游应具备良好的思想政治素质，热爱祖国，忠诚于旅游业，遵守国家法律法规，维护国家利益和民族尊严，具备一定的文化素质，能够应对各种复杂情况和突发事件，具备良好的服务意识和沟通能力，具备较强的心理素质；

2. 导游应具备良好的语言能力，包括口头表达、组织协调能力、沟通能力和应变能力；

3. 导游应穿着整洁、得体的服装，佩戴导游证，树立良好的职业形象。

【知识目标】

1. 掌握导游的基本素质；

2. 掌握导游的基本能力要求；

3. 掌握导游的礼仪。

【技能目标】

1. 能结合应急问题的处理培养突发事件的应变能力；

2. 能在工作实际中运用好导游礼仪；

3. 能结合工作实际培养导游的基本素质。

专题一　导游基本素质

早在 20 世纪 60 年代，周恩来总理就对包括翻译导游在内的我国外事工作人员提出了"三过硬"和"五大员"的要求。"三过硬"即要思想过硬、业务过硬、外语过硬，"五大员"是指要当好宣传员、调研员、服务员、安全员和翻译员。改革开放以来，我国导游工作发生了较大的变化，著名导游专家王连义认为，当今导游要真正做好导游服务工作，真正成为游客喜欢的导游，必须当好"八大员"，即国情讲解员、导游翻译员、旅游协调员、生活服务员、安全保卫员、情况调查员、座谈报告员和经济统计员。具体来说，一名合格的导游应该具备以下素质：

（一）良好的思想品德

1. 热爱社会主义祖国

热爱社会主义祖国是作为一名合格的中国导游的首要条件。首先，导游所从事的工作是社会主义祖国整个事业的一部分，社会主义祖国培育了导游，为导游创造了良好的工作环境与发挥自己智慧和才能的条件。其次，导游的一言一行都与社会主义祖国息息相关。如前所述，在海外游客的心目中，导游是国家形象的代表，游客正是通过导游的思想品德和言谈举止来观察、了解中国的。最后，导游向游客介绍和讲解的内容都是祖国灿烂的文化、壮丽的河山、祖国人民的伟大创造和社会主义事业的辉煌成就，没有这些丰富的内容，导游讲解就成了无源之水、无本之木。

2. 优秀的道德品质

社会主义道德的本质是集体主义，是全心全意为人民服务的精神。从接待游客的角度来说，旅行社和各接待单位实际上组成了一个大的接待集体，导游是这个集体中的一员。因此，导游在工作中应从这个大集体的利益出发，从旅游业的发展出发，依靠集体的力量和支持，关心集体的生存和发展。要发扬全心全意为人民服务的精神，并把这一精神与"宾客至上"的旅游服务宗旨紧密结合起来，热情地为国内外游客服务。只有这样，导游服务工作才能真正做好。

3. 践行社会主义核心价值观

2012 年 11 月 8 日，党的十八大报告明确提出"三个倡导"，即"倡导富强、民主、文明、和谐，倡导自由、平等、公正、法治，倡导爱国、敬业、诚信、友善，积极培育社会主义核心价值观"，这是对社会主义核心价值观基本内容的精辟概括，即概括了国家的价值目标、社会的价值取向和公民的价值准则。

"富强、民主、文明、和谐"，是我国社会主义现代化国家的建设目标，也是从价值目标层面对社会主义核心价值观基本理念的凝练，在社会主义核心价值观中居于最高层次，对其他层次的价值理念具有统领作用。

"自由、平等、公正、法治"，是对美好社会的生动表述，也是从社会层面对社会主义核心价值观基本理念的凝练。它反映了中国特色社会主义的基本属性，是我们党矢志不渝、长期实践的核心价值理念。

"爱国、敬业、诚信、友善"，是公民基本道德规范，是从个人行为层面对社会主义核心价值观基本理念的凝练。它覆盖社会道德生活的各个领域，是公民必须恪守的基本道德准则，也是评价公民道德行为选择的基本价值标准。

4. 较强的敬业精神

导游工作是一项传播文化、促进友谊的服务性工作。导游在为八方来客提供旅游服务时，不但可以结交众多的朋友，而且能增长见识、开阔视野、丰富知识。导游应树立远大理想，将个人的抱负与事业的成功紧密结合起来，立足本职工作，热爱本职工作，尽职敬业，刻苦钻研，不断进取，全身心地投入工作之中，热忱地为游客提供优质的导游服务。

5. 高尚的情操修养

高尚的情操是导游的必备修养之一。导游要不断学习，提高思想觉悟，努力使个人的功利追求与国家利益结合起来；要提高自己判断是非、识别善恶、分清荣辱的能力；要培养自我控制的能力，自觉抵制形形色色的精神污染，力争做到"财贿不足以动其心，爵禄不足以移其志"，始终保持高尚的情操。

6. 自觉地遵纪守法

遵纪守法是每个公民的义务，作为旅行社代表的导游尤其应树立高度的法纪观念，自觉地遵守国家的法律法规，遵守旅游行业的规章，严格执行导游服务质量标准，严守国家机密和商业秘密，维护国家和旅行社的利益。对于提供涉外导游服务的导游，还应牢记"内外有别"的原则，在工作中多请示汇报，切忌自作主张，更不能做违法乱纪的事。

（二）较全面的知识体系

旅游的本质是一种追求文化的活动。随着时代的发展，现代旅游活动更加趋向于对文化、知识的追求，人们出游除了消遣，还想通过旅游活动增长知识、扩大阅历、获取教益，这样就对导游提出了更高的要求。为了适应游客的需要，导游要知识面广、有真才实学，只有将渊博的知识作为后盾，讲解时才能做到内容丰富、言之有物。导游的知识体系包罗万象，主要包括以下几个方面：

1. 语言知识

语言是导游最重要的基本功，是导游服务的工具。导游若没有过硬的语言能力，就根本谈不上做好服务工作。语言知识包括外语知识和汉语（或少数民族语言）知识。涉外导游至少应掌握并熟练运用一门外语，并了解或掌握 2~3 门其他外语。掌握一门外语，了解一种外国文化，有助于接受新思想、新观念，开阔眼界，在传播中外文化中做出贡献。

2. 史地文化知识

史地文化知识包括历史、地理、宗教、民族、风俗民情、风物特产、文学艺术、古典建筑和园林等诸方面的知识。这些知识是导游讲解的素材，是导游服务的"原料"，是导游的看家本领。导游要对本地及邻近省、市、地区的旅游景点、风土人情、历史掌故、民间传说等了如指掌，对国内外的主要名胜景区、景点应有所了解，还要善于将本地的风景名胜与历史典故、文学名著、名人逸事等有机地联系在一起。

3. 政策法规知识

政策法规是导游工作的指针。导游在导游讲解、回答游客的问题或同游客座谈有关问题时，必须以国家的方针政策和法规做指导，否则会给游客造成误解，甚至给国家造成损失。旅游过程中出现的有关问题，导游必须根据国家的政策和有关的法律法规予以正确处理。导游自身的言行也要符合国家政策法规的要求，应自觉地遵纪守法。

4. 心理学知识

导游的工作对象主要是形形色色的游客，还要与各旅游服务部门的工作人员打交道，导游工作集体三成员（全陪、地陪和领队）之间的相处有时也很复杂。导游是做人的工作，而且往往是与之短暂相处，因而掌握必要的心理学知识具有特殊的重要性。导游要随时了解游客的心理活动，有的放矢地做好导游讲解和旅途生活服务工作，有针对性地提供心理服务，从而使游客在心理上得到满足，在精神上获得享受。

5. 美学知识

旅游活动是一项综合性的审美活动。导游不仅要向游客传播知识，也要传递美的信息，让他们获得美的享受。一名合格的导游要懂得什么是美，知道美在何处，并善于用生动形象的语言向具有不同审美情趣的游客介绍美，还要用美学知识来指导自己，使自己的仪表、仪容、仪态符合美的要求。因为导游代表着一个国家（或地区）的旅游形象，其自身就是游客的审美对象。

6. 政治、经济、社会知识

由于游客来自不同国家（地区）的不同社会阶层，他们中一些人往往对旅游目的地的某些政治经济和社会问题比较关注，喜欢询问一些相关的问题。有的人还常常把本国本地的社会问题同旅游目的地的社会问题进行比较。另外，在旅游过程中，游客随时可能见到或听到旅游目的地的某些社会现象，引发他们对某些社会问题的思考，要求导游给予相应的解释。所以，导游应掌握相关的政治、经济、社会知识，了解旅游目的地的风土民情、婚丧嫁娶习俗、宗教信仰和禁忌习俗等，以便更好地做好导游服务工作。

7. 国际知识

涉外导游还应掌握必要的国际知识，要了解国际形势和各时期国际上的热点问题，以及我国的外交政策和对有关国际问题的态度；要熟悉旅游客源国或旅游接待国的概况，知道其历史、地理、文化、民族、风土民情、宗教信仰、民俗禁忌等。了解和熟悉这些情况不仅有助于导游有的放矢地提供导游服务，而且可以加强与游客的沟通。

8. 旅行知识

导游率领游客在目的地旅游，在提供导游服务的同时，还应随时随地帮助游客解决旅行中的种种问题。因此，导游掌握必要的旅行知识，对旅游活动的顺利进行就显得十分重要。旅行知识主要包括入出境知识、交通知识、通信知识、货币保险知识、卫生知识、旅游业知识等，必要的旅行知识往往能起到少出差错、事半功倍的作用。

（三）较强的独立工作能力

导游工作是一项难度较大、复杂而艰巨的工作，导游的能力直接影响到对客服务的效率和服务效果。导游接受任务后，要独立组织游客参观游览，要独立做出决定、独立处理问题。导游的工作对象形形色色，旅游活动丰富多彩，出现的问题和性质各不相同，因此导游工作时不能墨守成规，相反，必须根据不同的时空条件采取相应的措施，予以处理。因此，较强的独立工作能力和创新精神，对导游具有重要意义。导游的独立工作能力主要表现在以下四个方面：

1. 独立执行政策和宣传讲解的能力

导游必须具有高度的政策观念和法治观念，要以国家的有关政策和法律法规指导自己的工作和言行；要积极主动地宣传、讲解我国现行的方针政策，介绍我国人民的伟大创造和社会主义建设的伟大成就；回答游客的种种询问，帮助他们尽可能全面、正确地认识旅游目的地。

2. 较强的独立组织协调能力

导游接受任务后要根据旅游合同安排旅游活动并严格执行旅游接待计划，带领全团游客游览好、生活好。这就要求导游具有较强的组织、协调能力，要求导游在安排旅游活动时有较强的针对性并留有余地，在组织各项活动时讲究方式方法并及时掌握变化的客观情况，灵活地采取相应的有效措施。

3. 善于和各种人打交道的能力

导游的工作对象甚为广泛，善于和各种人打交道是导游最重要的素质之一。与层次不同、品质各异、性格相左的中外人士打交道，要求导游必须掌握一定的公共关系学知识并能熟练运用，具有灵活性、理解能力和适应不断变化着的氛围的能力，随机应变地处理问题，搞好各方面的关系。导游具有相当的公关能力，就会在待人接物时更自然、得体，能动性和自主性必然会更高，有利于提高导游服务质量。

4. 独立处理问题和事故的能力

冷静分析、果断决定、正确处理意外事故是导游最重要的能力之一。旅游活动中意外事故在所难免，能否妥善地处理事故是对导游的一种严峻考验。临危不惧、头脑清醒、遇事不乱、处理果断、办事利索、积极主动、随机应变是导游处理意外事故时应具备的能力特质。

（四）较熟练的导游技能

服务技能可分为操作技能和智力技能两大类。导游服务需要的主要是智力技能，包括导游与同事协作共事，与游客成为伙伴，使旅游生活愉快的带团技能；根据旅游接待计划和实情，巧妙、合理地安排参观游览活动的技能；选择最佳的游览点、线，组织活动，当好导游的技能；触景生情、随机应变，进行生动精彩的导游讲解的技能；灵活回答游客的询问，帮助他们了解旅游目的地的宣讲技能；沉着、果断地处理意外事故的应急技能；合情、合理、合法地处理各种问题和旅游投诉的技能等。

语言、知识、服务技能构成了导游服务三要素，缺一不可，只有三者的和谐结合才称得上是高质量的导游服务。导游的服务技能与他的工作能力和掌握的知识有很大的关系，需要在实践中培养和发展。导游要在掌握丰富知识的基础上，努力学习导游方法、技巧，并不断总结、提炼，形成适合自己特长的导游方法、技巧及自己独有的导游风格。

（五）积极的进取精神

导游职业是个充满竞争、充满挑战的职业。一方面在国际化和全球化发展的大背景下，中国的海外旅游客源地和目的地越来越多，截至2023年年底，我国正式开展组团业务的出境旅游目的地国家（地区）达到138个，旅游国际交往日趋密切，要求导游掌握的国际旅游知识成倍增加；与此同时，国内旅游发展方兴未艾，老景区改造频繁，新景区层出不穷，旅游方式不断变化，导游知识必须不断更新。另一方面，我国导游管理体制正在发生巨大变化，导游职业社会化的趋势不可逆转，导游面临的竞争和压力越来越大。加上游客越来越成熟，他们旅游的视野可能比导游更开阔，所掌握的"旅游攻略"可能比导游更详尽，通过手机查询到的景点资讯可能让导游讲解相形见绌。因此，导游应有居安思危、优胜劣汰的思想准备，要树立强烈的竞争意识，将压力变为动力，不断开拓进取、完善自我，才能更好地胜任本职工作。

（六）健康的身心

导游工作是一项脑力劳动和体力劳动高度结合的工作，工作繁杂、量大面广、流动性强、体力消耗大，而且工作对象复杂，诱惑性大。因此，导游必须是一个身心健康的人，否则很难胜任工作。导游的身心健康包括以下四个方面：

1.身体健康

导游从事的工作要求他擅于走路和爬山，能连续不间断地工作。全程导游、地方导游和旅游团领队要陪同旅游团周游各地，不断变化的气候和各地的水土、饮食对其都是严峻的考验。

2. 心态平和

导游的精神要始终愉快、饱满，在游客面前应显示出良好的精神状态，进入"导游"角色要快，并且能保持始终而不受任何外来因素的影响。面对游客，导游应笑口常开，绝不能把丝毫不悦的情绪带到导游工作中去。特别是现在，游客的自我保护意识越来越强，有时对导游的工作理解不够，导游要能受得起委屈，要学会调整自己的心态。

3. 头脑冷静

在旅游过程中，导游应始终保持清醒的头脑，处事沉着、冷静、有条不紊；处理各方面关系时要机智、灵活、友好协作；处理突发事件以及游客的挑剔、投诉时要干脆利索，要合情、合理、合法。

4. 思想健康

导游应具有高尚的情操和超强的自控能力，能够抵制形形色色的诱惑，清除各种腐朽思想的污染。

总之，一名合格的导游应精干、老练、沉着、果断、坚定，应时时处处显示出有能力领导旅游团，而且工作积极、耐心，会关心人、体谅人，富于幽默感，导游技能高超。正如加拿大导游专家帕特里克·克伦在《导游的成功秘诀》一书中概括的，应是"集专业技能和知识、机智、老练、圆滑于一身"的人。

专题二　导游的基本能力要求

一、常见问题和事故的预防和处理

导游在实际带团过程中可能会遇到一些突如其来的问题，如游客生病、物品遗失、计划行程变更等；也有可能遇到一些旅游事故。旅游事故指因旅游服务部门运行机制出现故障造成的事故，一般可分为责任事故和自然事故两种。其中责任事故是由于接待方的疏忽、计划不周等原因造成的事故；自然事故也称非责任事故，是指由于天气变化、自然灾害或非接待部门的原因造成的事故。

（一）漏接和错接的处理

1.漏接的原因、预防及处理

漏接是指旅游团（者）抵达后，无导游迎接的现象。出现漏接现象，无论是什么原因引起，都会造成游客的不满情绪，这是正常的。重要的是导游要做好处理工作，时刻为游客着想，尽快消除游客的不满情绪。

（1）漏接的原因

①主观原因造成的漏接。由于导游自身工作不够细致，没有认真阅读接待计划，把旅游团（者）抵达的日期、时间、地点搞错；导游迟到，没有按预定的时间提前抵达接站地点；由于某种原因，班次变更，旅游团提前到达，接待社有关部门在接到上一站通知后，在接待计划中注明，但导游没有认真阅读，仍按原计划接站；导游没有查对新的航班时刻表，特别是新、旧时刻表交替时，"想当然"仍按旧时刻表的时间接站，因而造成漏接事故；导游举牌接站的地方选择不当。

②客观原因造成的漏接。由于种种原因，上一站接待社将旅游团原定的班次或车次变更而提前抵达，但漏发变更通知，造成漏接，接待社已接到变更通知，但有关人员没有及时通知该团地陪，造成漏接；司机迟到，未能按时到达接站地点，造成漏接；由于交通堵塞或其他预料不到的情况发生，未能及时抵达机场（车站），造成漏接；由于国际航班提前抵达或游客在境外中转站乘其他航班而造成漏接。

（2）漏接的预防

①认真阅读计划。导游接到任务后，应了解旅游团抵达的日期、时间、接站地点（具体是哪个机场、车站、码头），并亲自核对清楚。

②核实交通工具到达的准确时间。旅游团抵达的当天，导游应与旅行社有关部门联系，弄清班次或车次是否有变更，并及时与机场（车站、码头）联系，核实抵达的确切时间。

③提前抵达接站地点。导游应与司机商定好出发时间，保证按规定提前30分钟到达接站地点。

（3）漏接的处理

①实事求是地向游客说明情况，诚恳地赔礼道歉，求得游客谅解。如果不是自身的原因要立即与接待社联系，告知现状，立即查明原因，并耐心向游客做解释工作，消除误解。

②尽量采取弥补措施，使游客的损失降到最低限度。如果有费用问题（如游客乘出租车到饭店的车费），应主动将费用赔给游客。

③提供更加热情周到的服务，高质量地完成计划内的全部活动内容，以求尽快消除因漏接而给游客造成的不愉快情绪。

④必要时请接待社领导出面赔礼道歉，或酌情给游客一定的物质补偿。

2. 错接的原因、预防及处理

错接是指导游接了不应由他接的旅游团（者）。

（1）错接的原因

错接旅游团一般是责任事故，是因导游责任心不强造成的。错接事故容易发生在旅游热点地区和旅游旺季。有的旅行社同时派出一个以上的团队前往同一地；或者在旺季时，多个团队的游客会乘同一航班抵达目的地。

（2）错接的预防

①导游应提前到达接站地点迎接旅游团。

②接团时认真核实。导游要认真逐一核实旅游客源地派出方旅行社的名称、旅游目的地组团旅行社的名称、旅游团的代号、人数、领队姓名（无领队的团要核实游客的姓名）、下榻饭店等。

③提高警惕，严防社会其他人员非法接走旅游团。

（3）错接的处理

一旦发现错接，地陪应立即采取的措施如下：

①报告领导。发现错接后马上向接待社领导及有关人员报告，查明两个错接团的情况，再做具体处理。

②将错就错。如经核查，错接发生在本社的两个旅游团之间，两个导游又同是地陪，那么可将错就错，两名地陪将接待计划交换之后就可继续接团。

③必须交换。如经核查，错接的团分属两家接待社接待，则必须交换；如错接的两个团属同一旅行社接待，但两名导游中有一名是地陪兼全陪，那么，也应交换旅游团。

④地陪要实事求是地向游客说明情况，并诚恳地道歉，以求得游客的谅解。

⑤如发生其他人员（非法导游）将游客带走，应马上与饭店联系，看游客是否已入住应下榻的饭店。

（二）旅游计划和日程变更的处理

计划和日程的变更是根据旅游活动中实际需要而决定的，一般有以下三种情况：

1. 客观原因需要变更计划和日程

旅游过程中，因客观原因、不可预料的因素（如天气、自然灾害、交通问题等）需要变更旅游团的旅游计划、线路和活动日程时，一般会出现三种情况，针对不同情况要有灵活的应变措施。

（1）缩短或取消在某地游览时间

①旅游团（者）的抵达时间延误，造成旅游时间缩短。首先，仔细分析因延误带来的困难和问题，并及时向接待社外联或计调部门报告，以便将情况尽快反馈给组团社，找出补救措施。其次，在外联或计调部门的协助下，安排落实该团交通、住宿、游览等事宜。

提醒有关人员与饭店、车队、餐厅联系，及时办理退房、退车、退餐等一切相关事宜。最后，地陪应立即调整活动日程，压缩在每一景点的活动时间，但尽量保证不减少计划内的游览项目。

②旅游团（者）提前离开，造成游览时间缩短。首先，立即与全陪、领队商量，采取尽可能的补救措施。立即调整活动时间，抓紧时间将计划内游览项目完成；若有困难，无法完成计划内所有游览项目，地陪应选择最有代表性、最具特色的重点旅游景点，让游客对游览景点有个基本的了解。其次，做好游客的工作。不要急于将旅游团提前离开的消息告诉旅游团（者），以免引起躁动。待与领队、全陪制订新的游览方案后，找准时机先向旅游团中有影响力的游客实事求是地说明困难，诚恳地道歉，以求得谅解，并将变更后的安排向他们解释清楚，争取他们的认可和支持，最后分头做其他游客的工作。再次，地陪应通知接待社计调部门或有关人员办理相关事宜，如退房、退餐、退车等。然后，给予游客适当的补偿。必要时经接待社领导同意可采取加菜、风味餐、赠送小纪念品等物质补偿的办法。旅游团的活动受到较大的影响，游客损失较大而引起强烈的不满时，可请接待社领导出面表示歉意，并提出补偿办法。最后，若旅游团（者）提前离开，全陪应立即报告组团社，并通知下一站接待社。

（2）延长旅游时间

游客提前抵达或推迟离开都会造成延长游览时间而变更游览日程。出现这种情况，地陪应该采取以下措施：

①落实有关事宜，与接待社有关部门或有关人员联系，重新落实旅游团（者）的用房、用餐、用车的情况，并及时落实离开的机、车票。

②迅速调整活动日程，适当地延长在主要景点的游览时间。经组团社同意后，酌情增加游览景点，或晚上安排健康的文体活动，努力使活动内容充实。

③提醒有关接待人员通知下一站该团的日程变化。

④在设计变更旅游计划时，地陪要征求领队和全陪的建议和要求，共同商量，取得他们的支持和帮助。在变更的旅游计划确定之后，应与领队、全陪商量好如何向团内游客解释说明，取得他们的谅解与支持。

（3）逗留时间不变，但被迫改变部分旅游计划

出现这种情况，肯定是外界客观原因造成的，如大雪封山、维修改造、进入危险地段等。这时导游应采取如下措施：

①实事求是地将情况向游客讲清楚，求得谅解。

②提出由另一景点代替的方案，与游客协商。

③以精彩的导游讲解、热情的服务激起游客的游兴。

④按照有关规定做些相应补偿，如用餐时适当地加菜，或将便餐改为风味餐，赠送小礼品等。必要时，由旅行社领导出面，诚恳地向游客表示歉意，尽量让游客高高兴兴地离开。

2. 旅游团（者）要求变更计划日程

在旅游过程中，由于种种原因，游客向导游提出变更旅游线路或旅游日程时，原则上应按旅游合同执行。遇有较特殊的情况或由领队提出，导游也无权擅自做主，要上报组团社或接待社有关人员，必须经有关部门同意，并按照其指示和具体要求做好变更工作。

3. 因旅行社的原因需要调整计划日程

在旅游计划安排过程中，可能出现因旅行社的工作疏忽（如景区当天不开放、游客预订节目没安排等）造成旅游活动安排不周，需要临时进行调整。出现这种情况时应首先对计划进行合理安排，尽量不影响日程，然后将安排后的计划与领队及游客沟通，获取他们的谅解，再按照新计划安排游览。

《（三）误机（车、船）事故的处理

误机（车、船）事故是指因故造成旅游团（者）没有按原定航班（车次、船次）离开本站而导致暂时滞留。

1. 误机（车、船）事故的原因

一般此类事故的发生有两种情况：一种情况是由于导游工作上的差错和不负责任造成的，如安排日程不当或过紧，没能按时抵达机场（车站，码头），没有认真核实票据，将时间或地点搞错；另一种情况则是因为游客走失，或游客没有按安排时间准时集合及其他意外事件（如交通事故、天气变化、自然灾害等）所造成的。

2. 误机（车、船）事故的预防

误机（车、船）带来的后果严重，杜绝此类事故的发生关键在预防，地陪应做到以下几点：

①认真核实机（车、船）票的班次（车次、船次）、日期、时间及在哪个机场（车站、码头）乘机（车、船）等。

②如果票据未落实，接团期间应随时与接待社有关人员保持联系。没有行李车的旅游团在拿到票据核实无误后，地陪应立即将其交到全陪或游客手中。

③离开当天不要安排旅游团到地域复杂、偏远的景点参观游览，不要安排自由活动。

④留有充足的时间去机场、车站、码头，要考虑到交通堵塞或突发事件等因素。

⑤保证按规定的时间到达机场、车站或码头。乘国内航班，提前2小时到达机场；乘国际航班出境，提前3小时到达机场；乘火车或轮船，提前1小时到达火车站或码头。

3. 误机（车、船）事故的处理

（1）酿成事故的应急措施

旅游团正在去往机场（车站、码头），酿成误机（车、船）事故时，导游应采取如下应急措施：与机场取得联系，请求等候，讲明旅游团的名称、人数、现在何处、大约何时能够抵达机场；如取得同意，导游要立即组织游客尽快赶赴机场，同时向旅行社汇报情况，请求帮助协调；同时还需要向各个有关部门、有关人员（如海关、交通车队、行李员、旅游车司机等）讲清游客误机情况和补救办法，并说明请求协助的事项。

（2）已成事故的处理办法

①地陪应立即向旅行社领导及有关部门报告并请求协助。

②地陪和旅行社尽快与机场（车站、码头）联系，争取让游客乘最近班次的交通工具离开本站，也可以包机（车厢、船）或改乘其他交通工具前往下一站。

③稳定旅游团（者）的情绪，安排好在当地滞留期间的食宿、游览等事宜。

④及时通知下一站，对日程做相应的调整。

⑤向旅游团（者）赔礼道歉。

⑥写出事故报告，查清事故的原因和责任，责任者应承担经济损失并受相应的处分。

《（四）遗失问题的处理

有些遗失事故是由于游客个人马虎大意造成的，也有些是由于相关部门的工作失误造成的。它们不仅给游客带来经济损失，影响游客的情绪，还会给游客的旅游活动带来诸多不便，严重时甚至耽误游客离境。

导游和领队要注意做好在关键时刻的提醒工作，特别是游客每次下旅游车（飞机、火车、轮船）前、购物时、离店前。导游需要集中证件以办理有关手续时，应通过领队向客人收取，用完后立即归还，不要代为保管。一旦发生游客财产安全事故，导游要做到态度积极、头脑冷静、行动迅速、设法补救。如果有线索，应迅速与有关部门联系查找，把损失降到最低限度；如果查找不到，应迅速向组团社或接待社报告，向有关部门报案，并协助游客根据有关规定办理必要的手续。

1. 证件、钱物、行李遗失的预防

①多做提醒工作。参观游览时，导游要提醒游客带好随身物品和提包；在热闹、拥挤的场所中和购物时，导游要提醒游客保管好自己的钱包、提包和贵重物品；离开饭店时，导游要提醒游客带好随身行李物品，检查是否带齐了旅行证件；下车时，导游要提醒游客不要将贵重物品留在车上。

②不代为保管游客证件。导游在工作中需要游客的证件时，要经由领队收取，用毕立即如数归还，不要代为保管，还要常提醒游客保管好自己的证件。

③切实做好每次行李的清点、交接工作。

④每次游客下车后，导游都要提醒司机清车、关窗并锁好车门。

2. 证件丢失

若游客证件丢失，首先请失主冷静地回忆，详细了解丢失情况，找出线索，尽量协助寻找。如确已丢失，马上报告公安部门、接待社领导和组团社并留下游客的详细地址、电话。再根据领队或接待社有关人员的安排，协助失主办理补办手续，所需费用由失主自理。

（1）丢失外国护照和签证

①由旅行社出具证明。

②请失主准备照片。

③失主本人持证明去当地公安局（外国人出入境管理处）报失，由公安局出具证明。

④持公安局的证明去所在国驻华使、领馆申请补办新护照及签证。

（2）丢失团体签证

①由接待社开具遗失公函。

②准备原团体签证复印件（副本）。

③重新打印与原团体签证格式、内容相同的该团人员名单。

④收齐该团全体游客的护照。

⑤持以上证明材料到公安局出入境管理处报失，并填写有关申请表（可由一名游客填写，其他成员附名单）。

（3）丢失中国护照和签证

①华侨丢失护照和签证。首先，接待社开具遗失证明。其次，失主准备照片。再次，失主持证明、照片到公安局出入境管理处报失并申请办理新护照。最后，持新护照到其居住国驻华使、领馆办理入境签证手续。

②中国公民出境旅游时丢失护照、签证。首先，请当地陪同协助在接待社开具遗失证明。其次，持遗失证明到当地警察机构报失，并取得警察机构开具的报失证明。再次，持当地警察机构的报失证明和有关材料到我国驻该国使、领馆领取中华人民共和国旅行证。最后，回国后，可凭中华人民共和国旅行证和境外警方的报失证明，申请补发新护照。

（4）丢失港澳居民来往内地通行证（港澳同胞回乡证）

①向公安局派出所报失，并取得报失证明；或由接待社开具遗失证明。

②持报失证明或遗失证明到公安局出入境管理处申请领取赴港澳证件。

③经出入境管理部门核实后，给失主签发一次性中华人民共和国入出境通行证。

④失主持该入出境通行证回港澳地区后，填写港澳居民来往内地通行证件遗失登记表和申请表，凭本人的港澳居民身份证，向通行证受理机关申请补发新的通行证。

（5）丢失台湾同胞旅行证明

根据2015年《中国公民往来台湾地区管理办法》第二十七条规定，失主向遗失地的市、县公安机关报失，经调查属实的可以允许重新申请领取相应的旅行证件或者发给一次性有效的出境通行证。

（6）丢失中华人民共和国居民身份证

当地旅行社核实后开具遗失证明，持遗失证明和照片到当地公安局报失，公安局开具身份证明。

3. 钱物丢失

（1）外国游客丢失钱物的处理

①稳定失主情绪，详细了解物品丢失的经过，物品的数量、形状、特征、价值。仔细分析物品丢失的原因、时间、地点，并迅速判断丢失的性质是不慎丢失还是被盗。

②立即向公安局或保安部门以及保险公司报案（特别是贵重物品的丢失）。

③及时向接待社领导汇报，听取领导指示。

④接待社出具遗失证明。

⑤若丢失的是贵重物品，失主持证明、本人护照或有效身份证件到公安局出入境管理处填写失物经过说明，列出遗失物品清单。

⑥若失主遗失的是入境时向海关申报的物品，要出示中国海关行李申报单。

⑦若将中国海关行李申报单遗失，要到公安局出入境管理处申请办理《中国海关行李申报单报失证明》。

⑧若遗失物品已在国外办理财产保险，领取保险时需要证明，可以向公安局出入境管理处申请办理财物遗失证明。

⑨若遗失物品是旅行支票、信用卡等票证，在向公安机关报失的同时也要及时向有关银行挂失。

失主持以上由公安局开具的所有证明，可供出海关时查验或向保险公司索赔。

发生证件、财物特别是贵重物品被盗是治安事故，导游应立即向公安机关及有关部门报警，并积极配合有关部门早日破案，挽回不良影响，若不能破案，导游要提供更加周到热情的服务，尽力安慰失主，缓解其低落的情绪并按上述步骤办理。

（2）国内游客丢失钱物的处理

①立即向公安局、保安部门或保险公司报案。

②及时向接待社领导汇报。

③若旅游团行程结束时仍未破案，可根据失主丢失钱物的时间、地点、责任方等具体情况做善后处理。

4. 行李遗失

（1）来华途中丢失行李

海外游客行李在来华途中丢失，不属于导游的责任，但导游也应帮助游客追回行李。

①带失主到机场失物登记处办理行李丢失和认领手续。失主必须出示机票及行李牌，详细说明始发站、转运站，说清楚行李件数及丢失行李的大小、形状、颜色、标记、特征等，并一一填入失物登记表；让失主将下榻饭店的名称、房间号和电话号码（如果已经知道）告诉登记处并记下登记处的电话和联系人，记下有关航空公司办事处的地址、电话，以便联系。

②游客在当地游览期间，导游要不时打电话询问寻找行李的情况，一时找不回行李，要协助失主购置必要的生活用品。

③离开本地前行李还没有找到，导游应帮助失主将接待旅行社的名称、全程旅游线路以及各地可能下榻的饭店名称转告有关航空公司，以便行李找到后及时运往相应地点交还失主。

④如行李确系丢失，失主可向有关航空公司索赔或按国际惯例取得赔偿。

（2）在中国境内丢失行李

游客在我国境内旅游期间丢失行李，一般可能是在三个环节上出了差错，即交通运输部门、饭店行李部门或旅行社的行李员运输行李的过程中。导游必须认识到，不论是在哪个环节出现的问题，都是我方的责任，应积极设法负责查找。

①仔细分析，找出差错的线索或环节。

如果游客在机场领取行李时找不到托运行李，则很有可能是上一站行李交接或机场行李托运过程中出现差错。这时，全陪应马上带领失主凭机票和行李牌到机场行李查询处登记办理行李丢失或认领手续，并由失主填写《行李丢失登记表》。地陪立即向接待社领导或有关人员汇报，安排有关人员与机场、上一站接待社、有关航空公司等单位联系，积极寻找。

如果抵达饭店后，游客告知没有拿到行李，问题则可能出现在 4 个方面：其一，本团游客误拿；其二，饭店行李员送错了房间；其三，旅行社行李员与饭店行李员交接时有误；其四，在往返运送行李途中丢失。

出现这种情况，地陪应立即依次采取以下措施。地陪与全陪、领队一起先在本团内寻找。如果没找到应立即与饭店行李部取得联系，请其设法查找。如果仍找不到行李，地陪应马上向接待社领导或有关部门汇报，请其派人了解旅行社行李员有关情况，设法查找。

②做好善后工作。主动关心失主，对因丢失行李给失主带来的诸多不便表示歉意，并积极帮助其解决因行李丢失而带来的生活方面的困难。

③随时与有关方面联系，询问查找进展情况。

④若行李找回，及时将找回的行李归还失主。若确定行李已丢失，由责任方负责人出面向失主说明情况，并表示歉意。

⑤帮助失主根据有关规定或惯例向有关部门索赔。

⑥事后写出书面报告（包括事故的全过程，如行李丢失的原因经过、查找过程、赔偿情况及失主和其他团员的反映）。

《《（五）游客走失的处理

在参观游览或自由活动时，时常有游客走失的情况。一般来说，造成游客走失的原因有三种：一是导游没有向游客讲清车号、停车位置或景点的游览线路；二是游客对某种现象和事物产生兴趣，或在某处摄影滞留时间较长而脱离团队自己走失；三是在自由活动、外出购物时游客没有记清饭店地址和线路而走失。

无论哪种原因，都会影响游客情绪、有损带团质量。导游只要有责任心，肯下功夫，就会降低这种事故的发生率。一旦发生这种事故，导游要立即采取有效措施以挽回不良影响。

1. 游客走失的预防

①做好提醒工作。提醒游客记住接待社的名称，旅游车的车号和标志，下榻饭店的名称、电话号码，带上饭店的店徽等。导游尽可能与游客互留手机号码。团体游览时，地陪要提醒游客不要走散；自由活动时，提醒游客不要走得太远，不要回饭店太晚，不要去热闹、拥挤、秩序混乱的地方。

②做好各项活动的安排和预报。在出发前或旅游车离开饭店后，地陪要向游客预告一天的行程，下午游览点和吃中、晚餐餐厅的名称和地址。到游览点后，在景点示意图前，地陪要向游客介绍游览线路，告知旅游车的停车地点，强调集合时间和地点，再次提醒游客记住旅游车的特征和车号。

③时刻和游客在一起，经常清点人数。

④地陪、全陪和领队应密切配合。全陪和领队要主动负责做好旅游团的断后工作。

⑤导游要以高超的导游技巧和丰富的讲解内容吸引游客。

2. 游客走失的处理

只有当游客完全失去联系且在规定时间内没有返回，才能认定为游客走失。其处理办法如下：

（1）游客在旅游景点走失

①了解情况，迅速寻找。导游应立即向其他游客、景点工作人员了解情况并迅速寻找。地陪、全陪和领队要密切配合，一般情况下是全陪、领队分头去找，地陪带领其他游客继续游览。

②寻求帮助。在经过认真寻找仍然找不到走失者后，应立即向游览地的派出所和管理部门求助，特别是面积太大、地段复杂、进出口多的游览点，因寻找工作难度较大，争取当地有关部门的帮助尤其必要。

③与饭店联系。在寻找过程中，导游可与饭店前台、楼层服务台联系，请他们注意该游客是否已经回到饭店。

④向旅行社报告。如采取了以上措施仍找不到走失的游客，地陪应向旅行社及时报告并请求帮助，必要时请示领导，向公安部门报案。

⑤做好善后工作。找到走失的游客后，导游要做好善后工作，分析走失的原因。如属导游的责任，导游应向游客赔礼道歉；如果责任在走失者，导游也不应指责或训斥对方，而应对其进行安慰，讲清利害关系，提醒以后注意。

⑥写出事故报告。若发生严重的走失事故，导游要写出书面报告，详细记述游客走失经过、寻找经过、走失原因、善后处理情况及游客的反映等。

（2）游客在自由活动时走失

①立即报告接待社和公安部门。导游在得知游客自己在外出时走失，应立即报告旅行社

领导，请求指示和帮助；通过有关部门向公安局辖区派出所报案，并向公安部门提供走失者可辨认的特征，请求帮助寻找。

②做好善后工作。找到走失者，导游应表示高兴，问清情况，安抚因走失而受惊吓的游客，必要时提出善意的批评，提醒其引以为戒，避免走失事故再次发生。

③若游客走失后出现其他情况，应视具体情况作为治安事故或其他事故处理。

（六）晕车（机、船）预防与处理

1. 症状与体征

晕车（机、船）而产生的一系列的生理反应统称为"晕动病"，其症状因人而异，轻者表现为头晕、胸闷、微汗、全身稍有不适，重者头痛心慌、眩晕恶心、呕吐不止，甚至发烧昏迷。虽然"晕动病"无法根治，但是可以做好预防和处理工作。

2. 预防常识

①避免在旅途中过度疲劳，因为疲劳是引起晕动病的原因之一。

②提醒有晕动病的游客在搭乘交通工具之前避免喝酒，避免过度饱食，尤其不能吃高蛋白和高脂食品，可吃些简单清淡的食物。

③照顾晕动病的游客在前排较平稳的位置就座，座位方向应与行驶方向一致。

④提醒有晕动病的游客，不要在搭乘交通工具时阅读书报杂志，也不要直视某个近物或看窗外快速移动的景物，最好闭目养神。

⑤建议晕动病严重的游客，可以在搭乘交通工具前30分钟服用抗晕药物。

3. 处理常识

①如有晕动病游客开始反应时，导游应立即关心游客身体状况，及时将其调整到合适的位置。

②将风油精涂抹于游客的太阳穴或风池穴上。

③提醒游客将腰带束紧，减少腹腔内脏的震荡，缓解不适。

④准备好食品袋和纸巾，尽快清除呕吐物。

⑤如"晕动病"游客症状严重，及时联系乘务人员。

（七）中暑预防与处理

1. 症状与体征

中暑是在烈日下或高温环境里，人体内热量不能及时散发，引起机体体温调节发生障碍的一种急性疾病。按中暑程度可分为轻症中暑和重症中暑。轻症中暑的症状有头昏、眼花、耳鸣、面色潮红、胸闷、皮肤灼热、体温升至38℃以上，甚至可出现面色苍白、恶心、呕吐、汗多、脉搏细弱、呼吸浅快等早期循环衰竭征象。重症中暑除出现以上症状外往往还会出现昏倒、痉挛或皮肤干热，体温超过40℃。

2. 预防常识

（1）做好防护工作

导游应提醒游客做好防护工作，如打遮阳伞、戴遮阳帽、戴太阳镜、涂抹防晒霜，外出时的衣服尽量选用棉、麻、丝类的织物，最好穿白色、浅色或素色衣服，少穿深色的化纤类服装。

（2）避免在烈日下活动

带团时要注意劳逸结合，尽量避免游客长时间地在骄阳下活动，特别是在正午阳光最强烈时。另外，在气温高且无风的地方也不能逗留过久。

（3）多喝淡盐开水

夏季旅游出汗多，体内盐分减少，而多喝些淡盐开水，可以补充体内失掉的盐分，喝淡盐开水时，要少量多次地喝，才能有作用。

（4）准备防暑用品

在夏季出游前应准备好预防和治疗中暑的药物用品，如十滴水、人丹、藿香正气水、清凉油、风油精等。

3. 处理常识

①迅速将患者抬到通风、阴凉、干爽的地方，使其仰卧并解开衣扣，松开或脱去衣服，如衣服被汗水湿透最好能更换干衣服。同时可用扇子轻扇，帮助散热。

②面部发红的患者可将头部稍垫高，面部发白者头部略放低，使其周身血液流通。

③最好在患者头部捂上一块冷毛巾，可用浓度50%的酒精、冰水、冷水进行全身擦浴，使末梢血管扩张，促进血液循环，然后用扇子或电扇吹风，促进散热。

④若患者已失去知觉，可让其嗅一些有刺激气味的东西或掐其人中，刺激其苏醒，醒后可喂一些清凉饮料或淡盐开水。

⑤轻症患者经上述处理后，待体温降到38℃、体征平稳后可送其回酒店休息；重症中暑患者应该迅速与医院联系。

》》（八）游客患病、死亡问题的处理

旅途劳累、气候变化、水土不服或饮食起居不习惯，尤其是年老体弱者难免会感到身体不适，导致患病，甚至出现病危情况。常见的旅行疾病或不适包括晕车晕船、失眠、高山反应、中暑、便秘、腹泻、呕吐等；在旅游过程中，游客可能会突发急症，如心脏病猝发、昏厥，还会出现摔伤等事故。这就需要导游从多方面了解游客的身体状况，照顾好他们的生活，经常关心、提醒游客注意饮食卫生，避免人为的原因致使游客生病。导游应该学习预防和治疗旅行常见病的知识，掌握紧急救护的方法，以便在关键时刻为游客的救治争取时间，但是不得随意将自备药品提供给患者。

1. 游客患病的预防

（1）游览项目选择有针对性

导游在做准备工作时，应根据旅游团的信息材料，了解旅游团成员的年龄及旅游团其他情况，做到心中有数。选择适合该年龄段游客的游览线路。

（2）安排活动日程要留有余地

乘客不要将一天的游览活动安排得太满，更不能将体力消耗大、游览项目多的景点集中安排，要有张有弛，使游客感到轻松愉快；晚间活动的时间不宜安排过长。

（3）提醒游客注意饮食卫生

提醒游客注意饮食卫生，不要暴食暴饮，以免水土不服引起腹泻。在北方旅游时，提醒游客多喝水、多吃水果，以防上火和感冒。吃海鲜后一小时内不要食用冷饮、西瓜等冷食，也不要马上去游泳，反之游泳后也不要立即食用冷饮、海鲜、西瓜等。晕车（船、机）者，在乘坐前不要吃得太饱，也不要吃得太油腻。

（4）及时报告天气变化

导游应提醒游客随着天气的变化及时增减衣服、带雨具等，气候干燥的季节提醒游客多喝水、多吃水果，尤其是在炎热的夏季要注意预防中暑。

2. 游客患一般疾病的处理

经常有游客会在旅游期间感到身体不适或患一般疾病，如感冒、发烧、水土不服、晕车、失眠、便秘、腹泻等，这时导游应该注意以下几方面：

（1）劝其及早就医，注意休息，不要强行游览

在游览过程中，导游要观察游客的神态、气色，发现游客的病态时，应多加关心，照顾其坐在较舒服的座位上，或留在饭店休息，但一定要通知饭店给予关照，切不可劝其强行游览。游客患一般疾病时，导游应劝其及早去医院就医。

（2）关心患病的游客

对因病没有参加游览活动、留在饭店休息的游客，导游要主动前去问候，询问身体状况，以示关心，必要时通知餐厅为其提供送餐服务。

（3）需要时导游可陪同患者前往医院就医

应向患者讲清楚，所需费用要自理，提醒其保存诊断证明和收据。

（4）严禁导游擅自给患者用药

导游不能擅自给患者提供药品。

3. 游客突患重病的处理

（1）在前往景点途中突然患病

游客在去旅游景点的途中突然患病，导游应做到以下几点：

①在征得患者、患者亲友或领队同意后，立即将患重病的游客送往就近医院治疗，或拦截其他车辆将其送往医院。必要时，暂时中止旅行，用旅游车将患者直接送往医院。

②及时将情况通知接待社有关人员。

③一般由全陪、领队、病人亲友同往医院。如无全陪和领队，地陪应立即通知接待社请求帮助。

（2）在参观游览时突然患病

①不要搬动患病游客，让其坐下或躺下。

②立即拨打电话叫救护车（医疗急救电话：120）。

③向景点工作人员或管理部门请求帮助。

④及时向接待社领导及有关人员报告。

（3）在饭店突然患病

游客在饭店突患重病，先由饭店医务人员抢救，然后送往医院，并将其情况及时向接待社领导汇报。

（4）在向异地转移途中突患重病

在乘飞机、火车、轮船前往下一站的途中游客突患重病，应采取以下措施：

①全陪应请求乘务员帮助，在乘客中寻找医务人员。

②通知下一站旅行社做好抢救的各项准备工作。

（5）处理要点

①游客病危，需要送往急救中心或医院抢救时，需由患者家属、领队或患者亲友陪同前往。

②如果患者是国际急救组织的投保者，导游应提醒其亲属或领队及时与该组织的代理机构联系。

③在抢救过程中，需要领队或患者亲友在场，并详细记录患者患病前后的症状及治疗情况，并请接待社领导到现场或与接待社保持联系，随时汇报患者情况。

④如果需要做手术，必须征得患者亲属的同意，如果亲属不在，需由领队同意并签字。

⑤若患者病危，但亲属又不在身边时，导游应提醒领队及时通知患者亲属。如果患者亲属系外国人士，导游要提醒领队通知所在国使、领馆。患者亲属到后，导游要协助其解决生活方面的问题；若找不到亲属，一切按使、领馆的书面意见处理。

⑥有关诊治、抢救或动手术的书面材料，应由主治医生出具证明并签字，要妥善保存。

⑦地陪应请求接待社领导派人帮助照顾患者、办理医院的相关事宜，同时安排好旅游团继续按计划活动，不得将全团活动中断。

⑧患者转危为安但仍需继续住院治疗，不能随团继续旅游或出境时，接待社领导和导游（主要是地陪）要不时去医院探望，帮助患者办理分离签证，延期签证，出院、回国手续及交通票证等事宜。

⑨患者住院和医疗费用自理。如患者没钱看病，请领队或组团社与境外旅行社、其家人或保险公司联系解决其费用问题。

⑩患者在离团住院期间未享受的综合服务费由中外旅行社之间结算后，按协议规定处理。患者亲属在当地期间的一切费用自理。

4. 游客因病死亡的处理

游客在旅游期间不论什么原因导致死亡，都是一件很不幸的事情。当出现游客死亡的情况时，导游应沉着冷静，立即向接待社领导和有关人员汇报，按有关规定办理善后事宜。

①如果死者的亲属不在身边，应立即通知亲属前来处理后事；若死者为外国人士，应通过领队或有关外事部门迅速与死者所属国的驻华使、领馆联系，通知其亲属来华。

②由参加抢救的医师向死者的亲属、领队及好友详细报告抢救经过，并出示抢救工作报告《死亡诊断证明书》，由主治医生签字后盖章，复印后分别交给死者的亲属、领队或旅行社。

③对死者一般不做尸体解剖，如果要求解剖尸体，应有死者的亲属、领队，或其所在国家使领馆有关官员签字的书面请求，经医院和有关部门同意后方可进行。

④如果死者属非正常死亡，导游应保护好现场，立即向公安局和旅行社领导汇报，协助查明死因。如需解剖尸体，要征得死者的亲属、领队或所在国驻华使、领馆人员的同意，并签字认可。解剖后写出尸体解剖报告（无论属何种原因解剖尸体，都要写《尸体解剖报告》），此外，旅行社还应向司法机关办理公证书。

⑤死亡原因确定后，在与领队、死者亲属协商一致的基础上，请领队向全团宣布死亡原因及抢救、死亡经过情况。

⑥遗体的处理，一般以火化为宜，遗体火化前，应由死者亲属或领队，或所在国家驻华使、领馆写出《火化申请书》并签字后进行火化。

⑦死者遗体由领队或死者亲属护送火化后，火葬场将死者的火化证明书交给领队或死者亲属，我国民政部门发给对方携带骨灰出境证明。各有关事项的办理，我方应予以协助。

⑧死者如在生前已办理人寿保险，我方应协助死者亲属办理人寿保险索赔、医疗费报销等有关证明。

⑨出现因病死亡事件后，除领队、死者亲属和旅行社代表负责处理外，其余团员应当由代理领队带领仍按原计划参观游览。至于旅行社派何人处理死亡事故、何人负责团队游览活动，一律请示旅行社领导决定。

⑩若死者亲属要求将遗体运回国，除须办理上述手续外，还应由医院对尸体进行防腐处理，并办理《尸体防腐证明书》《装殓证明书》《外国人运送灵柩（骨灰）许可证》和《尸体灵柩进出境许可证》等有关证件，方可将遗体运出境。灵柩要按有关规定包装运输，要用铁皮密封，外廓要包装结实。

⑪ 由死者所属国驻华使、领馆办理一张经由国的通行证，此证随灵柩通行。

⑫ 有关抢救死者的医疗、火化、尸体运送、交通等各项费用，一律由死者亲属或该团队交付。

⑬死者的遗物由其亲属或领队、全陪、死者生前好友代表或所在国驻华使、领馆有关官员共同清点造册，列出清单，清点人要在清单上一一签字，一式两份，签字人员分别保存。遗物要交死者亲属或死者所在国家驻华使、领馆有关人员。接收遗物者应在收据上签字，收据上应注明接收时间、地点、在场人员等。

（九）游客不当言行的处理

不当行为一般是指违反社会公德或者触犯法律，但尚不足以引起法律责任的行为。外国游客在中国境内必须遵守中国的社会公德和法律，若违反社会公德情节严重，甚至违法，将受到中国法律的制裁。

1. 预防措施

导游应积极向游客介绍我国的有关法律、宗教、习俗、景点管理的有关规定，多做提醒工作，以免个别游客无意中做出不当、犯法行为。发现可疑现象，导游要有针对性地给予必要的提醒和警告，迫使预谋越轨者知难而退；对顽固不化者，发现其越轨行为应立即汇报，协助有关部门调查，分清性质。处理这类问题要严肃认真，实事求是，合情、合理、合法。

2. 处理原则

游客不当言行的处理，事前要认真调查核实，处理时要特别注意"四个分清"：分清不当行为和违法行为的界限；分清有意和无意的界限；分清无故和有因的界限；分清言论和行为的界限。

只有正确地区别上述界限，才能正确处理此类问题，才能团结朋友、增进友谊，维护国家的主权和尊严。

3. 几种典型情况的处理办法

（1）对攻击和污蔑言论的处理

对于海外游客来说，由于其国家的社会制度与我国的不同，政治观点也会有差异，因此，他们中的一些人可能对中国的方针政策及国情有误解或不理解，在一些问题的看法上产生分歧也是正常现象，可以理解。此时，导游要积极友好地介绍我国的国情，认真地回答游客的问题，阐明我国对某些问题的立场、观点。总之，多做工作，求同存异。

对于个别游客站在敌对的立场进行恶意攻击、蓄意诬蔑挑衅，作为一名中国的导游要严正驳斥，驳斥时要理直气壮、观点鲜明。导游应首先向其阐明自己的观点，指出问题的性质，劝其自制。如其一意孤行，影响面大，或有违法行为，导游应立即向有关部门报告。

（2）对违法行为的处理

对于海外游客的违法行为，首先要分清是由于对我国的法律缺乏了解，还是明知故犯。对前者，应讲清道理，指出错误之处，并根据其违法行为的性质、危害程度，确定是否报有关部门处理。对那些明知故犯者，导游要提出警告，明确指出其行为是中国法律和法规所不允许的，并报告有关部门严肃处理。

中外游客中若有窃取国家机密和经济情报，宣传邪教，组织邪教活动，走私、贩毒、偷窃文物、倒卖金银、套购外汇，贩卖黄色书刊及录音、录像，嫖娼、卖淫等犯罪活动，一旦发现应立即汇报，并配合司法部门查明罪责，严肃处理。

（3）对散发宗教宣传品行为的处理

游客若在中国散发宗教宣传品，导游一定要予以劝阻，并向其宣传中国的宗教政策，指出不经我国宗教团体邀请和允许，不得在我国布道、主持宗教活动和在非完备活动场合散发宗教宣传品。处理这类事件要注意政策界限和方式方法，但对不听劝告并有明显破坏活动者，应迅速报告，由司法机关或公安机关有关部门处理。

（4）对违规行为的处理

①一般性违规的预防及处理。在旅游接待中，导游应向游客宣传、介绍、说明旅游活动中涉及的具体规定，防止游客不知而误犯。如参观游览中某些地方禁止摄影、禁止进入等，都要事先讲清，并随时提醒。若在导游已讲清并提醒的情况下明知故犯，当事人要按规定受到应有的处罚（由管理部门司法机关处理）。

②对异性越轨行为的处理。对于游客中举止不端、行为猥亵的任何表现，都应郑重指出其行为的严重性，令其立即改正。导游遇到此类情况，出于自卫要采取果断措施，情节严重者应及时报告有关部门依法处理。

③对酗酒闹事者的处理。游客酗酒，导游应先规劝并严肃指明可能造成的严重后果，尽力阻止其饮酒。不听劝告、扰乱社会秩序、侵犯他人、造成物质损失的肇事者必须承担一切后果，甚至法律责任。

二、旅游安全事故的预防与处理

《旅游安全管理办法》中规定：凡涉及游客人身、财产安全的事故均为旅游安全事故。旅游安全事件可分为以下4级。

特别重大旅游突发事件：第一，造成或者可能造成人员死亡（含失踪）30人以上（含30人）或者重伤100人以上（含100人）；第二，游客500人以上（含500人）滞留超过24小时，并对当地生产生活秩序造成严重影响；第三，其他在境内外产生特别重大影响，并对游客人身、财产安全造成特别重大威胁的事件。

重大旅游突发事件：第一，造成或者可能造成人员死亡（含失踪)10人以上（含10人）、30人以下或者重伤50人以上（含50人)100人以下;第二，游客200人以上滞留超过24小时，对当地生产生活秩序造成较严重影响；第三，其他在境内外产生重大影响，并对游客人身、财产安全造成重大威胁的事件。

较大旅游突发事件：第一，造成或者可能造成人员死亡（含失踪）3人以上（含3人）

10人以下或者重伤10人（含10人）以上50人以下；第二，游客50人以上（含50人）200人以下滞留超过24小时，并对当地生产生活秩序造成较大影响；第三，其他在境内外产生较大影响，并对游客人身、财产安全造成较大威胁的事件。

一般旅游突发事件：第一，造成或者可能造成人员死亡（含失踪）3人以下或者重伤10人以下；第二，游客50人以下滞留超过24小时，并对当地生产生活秩序造成一定影响；第三，其他在境内外产生一定影响，并对游客人身、财产安全造成一定威胁的事件。

旅行社接待过程中可能发生的旅游安全事故，主要包括交通事故、治安事故、火灾事故、食物中毒、溺水事故等。

《（一）交通事故

交通事故在旅游活动中时有发生，海、陆、空三类交通事故都有，最常见的是汽车事故。为此，在行车期间要保证司机注意力集中，不要和司机聊天；发现司机过度疲劳，要提醒他注意安全。交通事故不是导游所能预料、控制的。遇到交通事故发生，只要导游没负重伤，神志还清楚，应立即采取措施，冷静果断地处理，并做好善后工作。

1. 交通事故的预防

①司机开车时，导游不要与司机聊天，以免分散其注意力。

②安排游览日程时，在时间上要留有余地，避免造成司机为抢时间、赶日程而违章超速行驶。不催促司机开快车。

③如遇天气不好（下雪、下雨、有雾）、交通堵塞、路况不好，尤其是狭窄道路、山区行车时，导游要主动提醒司机注意安全，谨慎驾驶。

④如果天气恶劣，地陪对日程安排可适当灵活地加以调整；如遇有道路不安全的情况，可以改变行程。必须把安全放在第一位。

⑤阻止非本车司机开车。提醒司机在工作期间不要饮酒。如遇司机酒后开车，绝不能迁就，地陪要立即阻止，并向领导汇报，请求改派其他车辆或换司机。

⑥提醒司机经常检查车辆，发现事故的隐患，及时提出更换车辆的建议。

2. 交通事故的处理

（1）立即组织抢救

导游应立即组织现场人员迅速抢救受伤的游客，特别是抢救重伤员，进行止血、包扎、上夹板等初步处理。立即打电话叫救护车或拦车将重伤员送往距出事地点最近的医院抢救。

（2）立即报案，保护好现场

事故发生后，不要在忙乱中破坏现场，要设法保护现场，并尽快通知交通、公安部门（交通事故报警电话：122），如果有两名以上导游在场，可由一个指挥抢救，一个留下保护现场。如果只有一名导游，可请司机或其他熟悉情况的人协助处理，并尽快让游客离开事故车辆，争取尽快派人来现场调查处理。

（3）迅速向接待社报告

地陪应迅速向接待社领导和有关人员报告，讲清交通事故的发生和游客伤亡情况，请求派人前来帮助和指挥事故的处理，并要求派车把未伤和轻伤的游客接走送至饭店或继续旅游活动。

3. 善后处理

（1）做好安抚工作

事故发生后，交通事故的善后工作将由交运公司和旅行社的领导出面处理。导游在积极抢救、安置伤员的同时，做好其他游客的安抚工作，力争按计划继续进行参观游览活动。待事故原因查清后，请旅行社领导出面向全体游客说明事故原因和处理结果。

（2）办理善后事宜

请医院开具诊断和医疗证明书，并请公安局开具交通事故证明书，以便向保险公司索赔。

（3）写出书面报告

交通事故处理结束后，需有关部门出具事故证明、调查结果，导游要立即写出书面报告。内容包括：事故的原因和经过；抢救经过和治疗情况；人员伤亡情况和诊断结果；事故责任及对责任者的处理结果；受伤者及其他游客对处理的反应等。书面报告力求详细、准确、清楚、实事求是，最好和领队联合报告。

（二）治安事故

在旅游活动过程中，遇到坏人行凶、诈骗、偷窃、抢劫，导致游客人身及财物受到不同程度的损害的事故，统称治安事故。

导游在带团时，要注意观察周围的环境，发现异常情况，立即采取措施，尽快把旅游团转移到安全地带。若遇到坏人抢劫或行凶，导游要敢于、善于应战，挺身而出保护游客生命财产安全，绝不能置身事外，更不能临阵脱逃。

1. 治安事故的预防

导游在接待工作中要时刻提高警惕，采取一切有效的措施防止治安事故的发生。

①入住饭店时，导游应建议游客将贵重财物存入饭店保险柜，不要随身携带大量现金或将大量现金放在客房内。

②提醒游客不要将自己的房号随便告诉陌生人，更不要让陌生人或自称饭店的维修人员随便进入自己的房间，尤其是夜间绝不可贸然开门，以防发生意外。出入房间一定要锁好门。

③提醒游客不要与私人兑换外币，并讲清关于我国外汇管制的规定。

④每当离开游览车时，导游都要提醒游客不要将证件或贵重物品遗留在车内。游客下车后，导游要提醒司机关好车窗、锁好车门，尽量不要走远。

⑤在旅游景点活动中，导游要始终和游客在一起，随时注意观察周围的环境，发现可疑的人或在人多拥挤的地方，要提醒游客看管好自己的财物，如不要在公共场合拿出钱包，最好不买小贩的东西（防止物品被小贩偷去），并随时清点人数。

⑥汽车行驶途中，不得停车让非本车人员上车、搭车。若遇不明身份者拦车，导游提醒司机不要停车。

2. 治安事故的处理

导游在陪同旅游团（者）参观游览的过程中，遇到此类治安事件的发生，必须挺身而出，全力保护游客的人身安全，绝不能置身事外，更不能临阵脱逃，发现不正常情况，立即采取行动。

（1）全力保护游客

遇到歹徒向游客行凶、抢劫，导游应做到临危不惧，毫不犹豫地挺身而出，奋力与坏人拼搏，勇敢地保护游客。同时，立即将游客转移到安全地点，力争在群众和公安人员的帮助下缉拿罪犯，追回钱物，但也要防备犯罪分子携带凶器狗急跳墙。所以，切不可鲁莽行事，要以游客的安全为重。

（2）迅速抢救伤员

如果有游客受伤，应立即组织抢救，或送伤者去医院。

（3）立即报警求助

治安事故发生后，导游应立即向公安局报警（报警电话：110），如果罪犯已逃脱，导游要积极协助公安局破案。要把案件发生的时间、地点、经过、作案人的特征，以及受害人的姓名、性别、国籍、伤势及损失物品的名称、数量、型号、特征等向公安部门报告清楚。

3. 善后事宜

（1）及时报告

导游在向公安部门报警的同时要向接待社领导及有关人员报告。如情况严重，请求领导前来指挥处理。

（2）安抚游客

治安事件发生后，导游要采取必要措施稳定游客情绪，尽力使旅游活动继续进行下去。并在领导的指挥下，准备好必要的证明、资料，处理好受害者的补偿、索赔等各项善后事宜。

（3）写出报告

事后，导游按照有关要求写出详细、准确的书面报告，包括案件整个经过以及案件的性质、采取的应急措施和受害者及其他游客的情况等。

《（三）火灾事故

饭店、景点、娱乐购物等场所发生火灾，会威胁到游客的生命和财产安全。导游平常就应熟悉饭店或游客常去场所的防火措施，了解安全出口、安全门、安全楼梯的位置，学习好火灾避难和救护的基本常识，才可能遇事不慌、妥善处理。

1. 火灾事故的预防

（1）做好提醒工作

提醒游客不要携带易燃、易爆物品，不乱扔烟头和火种，不要躺在床上吸烟。向游客讲清：在托运行李时应按运输部门有关规定去做，不得将不准托运的物品夹带在行李中。只有这样，才能尽可能地减少火灾。

（2）熟悉饭店的安全出口和转移线路

导游带领游客住进饭店后，在介绍饭店内的服务设施时，必须介绍饭店楼层的太平门、安全出口、安全楼梯的位置，并提醒游客进入房间后，看懂房门上贴的安全转移线路示意图，掌握一旦失火时应走的线路。

（3）牢记火警电话

导游一定要牢记火警电话（火警电话：119），掌握领队和全体游客的房间号码。一旦火情发生，能及时通知游客。

2. 火灾事故的处理

万一发生了火灾，导游应首先报警，其次迅速通知领队及全团游客，再次配合工作人员，听从统一指挥，迅速通过安全出口疏散游客，最后判断火情，引导游客自救。如果情况危急，不能马上离开火灾现场或被困，导游应采取的正确做法如下：

①千万不能让游客搭乘电梯或慌乱跳楼，尤其是在三层以上的游客，切记不要跳楼。

②应迅速戴上防烟面具，或用湿巾捂住口鼻，以防中毒、窒息。

③必须穿过浓烟时，可用水将全身浇湿或披上用水浸湿的衣被，捂住口鼻，贴近地面蹲行或爬行。

④若身上着火了，可就地打滚，将火苗压灭，或用厚重衣物压灭火苗。

⑤大火封门无法逃脱时，可用浸湿的衣物、被褥将门封堵塞严，或泼水降温，等待救援。

⑥当见到消防队来灭火时，可以摇动色彩鲜艳的衣物作为信号，寻求救援。

3. 协助处理善后事宜

游客得救后，导游应立即组织抢救受伤者；若有重伤者应迅速送往医院，有人死亡，按有关规定处理；采取各种措施安定游客的情绪，解决因火灾造成的生活方面的困难，设法使旅游活动继续进行；协助领导处理好善后事宜；写出翔实的书面报告。

（四）食物中毒

游客经常会因食用变质或不干净的食物而发生食物中毒。其特点是：潜伏期短，发病快，且常常集体发病，若抢救不及时会有生命危险。

1. 食物中毒的预防

为防止食物中毒事故的发生，导游应做到以下几点：

①应安排游客去卫生有保障的旅游餐厅就餐。

②提醒游客不要在小摊上购买食物。

③如用餐时发现食物、饮料不卫生或有异味变质，应立即要求更换，并要求餐厅负责人出面道歉，必要时向旅行社领导汇报。

2. 食物中毒的处理

一旦发现游客出现上吐下泻、腹痛等食物中毒症状，导游首先应立即让游客停止食用可疑食物，同时拨打120。在急救车到来之前，可采取以下自救措施：

①催吐。对中毒不久而无明显呕吐者，可以饮用5 000~8 000毫升的温水，饮用后立即实行扣喉的催吐方法。催吐时要尽量避免逆行性呛咳，而且要尽量避免误吸；要尽量多催吐几次，使胃肠道内的呕吐物排出时尽量呈无色无味澄清状，以减少毒素的吸收。经过大量温水催吐后，呕吐物已变为较澄清液体时，可适量饮用牛奶以保护胃黏膜。如在呕吐物中发现血性液体，则提示可能出现了消化道或咽部出血，应暂时停止呕吐。

②导泻。发生中毒后，如果游客进食时间已经超过2小时，但精神状态较好，此时可以选择导泻的方法，即服用泻药，促使受污染的食物尽快排出体外。泻药的种类和用量要根据患者的年龄不同而有所区别。

③保留食物样本。由于确定中毒物质对于治疗来说至关重要，因此，在发生食物中毒后，要保留导致中毒的食物样本，以提供给医院进行检测。如果身边没有食物样本，也可保留患者的呕吐物和排泄物，以方便医生确诊和救治。

④处理事故的同时也应及时将情况报告旅行社，并追究餐厅的责任。

（五）溺水事故

溺水又称淹溺，是指人淹没于水中，由于水吸入肺内（湿淹溺90%）或喉痉挛（干淹溺10%）导致窒息。

1. 溺水事故的预防

为了防止溺水事故的发生，导游应做到以下几点：

①劝阻游客独自在河边、海边玩耍。

②劝阻游客，请他们不要前往非游泳区游泳。

③劝阻不会游泳者，使其不要游到深水区，即使带着救生圈也不安全。

④提醒游客在游泳前要做适当的准备活动，以防抽筋。

2. 溺水时的自救方法

①不要慌张，发现周围有人时立即呼救。

②放松全身，让身体漂浮在水面上，将头部浮出水面，用脚踢水，防止体力丧失，等待救援。

③身体下沉时，可将手掌向下压。

④如果在水中突然抽筋，又无法靠岸时，立即求救。如果周围无人。可深吸一口气潜入水中，伸直抽筋的那条腿，用手将脚趾向上扳，以缓解抽筋。

3. 发现有人溺水时的救护方法

①可将救生圈、竹竿、木板等物抛给溺水者，再将其拖至岸边。

②若没有救护器材，可入水直接救护。接近溺水者时要转动他的髋部，使其背向自己然后拖运。拖运时通常采用侧泳或仰泳拖运法。

③特别强调：未成年人发现有人溺水，不要贸然下水营救，应立即大声呼救，或利用救生器材施救，救人也要在自己能力范围之内。

4. 岸上急救溺水者方法

①迅速清除溺水者口、鼻中的污泥、杂草及分泌物，保持呼吸道通畅，并拉出舌头，以避免堵塞呼吸道。

②将溺水者举起，使其俯卧在救护者肩上，腹部紧贴救护者肩部，头脚下垂，以使溺水者呼吸道内积水自然流出。

③进行口对口人工呼吸及心脏按压。

④尽快联系急救中心或送去医院。

专题三　导游礼仪

仪容仪表是人的外在表现。仪容即人的容貌，是个人礼仪的重要组成部分。仪容在个人仪表美中占有举足轻重的地位。导游在完善自身的仪容礼仪时，应注意以下几点要求：

首先，仪容的修饰要考虑时间和场合。同样的仪容修饰在不同的时间和场合有着截然不同的效果。其次，在公众场合不能当众进行仪容修饰。众目睽睽之下修饰仪容既不尊重自己，也有碍他人，是极为失礼的。最后，完善自身的仪容需内外兼修。

一、导游的仪容礼仪

导游的仪容礼仪主要包括面部化妆礼仪、头发的护养礼仪和香水的使用礼仪等方面。

（一）面部化妆礼仪

化妆是一门艺术，又是一种技巧，它不是单纯地涂脂抹粉，更不是把自己打扮得花枝招展，而是塑造一副淡雅清秀、健康自然、鲜明和谐、富有个性的形象。

1. 正确认识自己

大多数人的面容都不是完美的，都有不尽如人意的地方。化妆的目的是在扬长避短的原则下，寻找并突出自己面部最富魅力的部位，掩盖或削弱有缺陷的地方，这样才能起到化妆的效果。

2. 以自然修整为准

生活中的美容化妆，以修整统一、和谐自然为准则。恰到好处地化妆，给人以文明、整洁、雅致的印象。浓妆艳抹，矫揉造作，过分地修饰、夸张，都是不可取的。

3. 妆容与环境相适应

化妆或浓或淡要视时间、场合而定。在日光下、工作时间和工作场合只适合化淡妆。晚上，参加舞会、宴会等社交活动时，可穿着艳丽、典雅的服装，在灯光照耀下妆色可浓些，可使用发亮的化妆品。导游带团时，不要化浓妆。在秀丽的湖光山色中，最自然的就是最美的。

4. 化妆禁忌

①不要当众化妆。

②不要非议他人的妆容。

③不要借用别人的化妆品。

④男士的化妆要体现男子汉的气概，应根据自己的年龄和脸型，稍稍修整眉形和发型，同时也应该保持皮肤的清洁，合理使用护肤品。

（二）头发的养护礼仪

头发也是构成仪容礼仪的要素之一，直接影响到别人对你的印象。拥有整洁干净的头发是社交礼仪中最基本的要求。在当今社会，头发的功能已不是单纯地表现人的性别，而是更全面地表现着一个人的道德修养、审美情趣、知识结构及行为规范。任何一个人都可能通过某人的发型准确地判断出其职业、身份、受教育程度及卫生习惯，更可能感受到他（她）身心是否健康以及对待生活和事业的态度。

（三）香水的使用礼仪

适当使用香水，其芬芳的香味能提神醒脑、祛浊除味，会使自己魅力倍增、风度迷人。正确使用香水，需注意以下禁忌：

1. 忌用量过多

香水在使用时应注意适量。一般情况下，一米范围内能够闻到淡淡的幽香较为合适，若在三米左右的距离内仍可闻到香味就显得过量了。

2. 忌使用部位不当

香水中的香精和酒精在紫外线的作用下会刺激皮肤，易出现色素沉淀，所以涂抹香水的部位最好是光线照射不到的地方。如腋下、耳后、手臂内侧等。不要搽在手背、额头等暴露部位，比较妥当的办法是在衣领、衣角、手帕上搽一点，任其自然挥发。

3. 忌不洁使用

要使香水发挥应有的作用，务必先洗澡，驱除不洁气味。用香水掩盖异味是不正确的。

4. 忌不同香水混合使用

不同品牌、不同系列、不同香型的香水不能混合使用，以免掩盖不同香水的香气特点和产生副作用。

5. 忌吃辛辣刺激的食物

忌吃葱、蒜、辣椒等。因为食用这类食物后容易产生体臭，从而影响香水的使用效果。

二、仪表服饰礼仪

仪表可以表现人的精神状态和文明程度，也体现着对他人的尊重。衣着得体、修饰恰当、风度优雅可以给人以朝气蓬勃、值得信赖、热情好客的感觉。仪表服饰礼仪是一门艺术、一种文化、一种语言，是导游给游客留下良好第一印象的重要组成部分。

（一）着装的基本原则

1. TPO 原则

TPO 原则是人们着装的总原则。在英语中是 Time（时间）、Place（地点）、Occasion（场合）三个单词的首字母。它是指人们在着装时，要注意时间、地点、场合并与之相适应。

①与时间相适应。在西方，不同的时间里有不同的着装要求。例如：男士在白天不能穿小礼服和晚礼服，在夜晚不能穿晨礼服，女士在日落前则不能穿过于裸露的礼服。

②与地点相适应。这是指根据不同国家、不同地区所处的地理位置和自然条件的要求来着装。例如在气候炎热的地方，服装以浅色或冷色调为主；在寒冷的地区，服装则以深色或暖色调为主。

③与场合相适应。这里的场合主要是指上班、社交、休闲三大场合。上班要穿得整洁、大方、美观，不可过分妖艳。社交装要穿得时髦时尚又不失高雅，在出席婚礼、宴会等重要场合时，女士既可以穿西装和中式服装，也可以穿旗袍和晚礼服；男士可以着中山装，也可

以着正规西装，但必须系领带。休闲装则要穿得宽松、舒适、随意，棉质的衬衣、T恤、牛仔装是郊外游玩的首选，穿上它们可以使人显得轻松和惬意。

2. 配色原则

一般来说，黑、白、灰是服装搭配时最常用的三种颜色，它们最容易与其他颜色的服装搭配并取得很好的效果。因此，这三种颜色也被称作"安全色"。除此之外，服装色彩的搭配要遵循上深下浅或上浅下深的原则。可采取同类型配色或衬托配色的方式，例如，绿色配黄色、浅蓝配粉红、深蓝配红色等。

不同颜色的服装穿在不同的人身上也会产生不同的效果。如果深色的衣服，特别是黑色、深蓝色、深咖啡色等给人以收缩感，瘦人穿着显得更加瘦小，而胖人穿着则会显得苗条。反之，浅色的衣服给人以扩张感，适宜瘦人穿着。

（二）着装的基本要求

1. 要与年龄相协调

不同年龄的人有不同的审美观和不同的穿着要求。年龄大些的人喜欢着深色保守款以显成熟稳重；年龄小些的人喜欢着亮色时尚款以显青春活泼。

2. 要与体形相协调

服饰要因人而异、扬长避短。瘦者穿浅色、横条纹、大花图案的衣服可以显得圆润丰满些；胖者穿深色、竖条纹的衣服则可显得苗条清秀些。肤色较深的人穿浅色服装会显得时尚健美；肤色较白的人穿深色服装更能显出皮肤的细腻白嫩。

3. 要与职业相协调

导游是旅游地的形象大使，不宜染头发、穿奇装异服，否则会使游客感觉缺乏亲和力，应该选择符合户外工作特点、大方得体的服饰。

4. 要与环境相协调

在喜庆场合不能穿得太古板，在悲伤场合不能穿得太花哨，在庄重场合不能穿得太随意，在休闲场合不能穿得太隆重。高跟鞋和西服套裙显得高雅大方，适合在参加宴会时穿着，但不适于登高探险、郊外野营。

（三）正装的着装规范

在某些正式场合导游需要着正装出席，男士对于着西装、女士对于着套裙的规范都需要掌握。

1. 男士西装的着装规范

（1）西服的穿法

要拆除衣袖上的商标。在正式穿西服之前，一定要将商标拆除。有的人故意将商标露在外面显示其西服的品牌和档次，这是十分不妥的。

要熨烫平整。在每次正式穿着西装前要进行熨烫，穿着后及时挂起，以保证下次穿着时平整挺括。

要系好纽扣。穿西服时，上衣、背心与裤子的纽扣都有一定的系法。通常，单排两粒扣式的西服上衣，讲究"扣上不扣下"，即只系上边那粒纽扣，或全部不系，单排三粒扣式的西服上衣，要么只系中间那粒纽扣要么系上面那两粒纽扣。而双排扣的西服上衣必须系上所有纽扣，以示庄重。穿西服背心，不论是单独穿着，还是与西服上衣配套，都要认真地系上纽扣。

在一般情况下，背心只能与单排扣西服上衣配套。背心也分为单排扣式和双排扣式两种。根据着装惯例，单排扣式西服背心的最下面那粒纽扣应当不系，而双排扣式西服背心的纽扣则必须全部系上。

要不卷不挽。在公众场合，任何情况下都不要将西服上衣的衣袖挽上去，也不能随意卷起西裤的裤管，这样会给人以粗俗之感。

要慎穿毛衫。男士要将一套西服穿得有"型"有"款"，除了衬衫与背心之外，在西服上衣之内，最好不要再穿其他任何衣物。在气候寒冷的地区，只能加一件薄型"V"领羊毛衫或羊绒衫。这样既不会显得过于花哨，也不会妨碍自己打领带。不要去穿色彩、图案十分复杂的羊毛衫或羊绒衫，也不要穿扣式的开领羊毛衫或羊绒衫，否则会使西服变形走样，给人以臃肿感。

要巧妙搭配。西服的标准穿法是衬衫之内不再穿其他衣物。至于不穿衬衫，而以T恤直接与西服搭配的穿法，在正式场合是不允许的。

要少装东西。为使西服穿着时在外观上保持笔挺、不走样，就应当在西服的口袋里少装东西或不装东西。具体而言，西服不同的口袋发挥着各不相同的作用。上衣左侧的外胸袋除可以插入两块用以装饰的真丝手帕外，不应再放其他任何东西，尤其不应当放钢笔、挂眼镜。内侧的胸袋，可以用来放钢笔、钱夹或名片夹，但不要放过大过厚的东西或叮当作响的钥匙串等物。外侧下方的两个口袋，原则上不放任何东西。

在西服背心上，口袋大多只起到装饰作用。除可以放置怀表外，不宜再放别的东西。在西服裤子上，两只侧面的口袋只能放纸巾、钥匙包或者钱包。其后侧的两只口袋，一般不放任何东西。

（2）在穿着正装衬衫时的注意事项

衣扣要系上：穿西装的时候，衬衫的所有纽扣都要一一系好。在穿西装而不打领带的时候，必须解开衬衫的领扣。

袖长要适度：穿西装时，衬衫的袖子最好露出西服袖口2厘米左右。

下摆要放好：穿长袖衬衫时，不论是否穿外衣，都要将下摆均匀掖进裤腰之内。

大小要合身：除休闲衬衫外，衬衫既不宜过于短小紧身，也不应过分宽松肥大。

（3）鞋袜

与西服配套的鞋子只能是皮鞋，其颜色宜选用深色和单色。黑色皮鞋可以和任何颜色的西装配套。

男士在穿西服、皮鞋时所搭配的袜子，以深色和单色为宜，最好是黑色的。

2. 女士套裙的穿法

①套裙的上衣可以短至腰部，裙子可长达小腿的中部。一般情况下，上衣不宜太短，裙子也不宜过长。上衣的袖长不超过着装者的手腕，裙子不盖过脚踝。

②穿着到位。在穿着套裙时要将上衣的领子完全翻好，衣袋的盖子要拉出来盖住衣袋；不允许将上衣披在身上，或者搭在身上，裙子要穿着端正，上下对齐。女士在正式场合穿套裙时，上衣的衣扣必须全部系上，不允许将其全部或部分解开，更不允许当着别人的面随便将上衣脱下。

③考虑场合。女士在各种正式的商务交往之中，一般以穿着套裙为好。在出席宴会、舞会、音乐会时，可酌情选择适合参加这类活动的礼服或时装。

④协调妆饰。女性导游在工作岗位上要突出的是工作能力和敬业精神，而非自己的性别特征和靓丽容颜，所以应当只化淡妆，恰到好处即可。就佩饰而言，饰物以少为宜，要合乎自己的职业和身份。不允许佩戴过度张扬自己"女人味"的耳环、手镯、脚链等首饰。

⑤女士在选择与套裙相配的鞋袜时，要注意鞋袜应当大小适宜、完好无损，鞋袜不可当众脱下，不允许穿两只不同的袜子，不可将袜口暴露在外。

三、导游的言谈礼仪

（一）交谈礼仪

语言是内心世界的表现，一个人的教养和为人在交谈中会自然流露出来。导游的工作中"言谈交流"是很重要的组成部分，掌握交谈中的一些基本规则和技巧，是拉近与游客距离的良方。

1. 基本规则

①委婉含蓄，表达巧妙。例如：在外交场合，通常以"遗憾"代替"不满"，以"无可奉告"代替"拒绝回答"；在社交场合，以"去洗手间"代替"厕所在哪儿"，这些都是委婉含蓄的表达方式。

②善于倾听，给别人以说话的机会。这样才能在听取别人谈话的同时，获得对方的好感。倾听时要集中注意力，要主动反馈，要尊重对方意见。

③坦率诚恳，切忌过分客气。欧美人习惯率直地表达自己的意见，只要言语不唐突，直抒己见反而更易获得对方好感。日本人交谈时比较含蓄，而且会不时地应和对方。

④大方自然。交谈时，要自信、大方、自然，不能扭捏腼腆、惊慌失措或心不在焉。

⑤照顾全局。多人交谈时要照顾大家，要与多数人谈话，不要冷落任何人。

⑥诙谐幽默，避开矛盾的锋芒。幽默风趣的话语不仅令人愉快，还能化解由于各种原因引起的紧张情绪和尴尬气氛。

2. 忌谈话题

①非特殊场合不要涉及疾病、死亡等不愉快的话题。

②回避对方的隐私。对女士一般不询问其年龄和婚姻情况；对一般人，不直接询问他的履历、工资收入、家庭财产、衣饰价格等私人的问题。

③对方不愿意回答的问题不要刨根问底，对方反感的问题一旦提出则应表示歉意或立即转移话题。

④不要批评长辈和身份高的人，不要讥笑讽刺他人，对宗教问题也应持慎重态度。

⑤不能用词尖酸刻薄，恶语伤人。

⑥不能用傲慢无礼的话伤害对方的自尊心。

⑦和外国游客交谈不得胡言乱语或泄露国家机密。

3. 控制音调

在与人交谈时要注意控制音调，尤其是讲话时尖而响的声音容易引起旁人的反感。一个音量适宜、清晰可辨的声音更能吸引人们的注意力并博得信任和尊敬。

（二）礼貌用语

"谢谢您""对不起""请"这些礼貌用语，如使用恰当，对融洽人际关系会起到意想不到的作用。

无论别人给予你的帮助是多么微不足道，都应该诚恳地说声"谢谢"。对他人的道谢要答谢，答谢可以用"没什么""别客气""我很乐意帮忙""应该的"来回答。

道歉时最重要的是有诚意，切忌道歉时先辩解，好似推脱责任；同时要注意及时道歉，犹豫不决会失去道歉的良机。在涉外场合需要请人帮忙时，说句"对不起您能帮我一下吗"，则能体现一个人的谦和及修养。

几乎在任何需要麻烦他人的时候，"请"都是必须挂在嘴边的礼貌语，如"请问""请原谅""请留步""请用餐""请指教""请稍候""请关照"等。频繁使用"请"字，会使话语变得委婉而有礼貌，是比较自然地把自己的位置降低而将对方的位置抬高的最好办法。

（三）交谈的最佳距离和角度

在社交场合，要注意保持交谈的最佳距离和角度。不同的国家对此有不同的习惯。西欧一些国家认为，两个人交谈的最佳距离为 1 米，但意大利人经常保持 0.3~0.4 米。从卫生角度考虑，交谈的最佳距离为 1.3 米，这样就不至于因交谈而感染由飞沫传染的疾病。此外，交谈时最好有一定的角度，两人可在对方的侧面斜站，形成30°角为最佳，避免面对面。这个距离和角度，既无疏远之感，又文明卫生。

四、导游的举止礼仪

（一）站、坐、走姿礼仪

1. 站姿礼仪

导游的站姿要给游客一种谦恭有礼的感觉。其基本要领是：头正目平、面带微笑、肩平挺胸、立腰收腹、两臂自然下垂，两膝并拢或分开与肩同宽。

站立时不要两手叉腰或把手插在裤兜里，更不要有怪异的动作，如抽肩、缩胸、乱摇头、擤鼻子、捋胡子、暗舔嘴唇、拧领带、不停地摆手等。站着与人交谈时，两臂可随谈话的内容做些适度的手势，但动作幅度不可过大。在正式场合，不宜将手插在裤袋里或交叉在胸前，更不要下意识地做些小动作。那样不但显得拘谨，给人缺乏自信和经验之感，而且也有失仪态的庄重。

站立时应注意：向人问候或做介绍时，不论握手或鞠躬，重心应在中间，膝盖要挺直。总之，站姿应该自然、轻松、优美，不论呈何种姿势，改变的只是脚的位置和角度，而身体要保持绝对的端正挺拔，是谓古人所说的"立如松"。

2. 坐姿礼仪

导游的坐姿要给游客一种温文尔雅的感觉。其基本要领是：上体自然挺直，两腿自然弯曲，双脚平落地上，臀部坐在椅子中央。男性导游一般可张开双腿，以显其自信、豁达；女性导游一般两膝并拢，以显示其庄重、矜持。

3. 走姿礼仪

导游的走姿要给游客一种轻盈稳健的感觉。其基本要领是行走时，上身自然挺直，立腰收腹，肩部放松，两臂自然前后摆动，身体的重心随着步伐前移，脚步要从容轻快、干净利落，目光要平稳，可用眼睛的余光（必要时可转身扭头）观察游客是否跟上。行走时，不要把手插在裤袋里。

导游在一些场合中，行姿也有不少特殊之处。如与人告辞时，不宜扭头便走，示人以后背。为了表示对在场的其他人的敬意，在离去时，可采用后退法。其标准的做法是：目视他人，双脚轻擦地面，向后小步幅地退三四步，然后先转身后扭头，轻轻地离去。又如，在楼道、走廊等道路狭窄之处需要为他人让行时，应采用侧行步。即面向对方，双肩一前一后，侧身慢行。这样做，是为了对人表示"礼让三分"，也是意在避免与人争抢道路，发生身体碰撞或将自己的背部正对着对方。

《（二）鞠躬礼仪和蹲姿礼仪

1. 鞠躬礼仪

鞠躬即弯身行礼，源于中国的商代，是一种古老而文明的对他人表示尊敬的郑重礼节。鞠躬礼分为两种：一种是三鞠躬，敬礼之前，应脱帽或摘下围巾，身体肃立，目光平视，身体上部向前下弯约90°，然后恢复原样，如此连续三次；另一种是深鞠一躬（15°~90°），几乎适用于一切社交和商务活动场合，这也是导游最常用的鞠躬方式。为了表达对别人的尊重，都可以行鞠躬礼。施鞠躬礼时，应立正站好，保持身体端正，面对受礼者，距离两三步远，以腰部为轴，整个腰及肩部向前倾15°~90°。

2. 蹲姿礼仪

蹲姿是人的身体在低处取物、拾物时所呈现的姿势。蹲的风度是"蹲要雅"。导游在工作中，当从低处取物、或捡拾落在地上的物品、或整理自己的鞋袜、或工作过程中需要在低处进行整理时，动作要美观、姿势要优雅。

（1）优雅的蹲姿的三个步骤

直腰下蹲：首先要讲究方位，当需要捡拾低处或地面物品的时候，可走到物品的左侧；当面对他人下蹲时，要侧身相向；当需要整理鞋袜或低处整理物品时可面朝前方，两脚一前一后，一般情况是左脚在前、右脚在后，目视物品，直腰下蹲。

弯腰拾物：直腰下蹲后，方可弯腰捡低处或地面上物品、整理鞋袜或在低处工作。

直腰站起：取物或工作完毕后，先直起腰部，使头部、上身、腰部在一条直线上，再稳稳站起。

（2）蹲姿的种类

高低式：这是常用的一种蹲姿。下蹲时右脚在前、左脚稍后，两腿靠紧向下蹲。右脚全脚着地，小腿基本垂直于地面，左脚脚跟提起，脚掌着地。左膝低于右膝，左膝内侧靠于右小腿内侧，形成右膝高、左膝低的姿态，臀部向下，基本上以左腿支撑身体。

单膝点地式：它是一种非正式的蹲姿，多在下蹲时间较长或为了用力方便时采用。下蹲后，右膝点地，臀部坐在其脚跟之上，以其脚尖着地。另一条腿全脚掌着地，小腿垂直于地面，双膝同时向外，双腿尽力靠拢。这种姿势适用于男子。

交叉式：这是一种优美典雅的蹲姿。如集体合影前排需要蹲下时，女士可采用交叉式蹲姿，下蹲时右脚在前、左脚在后，右小腿垂直于地面，全脚着地。左膝由后面伸向右侧，左脚跟抬起，脚掌着地。两腿靠紧，合力支撑身体。臀部向下，上身稍前倾。

（3）蹲姿禁忌

弯腰撅臀：这是日常生活中最常见的一种蹲姿，这种姿势对其后面的人来说是一种失礼、不敬的行为，尤其是女导游穿裙装时不可采用此种蹲姿。

平行下蹲：两腿展开平行，即使是直腰下蹲，其姿态也不够优雅。这种蹲姿被称为"蹲厕式"的蹲姿，不仅姿势不雅观，而且也是对他人的无礼。

下蹲过快、过近：进行中，下蹲的速度过快，会令人产生突兀惊讶之感；下蹲的距离过近，容易造成彼此"迎头相撞"。

蹲歇：蹲在地上或椅子上休息是必须严格禁止的，更是服务行业的大忌。

参 考 文 献

［1］汪亚明，徐慧慧，王显成. 导游词编撰与讲解实务［M］. 北京：旅游教育出版社，2021.

［2］中国旅游协会旅游教育分会. 优秀导游词集锦三："云驴通杯"第十二届全国旅游院校服务技能（导游服务）大赛成果展示［M］. 北京：旅游教育出版社，2021.

［3］王雁. 导游实务［M］. 2版. 北京：高等教育出版社，2019.

［4］熊剑平，刘承良，章晴. 成功导游素质与修炼［M］. 北京：科学出版社，2008.

［5］湖北省旅游局人事教育处. 导游实务与案例［M］. 武汉：湖北教育出版社，2014.

［6］国家旅游局人事劳动教育司. 导游业务［M］. 北京：旅游教育出版社，2005.

［7］陈乾康. 导游实务［M］. 北京：中国人民大学出版社，2006.

［8］问建军. 导游业务［M］. 北京：科学出版社，2005.

［9］杜炜，张建梅. 导游业务［M］. 北京：高等教育出版社，2002.

［10］刘峰. 现代导游职业技能自我提升实用指南［M］. 北京：中国旅游出版社，2008.

［11］胡静. 实用礼仪教程［M］. 武汉：武汉大学出版社，2003.

［12］佟瑞鹏. 旅游景区事故应急工作手册［M］. 北京：中国劳动社会保障出版社，2008.

［13］吕龙根. 导游基础知识［M］. 6版. 北京：旅游教育出版社，2013.

［14］王志民，凌丽琴. 旅游客源国［M］. 北京：国防工业出版社，2012.

［15］王兴斌. 中国旅游客源国概况［M］. 北京：旅游教育出版社，2005.

［16］陈家刚. 中国旅游客源国概况［M］. 天津：南开大学出版社，2005.

［17］上海市旅游局. 导游基础知识（上）［M］. 上海：东方出版中心，2013.

［18］熊国铭，邢伟. 客源国（地区）概况［M］. 北京：电子工业出版社，2009.

［19］浙江省旅游局. 浙江导游文化基础知识［M］. 北京：中国旅游出版社，2014.

［20］国家旅游局. 汉语言文学专题［M］. 北京：中国旅游出版社，2014.

［21］文史知识编辑部编. 中国历史百题［M］. 北京：中华书局，1992.

［22］苏旅. 实用导游文化鉴赏［M］. 北京：中国旅游出版社，2007.

［23］饶华清. 中国出境旅游目的地概况［M］. 北京：中国人民大学出版社，2014.

［24］全国导游资格考试统编教材专家编写组. 全国导游资格考试统编教材［M］. 7版. 北京：中国旅游出版社，2022.

［25］中国旅游协会旅游教育分会. 导游讲解［M］. 3版. 北京：旅游教育出版社，2021.